Der Kobra-Effekt

Horst Siebert

Der Kobra-Effekt

Wie man
Irrwege der
Wirtschaftspolitik
vermeidet

Deutsche Verlags-Anstalt
Stuttgart München

Die Deutsche Bibliothek –
CIP-Einheitsaufnahme

Ein Titeldatensatz für diese Publikation ist
bei Der Deutschen Bibliothek erhältlich

Typografie & Satz:
schack verlagsherstellung, Dortmund

Druck & Bindearbeit:
Wiener Verlag, Himberg

ISBN 3-421-05562-9

Inhalt

Ein Wort zuvor

Die kürzesten Irrtümer sind immer die besten.
MOLIÈRE

Dieses Buch dreht sich um wirtschaftspolitische Fehlorientierungen, um abwegige Konzeptionen, um Trugschlüsse, um Irrtümer. »Irren ist menschlich«, heißt es, und bei Goethe lesen wir: »Die Irrtümer des Menschen machen ihn eigentlich liebenswürdig«. Dies mag so sein, aber wenn der Irrtum zur offiziellen Doktrin, wenn er zur Basis der staatlichen wirtschaftspolitischen Entscheidungen wird, müssen viele darunter leiden, etwa wenn aufgrund verfehlter wirtschaftspolitischer Konzeptionen für die Menschen einer ganzen Weltregion – Lateinamerika – ein verlorenes Jahrzehnt am eigenen Leib spürbar wird, in dem das Produktionsergebnis pro Kopf nicht zunimmt, sondern schrumpft, oder wenn eine wirtschaftspolitische Philosophie wie die Abschaffung des Privateigentums ein Jahrhundert lang einen großen Teil der Welt – die Länder der kommunistischen Zentralplanung – ins wirtschaftliche Verderben und in die Unfreiheit treibt.

Betrachtet man solche Fehlentwicklungen oder auch das Platzen der japanischen Spekulationsblase des Jahres 1990, so hat François Mauriac schon recht: »Die Staatsmänner sind wie die Chirurgen: ihre Irrtümer sind tödlich.« Da vermag der Spruch des sarkastischen Oscar Wilde »Erfahrung ist der Name, mit dem jeder seine Dummheiten bezeichnet« auch nur wenig zu trösten.

Bei der wirtschaftspolitischen Debatte in Deutschland treibt mich die Frage um: Was passiert eigentlich, wenn eine ganze Volkswirtschaft in wichtigen wirtschaftspolitischen Fragen verfehlten Vorstellungen folgt, sozusagen ein Land in seiner gesellschaftlichen Philosophie gewaltigen Irrtümern anhängt? Da ist der einfache Dreisatz: Wenn in Deutschland 34 Millionen Arbeitnehmer 58 Milliarden Stunden pro Jahr arbeiten, um wie viel könnte die Beschäftigung steigen, wenn wir anstatt acht Stunden nur sieben Stunden am Tag tätig sind? Um wie viel nimmt sie zu, wenn die 1,7 Milliarden Überstunden verboten werden? Wenn wir das Arbeitsvolumen auf mehr Köpfe verteilen, wenn wir die 32-Stunden-Woche forcieren, eine Steuer auf Maschinen erheben, eine Abgabe auf Ausbildungsplätze einführen? Sind diese und andere, ähnlich naive Vorstellungen die richtigen Ansätze für den Standortwettbewerb?

Berücksichtigt man, was internationale Organisationen über Deutschland schreiben und was ich von meinen internationalen Kollegen zu hören bekomme, so fühlt man sich bei einigen deutschen wirtschaftspolitischen Vorstellungen an das »Gleichnis des Buddha vom brennenden Haus« aus Brechts *Kalendergeschichten* erinnert. Dort heißt es: »Neulich sah ich ein Haus. Es brannte. Am Dache leckte die Flamme. Ich ging hinzu und bemerkte, dass noch Menschen drin waren. Ich trat in die Tür und rief Ihnen zu, dass Feuer im Dach sein, sie also auffordernd, schnell hinauszugehen. Aber die Leute schienen nicht eilig. Einer fragte mich, während ihm schon die Hitze die Braue versengte, wie es draußen denn sei, ob es auch nicht regne, ob nicht doch Wind ginge, ob da ein anderes Haus sei, und so noch einiges. Ohne zu antworten, ging ich wieder hinaus.«

Ehe dies zu einer Kapuzinerpredigt für die Politik wird – wie lassen sich die Dinge positiv wenden? Wenn eine gute Fee gefragt würde, welche Elemente ein wirtschaftspolitisches Konzept für Deutschland enthalten müsste, damit das Land langfristig Erfolg hat – welche Elemente würde die gute Fee nennen? Weniger lyrisch und mehr prosaisch: Welche Elemente muss eine moderne Wirtschaftspolitik quer durch die Parteien enthalten? Gibt es einen Grundkonsens über Ansatzpunkte, die für Deutschland unter den veränderten weltwirtschaftlichen Bedingungen unverzichtbar sind?

Ein wirtschaftspolitisch orientiertes Buch hat seine eigenen Probleme: Kommt man zu wissenschaftlich daher, so fehlt die praktische Relevanz. Gibt man sich pragmatisch, so mangelt es an akademischem Tiefgang und wissenschaftlichem Ernst. Ich hoffe diesen Konflikt dadurch gelöst zu haben, dass ich grundsätzliche Fragen anspreche, aber in einer lockeren Form. Zwangsläufig muss ich in diesem Buch darauf verzichten, die Quellen für alle Daten anzugeben. Die meisten Daten finden sich in den Jahresgutachten des Sachverständigenrates zur Begutachtung der gesamtwirtschaftlichen Entwicklung oder in den Veröffentlichungen des Instituts für Weltwirtschaft.

Dieses Buch ist in die Reihe meiner wirtschaftspolitischen Bücher einzuordnen, die sich an eine breitere Öffentlichkeit wenden. Nach den Werken *Das Wagnis der Einheit. Eine wirtschaftspolitische Therapie* (1992), das sich mit der deutschen Einheit beschäftigte, und den Büchern *Geht den Deutschen die Arbeit aus? Neue Wege zu mehr Beschäftigung* (1994) und *Arbeitslos ohne Ende? Strategien für mehr Beschäftigung* (1998) lege ich mit diesem Buch Ansatzpunkte für eine allgemeine Orientierung der Wirtschaftspolitik vor. Dabei geht es mir darum, ein allzu vordergründiges wirtschaftspolitisches Denken ad absurdum zu führen.

Wirtschaftspolitische Ideen sind auch immer Antworten auf Fragen, die einem in zahlreichen Diskussionen gestellt worden sind. Nicht allen, die mich durch diese Fragen beeinflusst haben, kann ich hier danken. Spuren hinterlassen haben sicherlich meine Kollegen im Sachverständigenrat und dessen wissenschaftlicher Stab; denn insbesondere außerhalb der Kampagnen diskutiert man im Rat über zentrale konzeptionelle Fragen. Noch stärker beeinflusst bin ich von den Diskussionen mit meinen Kollegen im Institut für Weltwirtschaft. Nicht ohne Auswirkung auf meine Antworten blieben die häufigen Gespräche mit den Ministern verschiedener Ressorts und mit zwei Bundeskanzlern. In diesen Gesprächen stand die Suche nach dem richtigen wirtschaftspolitischen Weg immer im Zentrum.

Danken möchte ich Frau Jutta M. Arpe, Prof. Dr. Gernot Klepper, Dr. Alfred Boss, Dr. Jörg Döpke, Dr. Rainer Schmidt, Dr. Michael Stolpe, Diplom-Volkswirt Jan Gottschalk, Diplom-Volkswirtin Katrin Springer, cand. rer. pol. Eduard Herda und cand. rer. pol. Sascha

Schornstein, die mir bei der Suche von Material und der Überprüfung von Daten behilflich waren, sowie Frau Nicole Petersohn, die das Manuskript erstellt hat. Herr Herda hat Teile des Manuskripts kritisch gelesen. Dank gebührt schließlich auch meinem Notebook, das sich für den nicht sesshaften wissenschaftlichen Nomaden an vielen unterschiedlichen Orten als idealer Kompagnon beim Schreiben dieses Buches erwiesen hat.

Kiel, Juni 2001
Horst Siebert

1 Der Kobra-Effekt

Irrtümer haben ihren Wert
Jedoch nur hie und da
Nicht jeder, der nach Indien fährt
Entdeckt Amerika.
ERICH KÄSTNER

Zu Zeiten der englischen Kolonialverwaltung soll es in Indien einmal zu viele Kobras gegeben haben. Um der Plage Herr zu werden, setzte der Gouverneur eine Prämie pro abgelieferten Kobra-Kopf aus. Die Inder sollten also Kobras einfangen. Wie reagierten sie? Sie züchteten Kobras, um die Prämie zu kassieren.

Auf diesen Kobra-Effekt trifft man im täglichen Leben allenthalben. Als sich während der Erdölkrise das Ölland Venezuela politisch nicht dazu durchringen konnte, den Benzinpreis zu erhöhen, um den heimischen Benzinverbrauch einzudämmen (damit man pro Liter mehr beim Export verdienen konnte), führte es in der Hauptstadt Caracas auf administrativem Weg eine eingeschränkte Fahrerlaubnis ein: An geraden Wochentagen durfte nur mit »geraden« Kfz-Nummern gefahren werden, an den anderen nur mit ungeraden. Was machten die Venezolaner? Sie hatten schnell zwei Autos mit unterschiedlichen Nummern, einer geraden und einer ungeraden. Ähnliches wird von Athen berichtet.

Von der Chuzpe des Einzelnen

Andere Beispiele gibt es in Hülle und Fülle. Wenn die Politik eine strikte Mietkontrolle durchführt, werden zwar die Mieter vor Mieterhöhungen geschützt. Aber der Anreiz für die Vermieter, Wohnungen zu erstellen, nimmt ab. Es werden weniger Wohnungen angeboten, und damit wird es schwerer, eine Wohnung zu finden. Diejenigen, die eine Wohnung haben, sind abgesichert. Diejenigen, die eine neue Wohnung suchen, sind jedoch nicht geschützt. Wie aus Österreich berichtet wird, gehen die Auswirkungen sogar noch weiter. In Wien eine Wohnung zu haben, selbst wenn sich das berufliche Tätigkeitsfeld längst irgendwo anders hin verlagert hat, gilt bei nicht gerade Minderbemittelten, etwa Managern, Künstlern und Professoren, geradezu als schick. Warum? Es lohnt sich nicht, die Wohnung, die man einmal hat, aufzugeben. Denn der Mietzins ist ja so niedrig – dank der Mietkontrolle, die sicherlich nicht zu diesem Zweck eingeführt wurde. Damit wird das Angebot zusätzlich verknappt.

Die Rationierung von Studienplätzen in stark nachgefragten Fächern durch die ZVS, die Zentralstelle für die Vergabe von Studienplätzen, in Dortmund führt zunächst einmal dazu, dass das Angebot an Studienplätzen verknappt wird; denn es werden Studienplätze auch denjenigen zugeteilt, die sich inzwischen – aus welchen Gründen auch immer – beruflich anders entschieden haben und den Studienplatz gar nicht mehr wollen. Folglich muss man eine weitere Warterunde bei der Vergabe der Studienplätze fahren. Für manche war das Semester oft schon zur Hälfte vorbei, bevor sie ihren Studienplatz zugewiesen bekamen. Zudem regt ein solches Zuteilungsverfahren die Phantasie der Universitäten an, das Angebot an Studienplätzen klein zu halten und die Kriterien für die quantitative Berechnung von Plätzen entsprechend zu beeinflussen. Dem muss der Staat mit Normgrößen und Sollvorgaben beikommen, ganz wie in der Planwirtschaft. Wenn die Bürokratie den Sand in der Sahara zu verwalten beginnt, wird der Sand knapp.

In Fällen wie diesen erreicht der Wirtschaftspolitiker das von ihm gesteckte Ziel nicht. Die Menschen weichen in ihrem Verhalten aus, indem sie mit Chuzpe um die vom Politiker aufgestellte Regel einen Bogen machen. Für viele gehört dies zur Kunst des Überlebens, so für den braven Soldaten Schwejk, der auf seine Art mit dem

System zurechtkommt und immer ein Schlupfloch findet, um einen Befehl in seinem Sinn zu interpretieren oder zu erläutern: »Melde gehorsamst, Herr Oberlajtnant, alles in Ordnung, nur die Katze hat Unfug getrieben und den Kanari aufgefressen«.[1]

Bei der Kunst, wirtschaftlich zu überleben, müssen sich die Menschen allerhand einfallen lassen. Phantasie und Chuzpe bedeuten dann beispielsweise Bauernschläue, es faustdick hinter den Ohren haben, schlau sein wie ein Fuchs, gewieft und gewitzigt an die Dinge herangehen, pfiffig günstige Lösungen finden, smart seine Chancen wahrnehmen, ohne gleich gerissen, gerieben, verschlagen, durchtrieben, fintenreich und ausgekocht zu sein. Bedenkt man die historisch kargen, von der landwirtschaftlichen Erzeugung diktierten Lebensbedingungen in manchen deutschen Landstrichen wie der rauhen schwäbischen Alb oder dem bitterarmen Westerwald, bedeutete dies, dass der Einzelne über den engen Horizont der baren Erzeugung hinausgucken konnte und Zusammenhänge (zu seinen Gunsten) zu erkennen und zu interpretieren vermochte, die sein Los etwas leichter machten. Wir bezeichnen dies in der zeitgenössischen Ökonomie mit einem moderneren Ausdruck als »assoziative Fähigkeiten«. Wer verschmitzt oder auch schlitzohrig seinen Tätigkeiten nachging, dem fiel das Dasein weniger schwer, auch wenn andere dadurch nicht ganz ohne Nachteil blieben wie in Gregor von Rezzoris *Maghrebinischen Geschichten*[2]: »Es hatte nämlich eine jegliche Ware sechs Preise, und zwar je einen besonderen für die Armen, für die Reichen und endlich für die Ausländer. Diese Preise wiederum waren unter sich gestaffelt in einen solchen für die klugen und einen solchen für die dummen Armen; ebenso in einen solchen für die klugen und einen solchen für die dummen Reichen; und endlich in einen solchen für die klugen und in einen solchen für die dummen Ausländer.«

Ist bereits die Chuzpe des Einzelnen gegenüber den anderen auf den Märkten unumgänglich, so gilt das noch mehr für das Verhältnis des Einzelnen zu den Repräsentanten des Kollektivs und der Obrigkeit. Zwischen dem einzelnen Produzenten und dem staatlichen Regulierer, zwischen dem Betrieb und der Behörde, zwischen Steuerbürger und Finanzminister, etwas konkreter zwischen Steuerzahler und Finanzamt, zwischen Arbeitsamt und Arbeitslosen, zwischen der Sozialstelle und dem Sozialhilfeempfänger, zwischen jedem einzelnen wirtschaftlichen Akteur und dem Staat gibt es ein weites Feld an Kobra-Effekten, die dadurch gekennzeichnet sind, dass die Einzelnen den Regeln, die die Politik setzt, auszuweichen trachten. Zunächst einmal sind dies zulässige und völlig legale Verhaltensweisen, wie das Abtauchen in die Schattenwirtschaft des Do-It-Yourself und der Nachbarschaftshilfe vor allem im ländlichen Raum und unter Vereinsmitgliedern. In Italien wird die *economia submersa* schon offiziell in den volkswirtschaftlichen Gesamtrechnungen mit einem geschätzten Prozentsatz dem Bruttoinlandsprodukt zugeschlagen. Zu dem Ausweichverhalten zählt auch das Aussteigen aus der Arbeit in die Freizeit; der Einzelne entzieht sich dem offiziell registrierten Wirtschaftsgeschehen. Die Politik spricht gerne von »Missbrauch«, wenn Menschen sich nicht so verhalten, wie sich der Politiker dies bei dem Entwurf eines Gesetzes vorgestellt hat. In Wirklichkeit reagieren die Menschen jedoch lediglich auf die Anreize, die ihnen von der Politik gesetzt sind. Vor allem wollen sie sich in dem Spiel David gegen Goliath eigene Freiräume erhalten, in denen sie ohne staatliche Bevormundung schalten und walten können.

Extrem wird die beschriebene Situation in einem Obrigkeitsstaat oder gar in der Diktatur, wenn der Bewegungsspielraum des Individuums massiv eingeschränkt ist, nur noch ein minimaler Freiraum verbleibt und eine Überschreitung von dessen Grenzen lebensgefährdend ist. So musste der Kabarettist in der Weimarer Zeit, als die Bank der Spötter nicht gepolstert war (Friedrich Luft) und insoweit er überhaupt auftreten durfte, bei seinen allabendlichen Gratwanderungen Formulierungen finden, die trotz des anwesenden Partei-Kontrolleurs so eben noch durchgingen. Eindrucksvoll beschrieben wird dies von Werner Finck,[3] etwa als er in der Katakombe einen, der unauffällig mitschrieb, fragte: »Spreche ich zu schnell? Kommen Sie mit? Oder – muss ich mitkommen?«

Als kontrollierte Gesellschaften sind Diktaturen im Innern und nach außen geschlossen. Im Extrem mauern solche Staaten ihr Volk ein; denn auch nur ein bisschen Offenheit nach außen schafft dem Einzelnen – wenn auch noch so minimale – Bewegungsoptionen zum Ausweichen. Ist aber selbst unter größten Schwierigkeiten eine noch so geringe Freizügigkeit möglich, so kommt es zur Abstimmung mit den Füßen. Der Einzelne entzieht sich dem Staat, indem er geht. Ist dieses Ventil nach außen groß genug, so können Systeme zusammenbrechen. Genau dies widerfuhr den kommunistischen Zentralplanwirtschaften, als die ungarische Regierung am 19. August 1989 bei Sopron den Eisernen Vorhang einen Spalt weit für die ostdeutschen Urlauber öffnete.

Was der Politiker nicht wissen kann

Wenden wir uns wieder den mehr wirtschaftlichen Aspekten zu, die von der Frage der Freiheit für den Einzelnen und seines Bewegungsspielraums allerdings genauso wenig zu trennen sind. Ein grundlegendes Problem ist, dass der staatliche Akteur, und sei er noch so gutwillig, bei der Gestaltung von Regeln für die vielen Einzelnen erhebliche Schwierigkeiten hat; so verfügt er über nur mangelnde Information darüber, wie der Einzelne in seinem Verhalten auf die Regeln reagieren wird.

In der ökonomischen Theorie wird diese Fragestellung mit dem Modell des Prinzipals – des Regelsetzers – und des Agenten – des Handelnden – beschrieben. Der Prinzipal fasst die Regeln ab; er ist dazu befugt, etwa weil er demokratisch legitimiert ist oder weil er wie weiland der Fürst die Macht hatte. Der Agent – der Einzelne – muss sich im Rahmen dieser Regeln einrichten. Das Ziel des Regelsetzers ist es, die Regeln so zu fixieren, dass sich der Handelnde in einer bestimmten, vom Prinzipal gewünschten Weise verhält. Der Prinzipal muss also, wenn er die Regeln fixiert, berücksichtigen, wie die Handelnden darauf reagieren werden, ja er muss dieses Verhalten in seinen Regeln vorwegnehmen. Dabei muss er sich eine Vorstellung davon machen, welche Ziele ein Einzelner verfolgt, unter welchen Zwängen der Einzelne steht und mit welchem Einsatz, aber auch mit welchem Widerstand er insgesamt auf die Regeln des

Prinzipals reagiert. Für die Steuereintreibung ist dieses Problem bestens in dem bekannten Spruch von Jean Baptiste Colbert erfasst: »Steuern erheben heißt, die Gans so zu rupfen, dass man möglichst viele Federn mit möglichst wenig Gezische bekommt«.

Ein weiteres Problem ist, dass der staatliche Akteur bei der Gestaltung von Regeln nur mangelhafte Informationen über die Situation in den Teilbereichen der Volkswirtschaft hat. Er weiß wenig oder nichts über die wirtschaftlichen Gegebenheiten in den einzelnen Unternehmen; allzu oft kann er sich die Lage dort noch nicht einmal auch nur ungefähr vorstellen. In Deutschland wird in nahezu drei Millionen Unternehmen produziert, investiert und Beschäftigung geschaffen. Die Bedingungen vor Ort unterscheiden sich grundsätzlich, je nachdem, ob wir es mit einem kleinen oder einem großen Unternehmen zu tun haben, mit einer jungen Firma oder einer alteingesessenen, mit einem Betrieb der Export- oder der Binnenwirtschaft, einem Industrie- oder einem Dienstleistungsbetrieb, einem, der sich in der Großstadt oder auf dem Land befindet, mit einem Döner-Kebab oder einem Software-Anbieter. Was immer aber der Staat festlegt, muss für alle passen. Man darf bezweifeln, dass der einzelne Parlamentarier oder der Sachbearbeiter in den Ministerien eine Vorstellung von der wirtschaftlichen Wirklichkeit in der Vielzahl der Betriebe hat. Umso weniger ist sichergestellt, dass er weiß, wie seine Beschlüsse wirken werden.

Auch bei den 80 Millionen Konsumenten sind die Verhältnisse durch große Unterschiede gekennzeichnet; nicht alle haben die gleichen Präferenzen oder die gleichen Nachfragemöglichkeiten. Staatliche Stellen haben nicht die Phantasie, die 80 Millionen entfalten können. Als Hochschullehrer erfährt man die Vielfalt der Assoziationsfähigkeit der Einzelnen, wenn man an einer großen Universität im Zwischenexamen so genannte »Multiple-Choice-Aufgaben« für 800 Studenten zu stellen hat. Die Examensfragen müssen so formuliert sein, dass der Kandidat durch den Aufgabentext die gewünschte Antwort zweifelsfrei assoziiert. Prämiert wird dabei die Durchschnitts- oder Normalassoziation. Keine Punkte bekommt, wer etwas komplexer denkt, wer Nebenbedingungen mit ins Kalkül zieht, die eine andere Antwort rechtfertigen, die aber im Aufgabentext nicht formuliert werden können, weil dies die Frage für alle zu kompliziert machen würde. Auf genau das gleiche Problem treffen wirtschaftspolitische Regelungen. Die Information ist asymmetrisch zwischen Staat und einzelnen Organisationseinheiten verteilt; der Staat kann deshalb nicht ahnen, wie das Ausweichpotential aller Marktteilnehmer in einer Volkswirtschaft aussieht. Folglich darf er seine Regeln nicht zu kompliziert gestalten. Die Ausnahme von der Ausnahme kann der staatliche Regulierer nicht mehr umsetzen.

Das Märchen von König Whoopla

Mangelnde Information des wirtschaftspolitischen Akteurs und das Verhalten der Marktteilnehmer bedeuten, dass Folgewirkungen auftreten, mit denen der Politiker zunächst nicht gerechnet hat. Davon berichtet die Mär vom guten König Whoopla,[4] der sich darüber erregte, dass in seinem Königreich der Preis für Brot zu hoch war. Alle sollten sich Brot leisten können; Brot sei zu wichtig, als dass es der reinen Lehre von der Marktwirtschaft überlassen bleiben dürfe. Schließlich gehe es um die Menschen. Alsbald sandte der gute König seine Herolde aus, im Land zu verkünden, dass in Zukunft der Preis für Brot nach oben begrenzt sei. Er erntete bei seinem Volk große Zustimmung dafür, dass er sich in dieser fürsorglichen Weise seiner Untertanen annahm. Die Nachrichtenbewerter jener Tage waren voll des Lobes. Aber bald begannen die Bäcker zu murren, als ihre Kosten, etwa der Preis für Holz und die Löhne der Gesellen, stiegen, sie diese Kostensteigerungen aber nicht in den Preisen des Brotes an die Nachfrager weitergeben konnten. Sie verlangten deshalb von den Müllern niedrigere Mehlpreise, und die Müller gaben diesen Druck an die Landwirte weiter. Es dauerte etwas, bis die Bauern herausfanden, dass sich der Verkauf von Getreide an den Müller nicht mehr so sehr lohnte und das Getreide besser verwendet war, wenn es dem Futter für die BSE-freien Kühe beigemischt wurde. Auch wurde es für die Landwirte interessanter, anstatt Getreide andere Früchte des Feldes anzubauen.

Nach geraumer Zeit erreichten den guten König die Nachrichten, dass die Regale nicht mehr hinreichend mit Brot gefüllt waren, ja dass sich lange Schlangen bereits am frühen Morgen bildeten, wenn der Bäcker das nicht mehr so reichlich gebackene Brot aus dem Ofen herausholte. Die Nachrichtendeuter hatten ihre Elogen auf das Dekret vom niedrigen Brotpreis längst vergessen und konzentrierten sich jetzt auf die Leere in den Regalen. Alsbald berief der König eine Kommission, die nach langen Analysen herausfand, dass das Dekret über den Brotpreis die Gesetze von Angebot und Nachfrage außer Kraft gesetzt hatte und dass das zu geringe Brotangebot letztlich auf die Intervention des guten Königs zurückging. Ein Minderheitsvotum aus einem deutschen Institut der Wirtschaftsforschung schlug vor, den Zinssatz zu senken. Nach reiflicher Überlegung setzte der gute König den Brotmarkt wieder in Funktion, wohl wissend, dass damit auf lange Frist seinen Untertanen am besten gedient war. Die moderne Variante dieser Mär ist, dass ein niedriger Brotpreis in den ehemaligen kommunistischen Ländern dazu führte, dass das Brot, wenn es denn zu haben war, von dem, der – wie es der Zufall wollte – zu viel davon bekam, an die Hühner verfüttert wurde, so dass das Angebot für die anderen noch knapper wurde.

Das komplexe Geflecht ökonomischer Interdependenzen

Betrachtet man aus der Sicht des wirtschaftspolitischen Entscheidungsträgers, wie sich die von ihm gewählten Maßnahmen auswirken, so treten – wie das Beispiel von König Whoopla zeigt – Effekte an Stellen der Volkswirtschaft auf, an die man zunächst gar nicht gedacht hatte. Angenommen, jemand schlägt vor, die europäischen Produzenten von Computerchips zu schützen, indem die Importe von Chips eingeschränkt werden oder indem in Produkten ein Mindestprozentsatz von heimisch produzierten Chips eingebaut sein muss. Den Nachteil haben diejenigen heimischen Sektoren, die Chips verwenden, etwa im Maschinenbau, also die Exportwirtschaft. Per Saldo würde großer volkswirtschaftlicher Schaden angerichtet. Oder nehmen wir die freiwillige Selbstbeschränkung der japanischen Automobilexporte in die EU, die in den neunziger Jahren auf europäisches Drängen hin zustande kam, um die europäischen Autobauer zu schützen. Dies klingt zunächst einleuchtend. Aber es führte dazu, dass der Wettbewerb eher eingeschränkt wurde, dass die Nachfrager von Autos in Europa mehr zu zahlen hatten und dass die japanischen Autohersteller überhöhte Gewinne in Europa abschöpften und damit sogar gestärkt wurden, was ursprünglich wohl nicht beabsichtigt war. Glücklicherweise ist diese freiwillige Selbstbeschränkung inzwischen ausgelaufen.

Wirkungen treten oft auch mit einer erheblichen zeitlichen Verzögerung auf. Die Wirkung in der zweiten, dritten oder vierten Runde kann völlig anders aussehen als der zunächst erwartete Primäreffekt. So dauert es seine Zeit, bis sich eine exzessive Zunahme der Geldmenge in einem Anstieg des Preisniveaus in einer Volkswirtschaft niederschlägt, die Marktteilnehmer also der Aufweichung ihrer Kaufkraft gewahr werden. Zu Zeiten der Bundesbank waren dies in Deutschland etwa acht bis zehn Quartale. Oder betrachten wir die Maschinensteuer, die immer wieder einmal in die Diskussion kommt. Dabei wird vorgeschlagen, die Finanzierung der sozialen Sicherung nicht am Arbeitsverhältnis festzumachen, sondern dadurch zu ermöglichen, dass man den Faktor Kapital, also Maschinen, besteuert. Auch dies klingt für viele, wenn sie es zum ersten Mal hören, einleuchtend. Aber: Die Unternehmen passen sich an, indem sie weniger investieren, also weniger Kapital bilden. Teilweise bauen sie ihren Kapitalstock im Ausland auf, wo es eine solche Maschinensteuer nicht gibt. Was ist die Konsequenz? Die deutschen Arbeitnehmer werden weniger reichlich mit Kapital ausgestattet, die Arbeitsproduktivität sinkt. Die Löhne müssen zurückgehen oder dürfen nur weniger stark steigen. Bleiben die Löhne unbeeinflusst, kommt es zur Arbeitslosigkeit. Die Finanzierungsbasis für die Systeme der sozialen Sicherung wird schmäler. Ein weiteres Beispiel: Bis sich die Verschärfung der Abschreibungsbedingungen für Investitionen gesamtwirtschaftlich bemerkbar macht, kann es dauern; denn – sieht man einmal von neuen Investitionsfeldern ab – wirksam wird eine solche Regel erst dann, wenn die Frage ansteht, ob eine Altanlage erneuert werden soll. Entsprechend verzögert sind die Effekte auf wirtschaftliches Wachstum und die Beschäftigung.

Noch langfristiger sind die Auswirkungen beim Kündigungsschutz, der den Beschäftigten den Arbeitsplatz sichert. *Prima vista* hat eine Stärkung des Kündigungsschutzes keinen negativen Effekt; sie sichert die Beschäftigung ab. Wenn ein Unternehmen aber erst einmal eine Krise durchgemacht hat, sei es eine konjunkturelle Abkühlung, eine sektorale Verwerfung oder eine unternehmensspezifische Kalamität, so erfährt es, dass es seine Arbeitskräfte nicht oder nur mit hohen Sozialplankosten entlassen kann; sie sind durch den Kündigungsschutz zu einem quasi-fixen Faktor geworden. Dies aber erschwert es, mit einer Krise fertig zu werden. Das Unternehmen wird diese Erfahrung für die Zukunft berücksichtigen, das heißt, es wird bei jeder Entscheidung, ob eine zusätzliche Arbeitskraft eingestellt werden soll, beachten, dass damit in Zukunft fixe Kosten entstehen. Dies kann den Ausschlag geben, lieber eine Maschine anzuschaffen als einen Arbeitnehmer einzustellen. Die Nachfrage nach Arbeitskräften wird durch den Kündigungsschutz systematisch geschwächt. Dies führt zu Arbeitslosigkeit.

Die Auswirkungen an anderen Stellen oder zu späterer Zeit ergeben sich in einem komplexen Geflecht ökonomischer Interdependenzen mit zahlreichen und vielfältigen Verästelungen, in dem viele Akteure zusammenwirken. Die Ökonomen haben dazu die Idee des allgemeinen Gleichgewichts entwickelt, in dem diese Zusammenhänge erfasst werden und sich nachvollziehen lässt, wie sich eine einzelne Maßnahme oder eine Störung in einer Volkswirtschaft in einer Vielzahl von Schritten letzten Endes auswirkt. So wird der Blick dafür geschärft, die Gesamtwirkung in Betracht zu ziehen. Eine kurzfristige Teilsicht der wirtschaftlichen Wirklichkeit blendet zu viel aus der komplexen Analyse aus. Inzwischen lassen sich solche Modelle, wie unvollkommen auch immer, empirisch fassen. Die Grundidee dabei lautet: Alles hängt miteinander zusammen.

Auch in den Naturwissenschaften ist wohl etabliert, dass minimale Effekte, wenn sie sich in beachtlicher Zahl addieren, eine große Wirkung haben können; dass sich ein Ölfleck weit im Grundwasser ausbreiten kann, dass sich Dinge in der Zeit akkumulieren und es Schwelleneffekte gibt, ja dass Systeme umkippen können. Im volkswirtschaftlichen Gefüge gilt Ähnliches: So muss etwa am Arbeitsmarkt ein minimaler Effekt, der bei einem einzigen Unternehmen vernachlässigbar erscheint, mit der Zahl von über drei Millionen deutschen Unternehmen multipliziert und eine ganz geringe Auswirkung in dem Verhalten eines Arbeitnehmers sogar mit der Zahl 34 Millionen malgenommen werden. Hinzu kommt, dass sich Wirkungen in einem negativen Synergismus selbst verstärken können.

Bei ökologischen Systemen ist die Vorstellung von Interdependenzen heutzutage bereits für den Sechstklässler eine Selbstverständlichkeit. Auch die Volkswirtschaft ist ein komplexes System mit vielen Effekten. Verkürzt sprechen wir von Folgekosten. Sie haben, wie in diesem Buch noch an manchen Stellen deutlich werden wird, erhebliche Bedeutung. Deshalb gehört auf jedes wirtschaftspolitisches Maßnahmenpaket die offizielle Warnung: »Über Nebenwirkungen fragen Sie Ihren Politiker«.

Unter den Stichworten des Prinzipal-Agent-Problems, des Moral Hazard, der Anreizwirkungen und der asymmetrischen Information hält die Wirtschaftswissenschaft eine reichhaltige Palette von Beispielen bereit, wie durch institutionelle Regelungen Anreize falsch gesetzt werden können. Überhöhte Agrarpreise bringen Überproduktion (Europa West), zu niedrige Agrarpreise bringen Unterversorgung (ehemalige Planwirtschaften), kontrollierte Wohnungsmieten verringern das Wohnungsangebot, falsche Anreize am Arbeitsmarkt produzieren Arbeitslosigkeit.

Der Flügelschlag des Schmetterlings

Manchmal ist ein Gleichgewicht so labil, dass bereits eine minimale Störung ausreicht, um eine gravierende Veränderung, also eine völlig neue Situation herbeizuführen. Dies ist der sprichwörtliche Tropfen, der das Fass zum Überlaufen bringt, oder der vielzitierte Flügelschlag eines Schmetterlings, der mit einem winzigen energetischen Impuls eine gesamte Struktur zusammenbrechen lässt. Ein Beispiel ist die bereits angesprochene Öffnung der Grenze im ungarischen Sopron, die dazu führte, dass die DDR kollabierte und damit die kommunistischen Systeme in Osteuropa zerfielen. Ein anderes Beispiel ist die Boston Tea Party, die den Anstoß für die amerikanische Revolution gab. Der Staatsbankrott am 16. August 1788 in Frankreich – Folge eines chronischen Defizits im öffentlichen Budget und der zunehmenden Verschuldung des Staates – war ein Anstoß für die Französische Revolution. In all diesen Fällen brechen die Strukturen oft schlagartig, massiv und allumfassend zusammen. Aber nicht nur in Revolutionen schlagen Erwartungen, Stimmungen und Einschätzungen um, sondern auch bei weniger gravierenden Veränderungen, etwa bei der Neueinschätzung einer Währung auf den Finanzmärkten.

Neben Erwartungen kann sich auch das dominierende Paradigma ändern: Die Menschen orientieren sich neu. Was gestern galt, wird durch neue Prämissen ersetzt. Die Erfahrung aus der Vergangenheit lässt sich nicht linear für die Zukunft fortschreiben, eine statistische Regression über die Vergangenheit wird obsolet, eine Projektion hilft nicht weiter. Nach dem Strukturbruch gelten neue Zusammenhänge.

Für den Wirtschaftswissenschaftler werfen diese Überlegungen durchaus ihre Probleme auf: Die ökonomischen Modelle, mit denen Strukturen beschrieben und erklärt werden sollen, müssen infolgedessen Schwellenwerte enthalten, bei denen Strukturen und Quantitäten umschlagen. Die Zusammenhänge sind dann nicht mehr deterministisch, sondern mit erheblicher Unsicherheit behaftet. Die Interdependenzen können stochastisch mutieren, immer ein bisschen, bis sie umschlagen. Selbstverstärkende Effekte, die von einem Gleichgewicht wegführen – also gleichgewichtsflüchtende Kräfte –, werden in einem solchen Ansatz mindestens ebenso wichtig wie Kräfte, die dem Gleichgewicht zustreben.

Für den Wirtschaftspolitiker sind solche Umbruchssituationen Zeiten hoher Risiken, da die Muster der Vergangenheit nicht für die Zukunft gelten. Was umschlägt kann sich allzu leicht gegen den Amtsinhaber wenden. Gleichzeitig bieten sich ihm Chancen, wenn er die Situation zu nutzen weiß, wie etwa Bismarck meinte: »Die Weltgeschichte mit ihren großen Ereignissen kommt nicht dahergefahren wie ein Eisenbahnzug in gleichmäßiger Geschwindigkeit. Nein, es geht ruckweise vorwärts, aber dann mit unwiderstehlicher Gewalt. Man soll nur immer darauf achten, ob man den Herrgott durch die Weltgeschichte schreiten sieht, dann zuspringen und sich an seines Mantels Zipfel klammern, dass man mit fortgerissen wird, so weit es gehen soll.«

Die Regeln aus der Sicht des Einzelnen begründen

In der bisherigen Argumentation stand im Vordergrund, wie der Einzelne auf Regeln reagiert und wie deshalb Regeln beschaffen sein müssen. Eine darüber hinausgehende Frage lautet, ob und inwieweit der Regelsetzer, der Prinzipal, legitimiert ist. Die Diskussion der Diktatur macht deutlich, dass das Prinzipal-Agent-Modell die Wirklichkeit nicht richtig einfängt und dieser Ansatz recht eng ist. Denn der Politiker ist letzten Endes gar nicht der Prinzipal. Der Prinzipal oder der Souverän sind die Bürger, denen der Politiker verantwortlich ist.

Diese Sicht führt zu einer weitergehenden Interpretation von gesellschaftlichen Regelsystemen: Sie bilden sich in einem langen evolutorischen Prozess durch freiwillige Übereinkunft zwischen den Einzelnen heraus. Die Individuen geben Entscheidungskompetenz an gemeinschaftliche Institutionen ab, weil sich dies als effizienter erweist. Wenn es Regeln darüber gibt, wie sich Interaktionen und Transaktionen in einer Gesellschaft vollziehen, so reduziert dies die Unsicherheit über mögliche strategische Aktionen der anderen in erheblicher Weise. Die Transaktionskosten sinken, beispielsweise wenn man sich über Geld als Zahlungsmittel oder über Prinzipien der Vertragseinhaltung einigt. Nutzungs- und Eigentumsrechte sind wichtige institutionelle Regeln, um Unsicherheiten der Marktteilnehmer zu beseitigen, aber auch um den Betreffenden den Nutzen und die Opportunitätskosten zuzuweisen. Zu diesen Regeln gehört auch ein Verfassungskontrakt, der organisatorische Einheiten wie den Staat und seine Gliederungen schafft und diese gleichzeitig bindet. Solche Einheiten haben Entscheidungsbefugnisse, die den Einzelnen betreffen, und damit Macht. Diese Macht bedarf der Kontrolle.

Du kannst nicht alle Leute die ganze Zeit an der Nase herumführen

Die Menschen haben eine Vorstellung davon, wie sich ein eingesetztes wirtschaftspolitisches Instrument auswirkt. Der Einzelne nimmt, jedenfalls in grober Abschätzung, vorweg, was auf ihn zukommt. Dies ist die These des Ansatzes der rationalen Erwartungen, für den der Amerikaner Robert E. Lucas 1995 den Nobelpreis erhielt. Danach haben die Marktteilnehmer eine Vorstellung davon, wie die Marktprozesse ablaufen, so dass sie sich auf das Ergebnis, das schließlich erreicht wird, sofort einstellen können. Ist im Modell diese Voraussicht perfekt, so wird die Auswirkung vollständig antizipiert. Wenn beispielsweise die Geldmenge übermäßig ausgedehnt wird, rechnen die Marktteilnehmer mit Inflation. Sie werden also Sachwerte eher nicht verkaufen und sich zurückhalten. Damit verknappt sich das Angebot, und die Preise steigen dann tatsächlich. Wer einen Kredit vergibt, verlangt einen höheren Nominalzins. Und: Wenn der Politiker in dieser Situation dazu auffordert, Vertrauen zu haben, werden die Bürger hellhörig.

Der Politiker muss sich darauf einstellen, dass die Marktteilnehmer mit dem Seziermesser der rationalen Erwartungen an seine Ankündigungen und Handlungen herangehen. Für ihn heißt dies, dass sein Spielraum eingeschränkt ist. Wie Abraham Lincoln schon bemerkt hat: »You can fool some of the people all the time and you can fool all the people some of the time but you can't fool all the people all the time«. Schwierig, wenn nicht ausweglos wird es für den Politiker, wenn die Öffentlichkeit das Vertrauen in sein Wort verliert. Dann klingen seine Äußerungen leer, sie verhallen als Worthüllen, sind lediglich deklamatorische Lautsignale.

»Aus Frack nit«, heißt es in Köln noch in Anlehnung an das alte germanische »vrac«, was ursprünglich einmal Rache bedeutete, wenn man partout nicht tun will, was sich der andere wünscht. Der andere kann auch der Politiker sein, der seine Glaubwürdigkeit verloren hat und dem der Bürger nicht mehr folgen will. Der Politiker spielt dem Bär zum Tanze auf, aber der Bär tanzt nicht.

Die Frage der richtigen oder verfehlten Anreize ist eine Kernfrage der Wirtschaftspolitik. Dadurch werden die Weichen gestellt, richtig oder falsch. Auf die Anreizproblematik treffen wir überall: bei den Steuern, bei der Krankenversicherung, bei der Arbeitslosenunterstützung, der Sozialhilfe. Vor allem wenn es um die Ausgestaltung der Produktionsanreize, der Investitionsanreize und des Rahmenwerks einer Volkswirtschaft geht, das die Nachfrage nach Arbeitskräften bestimmt, handelt es sich um zentrale Problemstellungen, bei denen verfehlte Maßnahmen gravierende Konsequenzen haben.

2 Große wirtschaftspolitische Irrwege

Jeder Irrtum hat drei Stufen;
auf der ersten Stufe wird er ins Dasein gerufen,
auf der Zweiten will man ihn nicht eingestehen,
auf der Dritten macht nichts ihn ungeschehen.
GRILLPARZER

In der Wirtschaftsgeschichte gibt es zahlreiche Beispiele, in denen die Wirtschaftspolitik in mehr oder minder großem Ausmaß fehlschlug. Zugrunde lag in allen Fällen eine verfehlte Vorstellung darüber, wie Wirtschaft funktioniert, wie also die grundlegenden Zusammenhänge in einer Volkswirtschaft beschaffen sind. Im Zentrum stand dabei allzu oft eine irrige Idee darüber, wie die Menschen auf wirtschaftspolitische Setzungen in den Rahmenbedingungen reagieren würden.

Die Vergesellschaftung der Produktionsmittel

Bei den großen Irrwegen dauert es Jahrzehnte, bis die Fehlleistung offenbar wird und der historische Offenbarungseid geleistet werden muss. Zu Anfang, wenn sich eine neue wirtschaftspolitische Idee, und sei sie noch so verquer, allmählich ihren Weg bahnt, stellt sich allzu oft zunächst für kurze Zeit eine Besserung der Situation ein; es dauert dann lange, bis Fehlschläge und das vollständige Misslingen sichtbar werden. Dass das Scheitern offenbar wird, verzögert sich aus mehreren Gründen: Gerade bei inbrünstigen neuen Heilslehren hilft die kognitive Dissonanz über viele Widerwärtigkeiten hinweg, für die man allzu leicht und gerne rational erscheinende Erklärungen findet. So kann man manches auf diejenigen schieben, die im alten, überwundenen System früher alles falsch gemacht haben. Auch hilft es, einen inneren oder äußeren Sündenbock zu haben, den man für die Fehlentwicklungen verantwortlich machen kann. Im Extrem musste in der Vergangenheit mancher Krieg herhalten, eine große Binnenkohärenz der Gesellschaft herbeizuführen, so zynisch das auch klingen mag. Aber auch jenseits dieser Mechanismen hat die Politik viele Instrumente in der Hand, Fehlschläge zuzudekken und Effekte zeitlich durch Interventionen hinauszuschieben. Hinzu kommt, dass Statistiken geschönt werden und das kollektive Gedächtnis getäuscht wird. Schließlich ist die Erosion wirtschaftlicher Leistungsfähigkeit nicht sofort sichtbar.

Das schlagendste Beispiel für einen großen wirtschaftspolitischen Irrtum war die Mär von der kommunistischen Zentralplanung. Von der Idee der Gerechtigkeit beseelt, wurden die Produktionsmittel verstaatlicht, die gesamtwirtschaftliche Produktion im Zentralplan organisiert, das Privateigentum abgeschafft. In der Industrieproduktion sollte die Kostendegression der großen Einheiten ausgenutzt werden. Den Menschen war die Entscheidungsfreiheit genommen, die wirtschaftliche und die politische Freiheit. Ja nicht einmal, wo sie wohnen und was sie arbeiten durften, blieb ihnen im Stalinismus überlassen. Damit wurden alle individuellen Anreize erstickt. Wer hatte in diesem System ein ureigenes Interesse, Güter zu erstellen? Wer sollte einen Anreiz haben, zu sparen und zu investieren, also Kapital zu bilden und damit eine Grundlage für die Zukunft zu legen – für sich und für seine Kinder? Den Leistungsanreizen war im Dickicht des staatlichen Leviathan die Luft abgeschnitten; Phlegma machte sich breit.

Das Gesamtsystem der Zentralplanung war mit immensen, ja unlösbaren Informationsproblemen konfrontiert. In der Phase, in der die Gesamtpläne erstellt wurden und die Betriebe ihre Produktionspläne und die Erfordernisse an Material nach oben meldeten, hatte jeder einzelne Betrieb ein großes Interesse, mehr Produktionsfaktoren anzufordern als notwendig und gleichzeitig ein geringeres Produktionssoll zu melden als möglich. Das machte für den Betriebsleiter später die Planerfüllung leichter und verhinderte Misslichkeiten, Rügen, Schikanen und deftige Strafen, bis zum Gulag in Sibirien. Bei der Vielzahl von Betrieben musste damit in der Planzentrale eine völlig verzerrte Information ankommen. In der Phase der Planumsetzung wiederum stellte nichts sicher, dass die Güter ihre Nachfrager fanden und die Nachfrager ihre Güter. Verblüffenderweise war die »Warensicherheit« ein zentrales Ziel der sozialistischen Wirtschaftspolitik, das Ziel nämlich, dass die »richtigen Waren zur richtigen Zeit am richtigen Ort«, und zwar in der rechten Menge und der rechten Qualität, verfügbar waren. Wenn die Wirtschaftspolitik ein solches Ziel hat, ist dies ein untrügliches Zeichen dafür, dass die Warensicherheit in der Realität in der Regel nicht erreicht wird. Fehlende Leistungsanreize, mangelnde Information und komplexe Koordinierungsprobleme waren aber nicht alles: Dem System fehlte der Innovationsanreiz, beispielsweise der Druck auf die Betriebe, neue Produktionsverfahren zu finden und neue Produkte zu entwickeln, also Chancen aufzutun, auch wenn damit Risiken verbunden sind.

Während die Industrialisierung in Russland in den zwanziger Jahren statistisch noch wirtschaftliche Fortschritte zu bringen schien und der zweite Weltkrieg die grundlegenden Systemfehler der Planwirtschaft zudeckte, wurde in den siebziger und vor allem in den achtziger Jahren die mangelnde Leistungsfähigkeit der kommunistischen Zentralplanung mehr und mehr offensichtlich. Dazu beigetragen hat der Demonstrationseffekt, also der Vergleich der Systeme in den Augen der Menschen, der durch die Medien grenzüberschreitend auch über den Eisernen Vorhang hinweg möglich wurde. Die Offenheit der westlichen Gesellschaften hat sich als überlegen erwiesen, nicht nur in Bezug auf die wirtschaftliche Innovation, sondern in Bezug auf neue Lebensstile, beispielsweise Moden und Musiktrends, die in der Jugend im Westen spontan aufkamen und schließlich auch im Osten übernommen wurden.

Dieser Wettbewerb der Systeme ist ein Beispiel des Standortwettbewerbs oder des institutionellen Wettbewerbs, in dem Staaten mit ihren wirtschaftspolitischen Paradigmen, auch mit ihren institutionellen Regelungen, miteinander in einer mehr oder weniger sichtbaren Konkurrenz stehen. Allerdings ist ein solcher Wettbewerb nur dann wirksam, wenn es den Betroffenen, die die Unterschiede zu anderen Lösungsansätzen im Ausland durch den Demonstrationseffekt wahrnehmen, möglich ist, ihre Stimme abzugeben und sich damit in ihrer Unzufriedenheit Gehör zu verschaffen, so dass die Politik gezwungen ist, sich zu ändern. In einigen Ländern, wie Polen und Ungarn, bahnte sich öffentliche politische Kritik in den achtziger Jahren ihren Weg. Oder aber die Betroffenen sind in der Lage, mit den Füßen abzustimmen und ihrem Land den Rücken zu kehren, wie dies Ende der achtziger Jahre in der ehemaligen DDR geschah.

Es hat lange gedauert, bis die im Kommunismus angelegten Kobra-Effekte zu Tage traten, bis also die Erosion der Leistungsfähigkeit deutlich wurde. Man wird deshalb damit rechnen müssen, dass sich Irrtümer nur allmählich und mit größerer Zeitverzögerung korrigieren, zumal es auf dem Irrweg Pfadabhängigkeiten gibt, die es schwerer und schwerer machen, auf den richtigen Weg zurückzukehren.

Man mag die Zentralplanung als ein Beispiel aus dem Geschichtsbuch abtun wollen. Dennoch ist angebracht, sich an die Fehlsteuerung zu erinnern. Denn auch in unserer Volkswirtschaft haben wir beispielsweise im Gesundheitswesen und in der sozialen Sicherung allgemein, aber auch im Hochschulbereich, Systeme, die – sicherlich nicht in der gleichen Intensität – mit Anreiz-, Informations-, Koordinierungs- und Innovationsproblemen zu tun haben.

Im Übrigen hatten Ökonomen wie Ludwig von Mises die mangelnde Leistungsfähigkeit der planwirtschaftlichen Systeme in den dreißiger Jahren vorausgesagt, auch die zunehmende Intensität der Intervention hatten sie in der Ölflecktheorie des Interventionismus erkannt. Demnach breitet sich eine Intervention des Staates wie ein Ölfleck im Grundwasser aus, der eine Eingriff zieht den anderen nach sich: Wenn ein Höchstpreis für Brot festgelegt wird, weichen die Bäcker auf Brötchen aus, und wenn auch dafür ein Höchstpreis eingeführt wird, bieten sie statt der preisregulierten Produkte Konditoreiwaren an, bis auch diese im Preis reguliert werden müssen. Irgendwann muss man dann der staatliche Preisregulierer auch an den Preis für Mehl und an die Löhne der Gesellen heran. Ähnliches gilt für die Mindestpreise in der europäischen Agrarpolitik: Sie führen zu den Milchseen und Zuckerbergen, so dass die Politik die Überproduktion durch mengenmäßige Eingriffe wieder korrigieren muss.

Planification adieu

Die Vorstellung von der Verstaatlichung wichtiger Produktionsmittel spielte in der Nachkriegszeit auch in Deutschland noch eine zentrale Rolle. Durch den Krieg war man zu sehr daran gewöhnt, in Kategorien der »gelenkten Wirtschaft« zu denken, und Anfang der sechziger Jahre wurde die *»économie dirigée«* in den wirtschaftspolitischen Vorlesungen an der Universität Köln noch thematisiert. Das Ahlener Programm der CDU der britischen Zone von 1947 enthielt die Forderung, die Sektoren Bergbau, Stahl und auch andere Großindustrien zu verstaatlichen. Daher gehörte vor der Währungsreform Mut dazu, die Preise freizugeben, und wenn nicht Mut, dann doch ein erhebliches Vertrauen in die Kräfte des freien Marktes. Überliefert ist die Anekdote, die davon berichtet, dass der damalige Direktor der Verwaltung für Wirtschaft in der vereinigten britischen und amerikanischen Zone, Ludwig Erhard, vor der Einführung der D-Mark dem amerikanischen Hochkommissar General Clay, vorschlug, die Preisrationierung abzuschaffen, und Clay sagte: »Mr. Erhard, my advisers tell me that you are going to make a terrible mistake«, worauf Erhard antwortete: »General, better don't care, my advisers tell me the same«. Allgemein tat man sich schwer, die Marktwirtschaft zu akzeptieren. Erst 1959 fiel bei der SPD auf dem Godesberger Parteitag die grundsätzliche Entscheidung für die Marktwirtschaft. Und noch in den siebziger Jahren gab es in Deutschland – auch in Kreisen der Wissenschaft – eine Strömung, die sich nachdrücklich für die staatliche Investitionslenkung aussprach.

In Frankreich spielte die wirtschaftspolitische Vorstellung von der Planifikation bis in die achtziger Jahre eine zentrale Rolle. Das »Commissariat du Plan« stellte einen gesamtwirtschaftlichen Plan mit einem Planungshorizont von fünf Jahren auf. Dieser Plan bezog sich auf die gewünschte Entwicklung makroökonomischer Größen wie die Wachstumsrate des Bruttoinlandsprodukts, die Investitionsquote, die Inflationsrate, die Beschäftigung und die Branchenstruktur. Der Plan hatte für die Unternehmen eine indikative Funktion – war also nicht mit unmittelbarer Vollzugsverbindlichkeit versehen. Die Unternehmen sollten sich an ihm orientieren, beispielsweise bei ihren Investitionen. Wesentliche Sektoren waren verstaatlicht; für die verstaatlichten Unternehmen war der Plan ausschlaggebend. Bei den nichtstaatlichen Unternehmen sollten selektiv wirkende Instrumente wie steuer- und zinspolitische Maßnahmen und staatliche Investitionsaufträge an die Privatunternehmer die indikative Funktion des Plans unterstützen.

Frankreich wollte diese Wirtschaftsform in der Europäischen Gemeinschaft angewendet sehen, und es gab eine grundsätzliche Auseinandersetzung mit der deutschen, stärker marktwirtschaftlichen Orientierung, die sich letzten Endes in Europa durchgesetzt hat. Man kann sich heute fragen, ob Westeuropa international seine Leistungsfähigkeit gehalten und verbessert hätte, wenn der französische Weg eingeschlagen worden wäre, und ob es dann für die mittel- und osteuropäischen, ehemals kommunistischen Länder so attraktiv gewesen wäre, dem westeuropäischen Vorbild nachzueifern. Vielleicht hätte die Zentralplanung in Mittel- und Osteuropa länger überleben können. Und vielleicht wäre der Kommunismus nicht, oder nicht so schnell, zusammengebrochen. Jedenfalls hat sich Frankreich in seiner wirtschaftspolitischen Philosophie geändert: Heute wird auch dort kräftig privatisiert.

Auch in den Entwicklungs- und Schwellenländern machten Ideen der Zentralplanung bis Ende der achtziger Jahre Furore. Viele Eliten der jungen Länder wurden in Moskau erzogen. Das russische Modell sicherte den Regierenden in den Entwicklungsländern die Macht auf längere Frist, ganz anders als ein demokratisches System, in dem der Wechsel zwischen Regierung und Opposition als Methode zur Kontrolle der Macht und zur Vermeidung von langfristig sich festbeißenden Fehlern die Normalität darstellt. Hinzu kam eine Gläubigkeit der Ökonomen an die Planbarkeit der gesamtwirtschaftlichen Entwicklung und an die Machbarkeit des Wachstums. So basierte die indische Planung auf den Mehr-Sektoren-Modellen des Mahalanobis-Typs, die auf Input-Output-Modellen aufbauten, mit denen man die sektorale Verflechtung der Volkswirtschaft zu erfassen suchte. Erst in den achtziger und in den neunziger Jahren änderte sich mit dem Zusammenbruch der kommunistischen Systeme auch das wirtschaftspolitische Paradigma der Entwicklungsländer.

Die verlorene Dekade Lateinamerikas

Bei der internationalen Arbeitsteilung war die im Comecon verfolgte Idee der »Arbeitsteilung von oben« ebenso ein Fehlschlag wie die Zentralplanung im nationalen Bereich. Dabei klang die Grundidee einleuchtend. Die Größendegressionen bei den Produktionskosten sollten nicht nur national, sondern auch international ausgeschöpft werden. Wenn nur noch an einer Stelle Eisschränke produziert werden, so die These, dann würden die Kosten beträchtlich sinken. Also vereinbarte man eine Spezialisierung zwischen den Staaten: Die Ungarn produzierten Autobusse, die Tschechen Trambahnwagen und die Ostdeutschen Waggons für die transsibirische Eisenbahn. Leider fehlte dieser »Arbeitsteilung von oben« ein zentrales Element der dynamischen Wirtschaft: der Wettbewerb zwischen Unternehmen, der die wichtige Funktion hat, neue technische und wirtschaftliche Lösungen zu finden. Wettbewerb ist im Sinne Hayeks ein Entdeckungsverfahren, ein Mechanismus, der zu kostengünstigeren Lösungen führt. Eine behördlich deklarierte oder staatlich festgelegte Spezialisierung zwischen Ländern wie im Comecon schaltete dagegen den Wettbewerb gleich in mehrfacher Hinsicht aus, und zwar nicht nur zwischen den kommunistischen Ländern, sondern auch zu den westlichen Ländern; denn gleichzeitig war das Comecon gegen die internationale Arbeitsteilung in der

Welt abgeschottet. Deshalb konnte man im Ostblock die wahren Knappheitsrelationen nicht erkennen.

Nicht nur die Arbeitsteilung im Comecon war ein Fehlschlag. Auch Lateinamerika erlitt mit seiner Außenhandelsorientierung einen Misserfolg: Das verlorene Jahrzehnt der achtziger Jahre, in dem das Realeinkommen pro Kopf mit einer Rate von einem Prozent pro Jahr schrumpfte, ging zu einem nicht unbeträchtlichen Teil auf die verfehlte außenwirtschaftliche Orientierung zurück. Zu Anfang der fünfziger Jahre stellten Singer und Prebisch[5] die These auf, dass sich die Austauschverhältnisse der Entwicklungsländer, die so genannten Terms-of-Trade, aus einer Reihe von Gründen säkular verschlechterten und die Entwicklungsländer deshalb immer mehr Güter für den Export produzieren mussten, um ein gegebenes Importniveau aufrecht erhalten zu können. Sie produzierten mehr und mehr, aber sie erlebten ein »verarmendes« Wachstum, in dem der Wohlstand nicht stieg, so die These.

Die Intellektuellen in Lateinamerika leiteten daraus die Politik der Importsubstitution ab, nach der Importe allmählich durch heimische Produktion ersetzt werden sollten. Aber bis es so weit war, bis die meisten heimischen Importsubstitute international wettbewerbsfähig sein würden, sollten die heimischen Produzenten zunächst einmal geschützt werden. Die Idee ähnelte dem Listschen Schutzzollargument,[6] laut dem die Politik jungen Industrien Protektion angedeihen lassen sollte.

Diese Strategie schien zunächst aufzugehen. Aber im Ergebnis schirmte diese Politik die heimische Wirtschaft zu sehr gegen den internationalen Wettbewerb ab, und die Leistungsfähigkeit ging nach und nach verloren. Ganz anders dagegen der Ansatz der Asiaten, die – selbst wenn sie zugunsten ihrer Exportsektoren wie etwa Korea durch günstigere Kredite eingriffen – im Wesentlichen die Exportwirtschaft und den Bereich der zu Hause produzierten Importsubstitute dem internationalen Wettbewerb ausgesetzt haben. In Lateinamerika führten einige weitere Fehler der siebziger Jahre – die populistische Wirtschaftspolitik, die damit einhergehende monetäre Instabilität, die hohe Staats- und die ungebremste Auslandsverschuldung, die nicht investiv, sondern konsumtiv verwendet wurde – mit der Schuldenkrise zum Zusammenbruch dieses Systems in den achtziger Jahren. Eine wirtschaftspolitische Idee hatte sich als Fehlschlag erwiesen, und wie in der kommunistischen Zentralplanung hatten die Menschen darunter bitter zu leiden, in Lateinamerika ein ganzes Jahrzehnt lang.

Die englische Krankheit

In den sechziger Jahren ergab sich in Großbritannien eine Situation, in der alle nur erdenklichen Ziele der Wirtschaftspolitik gleichzeitig verfehlt wurden – eine äußerst ungewöhnliche Lage und eine ausgesprochen miese wirtschaftspolitische Ausgangsbasis. Das wirtschaftliche Wachstum war schwach, eine nennenswerte wirtschaftliche Dynamik war nicht zu verzeichnen und wollte nicht aufkommen. Innovationen, die die britische Volkswirtschaft hätten voranbringen können, kamen nicht zustande. Gleichzeitig herrschte Inflation, so dass das Land durch das neue Phänomen der »Stagflation« gekennzeichnet war, also eine Kombination von schwacher wirtschaftlicher Entwicklung und einer hohen gesamtwirtschaftlichen Preissteigerungsrate. Die inflationäre Entwicklung ging einher mit kräftigen nominalen Lohnabschlüssen, die mit häufigen Streiks durchgesetzt wurden.

Die Wirtschaft war international nicht wettbewerbsfähig, und die Leistungsbilanz wies ein beachtliches Defizit auf. Das heißt, die Ansprüche waren größer als die Leistungsfähigkeit der britischen Wirtschaft, die Absorption größer als die Produktion. Die interne Preissteigerung beeinträchtigte die preisliche Konkurrenzfähigkeit beim Export, so dass das britische Pfund unter Abwertungsdruck war. 1967 musste es dann abgewertet werden. Großbritannien musste – wie heute einige Schwellenländer – in den fünfziger, sechziger und siebziger Jahren mehrmals die Hilfe des Internationalen Währungsfonds in Anspruch nehmen, um über seine defizitäre Leistungsbilanz hinwegzukommen. Diese verfahrene Situation wurde als englische Krankheit bezeichnet. Sie hatte ihre Ursache in einer strukturellen Schwäche der britischen Volkswirtschaft, die auf einen verfehlten institutionellen Regelmechanismus zurückging. Mit Adhoc-Maßnahmen war dieser strukturellen Schwäche nicht beizukommen. Erforderlich war eine Neuorientierung, die die grundlegend veränderten Bedingungen – auch den Verlust der Stellung als ehemalige Kolonialmacht – zum Ausgangspunkt nahm und die britische Volkswirtschaft auf den internationalen Wettbewerb unter den neuen Bedingungen ausrichtete.

Mitterand und die Politik der Nachfrageexpansion

1981 wurde Mitterand zum französischen Präsidenten gewählt. Sein wirtschaftspolitisches Programm sah eine Politik vor, die durch die Ausdehnung der Staatsausgaben mehr wirtschaftliche Dynamik erzeugen sollte, auch bei Inkaufnahme von staatlichen Defiziten. Ferner enthielt der Ansatz starke Verteilungselemente und ein Verständnis für eine expansive Lohnpolitik. Nach nur zwei Jahren zeigte sich, dass das Konzept nicht aufging: Das Budget des Staates und die Leistungsbilanz gerieten ins Defizit. Die Inflation zog an. Der französische Franc musste gegenüber der D-Mark abgewertet werden. Nur die erwartete Dynamik wollte nicht aufkommen. Es war wohl vor allem dieser direkte Vergleich mit der Währung des unmittelbaren Nachbarn, der letztlich zu einer Kurskorrektur der Politik zwang. Denn die Abwertung machte den französischen Bürgern deutlich, dass die Politik nicht glaubwürdig war, jedenfalls nicht im Vergleich zu Deutschland. Dabei spielten die Finanzmärkte als Schiedsrichter eine entscheidende Rolle. Sie misstrauten dem Ansatz von Mitterand, jedenfalls bewerteten sie die Ergebnisse negativ, und Portfoliokapital verließ Frankreich, was letzten Endes die Abwertung des französischen Franc erzwang. Das Leistungsbilanzdefizit wurde vom Ausland nicht mehr finanziert. So musste Mitterand schmerzlich erfahren, was es bedeutet, wenn Kapital das Vertrauen in die Wirtschaftspolitik eines Landes verliert, ganz gemäß dem Spruch: »Kapital hat das Gedächtnis eines Elefanten, das Herz eines Hasen und die schnellen Beine der Gazelle.« 1983 dann drehte

Mitterand seine Wirtschaftspolitik um 180 Grad. Seitdem wurden in der Politik des »franc fort« zentrale gesamtwirtschaftliche Restriktionen beachtet.

Trotz dieser Erfahrungen verfolgte Lafontaine in seinem halben Jahr als Bundesfinanzminister in den Jahren 1998 und 1999 einen ähnlichen Ansatz wie Mitterand. Seine Politik war keynesianisch angelegt; die Staatsausgaben wurden ausgedehnt, um die gesamtwirtschaftliche Nachfrage zu stimulieren. Die Lohnabschlüsse sollten dazu dienen, Nachfrageeffekte herbeizurufen; daher wurden hohe Lohnabschlüsse auf einmal akzeptabel. Verdrängt wurde, dass es damit zu einem Abbau von Beschäftigung kommen würde. International wurde die Melodie der Koordinierung angestimmt, auch um Wechselkurse konstant zu halten.

In den sechziger Jahren herrschte in der wirtschaftswissenschaftlichen Literatur unter dem Einfluss des damals in Deutschland rezipierten Keynesianismus mehrheitlich die Meinung vor, die Politik könne mit ihrem Werkzeugkasten die Konjunktur steuern und sie in ihrem Zyklus glätten, insbesondere Rezessionen vermeiden. Dabei handelte es sich bei der Abschwächung in der Zuwachsrate des Bruttoinlandsprodukts auf -0,3 Prozent im Jahr 1967 im Lichte späterer Erfahrungen allenfalls um ein »Rezessiönchen«, und die Zunahme der Arbeitslosigkeit auf eine Quote von 1,7 Prozent, ebenfalls 1967, würde heute – bei einer Arbeitslosenquote von neun Prozent – überhaupt nicht als ein Anlass gesehen, wirtschaftspolitisch tätig zu werden. Karl Schiller verfolgte damals den Ansatz der gesamtwirtschaftlichen Steuerung, er versuchte, die makroökonomische Globalsteuerung mit der Marktwirtschaft zu versöhnen. Heute wissen wir, dass die Möglichkeiten der makroökonomischen Steuerung durch den Staat sehr begrenzt sind und ein »fine tuning« des Konjunkturzyklus schlichtweg nicht möglich ist.

Die schleichende Erosion einer Wirtschaft: Schweden

Schließlich ist Schweden im Rahmen unseres Überblicks der Irrungen und Wirrungen noch erwähnenswert. Nach Angaben der Lindbeck-Kommission fiel Schweden beim Pro-Kopf-Einkommen vom dritten Platz unter den Industrieländern im Jahr 1970 auf den vierzehnten Platz im Jahr 1991 zurück. Anfang der neunziger Jahre brach in Schweden eine ökonomische Krise aus, die schwerste seit den dreißiger Jahren. Die Arbeitslosigkeit vervierfachte sich Anfang der neunziger Jahre schlagartig auf etwa acht Prozent, das Budgetdefizit des Staates schnellte auf mehr als zehn Prozent hoch, und gleichzeitig kam es zu einer Währungskrise.

Die Ursachen dieser Krise waren vielfältig: Die Lohnzuwächse lagen in den achtziger Jahren dauerhaft über dem Produktivitätswachstum.Dieser inflationäre Druck der Lohnbildung und die damit verbundene Preissteigerung kollidierten mit dem Ziel, den Wechselkurs stabil zu halten. Dies brachte einen Verlust des preislichen Wettbewerbs mit sich und bedeutete eine Gewinnkompression für die Unternehmen. Die andere wesentliche Komponente der Makropolitik, die Finanzpolitik, passte ebenfalls nicht zur Politik eines konstanten Wechselkurses. Die Staatsquote war 1992 auf 70 Prozent gestiegen, von 25 Prozent im Jahr 1950; dies war durch den Ausbau des Wohlfahrtsstaates bedingt. Die ökonomischen Anreize für wirtschaftliche Dynamik wurden schwächer.

Das Interessante an Schweden ist, dass man einen derartigen Abstieg zunächst einmal lange nicht bemerkt; man nimmt nicht wahr, dass ein ökonomisches System erodiert. Die Infrastruktur hält sich lange, und die prächtigen Gebäude lassen den Substanzverschleiß und die unterlassenen Reparaturen nicht unmittelbar erkennen. Selbst ein hoher Beschäftigungsgrad lässt sich längere Zeit aufrecht erhalten.

Man tut also gut daran, verstärkt auf schleichende Erosionsprozesse einer Volkswirtschaft zu achten. Inkonsistente Versatzstücke der Wirtschaftspolitik werden auf Dauer sichtbar. Was nicht nachhaltig ist, kann auch nicht durchgehalten werden. Die Politik kann sich auf Dauer nicht gegen die Gesetzmäßigkeiten der Ökonomie behaupten.

Die gleichen Fehler immer wieder?

Man würde erwarten, dass aus dem französischen Experiment unter Mitterand genügend deutlich wurde, dass ein Strohfeuer der Nachfrage nicht hinreichend ist, um in einer Volkswirtschaft für mehr wirtschaftliche Dynamik zu sorgen. Noch nicht einmal zwanzig Jahre später unternahm Lafontaine den gleichen Versuch der Nachfragestimulierung noch einmal. Es sieht so aus, als ob das belgische Sprichwort zuträfe: »Offenbar brauchen sich Ökonomen keine Sorge zu machen, dass sie überflüssig werden: Dieselben Fehler werden immer wieder gemacht.« Irgendwann ist man einen Ansatz leid, man hält ihn für verstaubt, selbst wenn er sich grundsätzlich bewährt hat. Vielleicht will man auch nur mal etwas Neues hören und in den Medien etwas Neues schreiben. Dieser Prozess kann allerdings auch bei den Wissenschaftlern selbst beginnen, die die ausgetretenen Pfade verlassen und von Neugier getrieben andere Ansätze aufspüren wollen. Es sind also nicht immer die Politiker, die mit etwas anderem und etwas Neuem anfangen; denn »die Gedanken der Ökonomen und Staatsphilosophen [sind], sowohl wenn sie im Recht als auch wenn sie im Unrecht sind, einflussreicher, als gemeinhin angenommen wird. Die Welt wird in der Tat durch nicht viel anderes beherrscht. Praktiker, die sich ganz frei von intellektuellen Einflüssen glauben, sind gewöhnlich die Sklaven irgendeines verblichenen Ökonomen« – so jedenfalls Keynes.

3 Der Politiker als Don Quijote – Machtlos gegen die globalen Märkte?

Ich rate, lieber mehr zu können als man macht,
als mehr zu machen als man kann.
BERTOLT BRECHT

»Globalisierung« ist in aller Munde. Die Welt rückt enger zusammen, und für manche, die heute in New York zu Abend essen und morgen in Stuttgart eine wichtige Besprechung haben, ist die Welt bereits zu einem globalen Dorf geworden. Was kann die nationale Wirtschaftspolitik unter den Bedingungen der globalen Vernetzung überhaupt noch autonom gestalten? Kämpft der Politiker wie einst Don Quijote gegen Windmühlen, ohne dass er in nennenswertem Umfang etwas beeinflussen kann?

Die Welt um uns verändert sich

In den »Sprüchen des Konfuzius« von Friedrich Schiller heißt es:

Dreifach ist der Schritt der Zeit
Zögernd kommt die Zukunft hergezogen
Pfeilschnell ist das Jetzt entflogen
Ewig still steht die Vergangenheit.

Ganz so beschaulich wie in diesen Versen geht es heute nicht mehr zu – zögernd kommt die Zukunft nicht mehr hergezogen, hurtig ist sie da, und schlagartig ändern sich die wirtschaftlichen Bedingungen. Die Lebenszeit der Produkte wird kürzer, in der Computerindustrie liegt sie bei einem Jahr und darunter. Die Unternehmen, die nicht in der Lage sind, in dieser kurzen Zeitspanne neue Güter zu entwickeln, haben auf dem Markt wenig Chancen. Denn mit den neuen Produkten werden die Marktpositionen jährlich neu verteilt, wie in einer Lotterie, allerdings mit dem Unterschied, dass die Anstrengungen der Unternehmen über den Rangplatz entscheiden. Sogar Investitionsprojekte werden schnell wieder aufgegeben, so das Halbleiterwerk von Siemens in North Tyneside in Nordostengland mit einem Investitionsvolumen von drei Mrd. DM bereits nach gut einem Jahr; daran änderte auch nichts, dass das Werk in Anwesenheit der britischen Königin – es war im Jahr 1997 – eröffnet worden war. Die Märkte werden bestreitbarer.

Zwei große Entwicklungslinien bringen für die Weltwirtschaft einen beachtlichen Umbruch mit sich: eine Intensivierung des Wettbewerbs durch den Abbau von Handelshemmnissen aller Art, also durch eine größere Vernetzung der Märkte, und das Hereindrängen neuer bevölkerungsreicher Länder in die internationale Arbeitsteilung, vor allem nach dem Fall des Eisernen Vorhangs.

Der Abbau von Marktsegmentierungen – eine neue Entwicklungslinie der Weltwirtschaft – geht mit einer Vielzahl von Faktoren einher. So vollzieht sich in der Informationstechnologie durch das Internet eine Revolution. Zum Jahresende 2000 wird die Zahl der weltweiten Internet-Nutzer auf 400 Millionen geschätzt, für 2005 werden annähernd 750 Millionen erwartet. Sowohl die Kosten für Kommunikation, insbesondere Telekommunikation, als auch für den Transport, also die traditionellen Raumüberwindungskosten der Seefracht und des Luftverkehrs, sind in den letzten Jahrzehnten stark gefallen. Hinzu kommt, dass die Zölle in acht Zollsenkungsrunden in den letzten fünfzig Jahren drastisch reduziert worden sind; beispielsweise sind die für die Weltwirtschaft wichtigen amerikanischen Zölle auf unter fünf Prozent des Niveaus von vor fünfzig Jahren gesunken. Die Mitgliedschaft in dem internationalen Vertragswerk der Welthandelsorganisation, der WTO, ist von 23 Mitgliedern in 1947 auf 140 im Jahr 2000 kontinuierlich angestiegen. Von 1986 bis 2000 sind 52 Länder der Welthandelsorganisation beigetreten, die Mitgliedschaft ist von 29 weiteren Ländern beantragt, darunter von Russland. China wird in Kürze in die WTO aufgenommen. Die meisten Staaten haben ihre Märkte auch im Innern liberalisiert und Regulierungen abgebaut, so dass auch von daher die Handelshemmnisse geringer werden.

Mit dem Umbruch in den ehemaligen Planwirtschaften Mittel- und Osteuropas und der Öffnung Chinas – der zweiten neuen Entwicklungslinie in der Weltwirtschaft – drängen wichtige Regionen der Welt in die internationale Arbeitsteilung. Es vollzieht sich ein historischer Prozess, bei dem – mit China allein – 25 Prozent der Weltbevölkerung in die Weltwirtschaft integriert werden und damit – wenn man sich den Weltarbeitsmarkt vorstellt – das Weltarbeitsangebot um ein Viertel zunimmt. Dies heißt: Die Industrieländer sehen sich neuen Konkurrenten gegenüber.

Die Angst vor der Globalisierung: Werden die Löhne in Peking gesetzt?

In den alten Industrienationen geht die Furcht um, dass die aufstrebenden Volkswirtschaften ihnen die Wettbewerbsvorteile wegkonkurrieren, dass dabei Arbeitsplätze verloren gehen und die Altländer an Wohlstand verlieren. Das Hereindrängen der reichlich mit Arbeitskräften ausgestatteten Länder in Mittel- und Osteuropa und am pazifischen Rand in die internationale Arbeitsteilung werde, so hört man, auch Auswirkungen auf Europa und auf Deutschland haben, die zweitgrößte Handelsnation der Welt mit einer Exportquote von etwa 30 Prozent und mit einer entsprechend hohen Importquote. Auch wenn die arbeitsintensiven Produkte dieser bevölkerungsreichen Länder nicht alle direkt bei uns ankommen, drücken sie doch bisher arbeitsintensive Anbieter wie Taiwan und Südkorea in höherwertige Produktionen, so jedenfalls das Argument. Einige Entwicklungs- und Schwellenländer tragen inzwischen ohnehin einen falschen Namen; sie sind längst zu neuen Industrieländern geworden mit einem ähnlichen oder sogar einem größeren industriellen Anteil an ihrer gesamtwirtschaftlichen Produktion und an ihren Exporten als bei den alten Industrieländern; sie stoßen mit neuen Produkten auf die oberen Sprossen der Weltproduktleiter vor.

Die Arbeitnehmer befürchten schon, dass das größere Arbeitsangebot in der Weltwirtschaft dazu führt, dass die Löhne in Peking gesetzt werden und die Realeinkommen der hiesigen Arbeitnehmer und ihre Beschäftigungschancen insgesamt sinken.

Konfrontiert mit derart düsteren Szenarien, kann und muss der Ökonom Entwarnung geben. Zwar lässt sich nicht ausschließen, dass es zu Druck auf die Preise arbeitsintensiv produzierter Güter kommt. Aber gleichzeitig entstehen neue Märkte, die vor allem die von uns hergestellten Investitionsgüter aufnehmen. Mit anderen Worten: Die Schranke der Marktgröße, soweit sie in der Vergangenheit eine Grenze für die Ausdehnung der internationalen Arbeitsteilung darstellte, wird zunehmend weniger Bedeutung haben. Etwa zehn Prozent unserer Exporte gehen inzwischen nach Mittel- und Osteuropa, das sind ebenso viel wie in die USA. Gerade wegen der neuen Märkte dürfen die Industrieländer erwarten, dass sich ihre Terms of Trade, also die relativen Tauschpreise, verbessern. Das aber bedeutet Gewinne aus Handel für die Industrieländer.

Auch die Schwellenländer gewinnen. Die internationale Arbeitsteilung ist eben kein Nullsummenspiel, bei dem der eine als Vorteil erhascht, was der andere verliert. Den Entwicklungs- und Schwellenländern ist es gelungen, ihren Anteil am Welthandel von 17 Prozent (1970) auf etwa 30 Prozent (1998) nahezu zu verdoppeln. Vor allem haben es die Schwellenländer geschafft, einfache und mittlere Industriegüter in ihre Exportpalette aufzunehmen.

Was den Außenhandel betrifft, so muss man sich auch von der Vorstellung lösen, dass sich die internationale Arbeitsteilung allein in der Form vollzieht, dass unterschiedliche Güter gegeneinander getauscht werden, also portugiesischer Wein gegen englisches Tuch wie im alten Lehrbuchbeispiel von Ricardo oder amerikanische Software gegen deutsche Zigarettenmaschinen. Bei diesem intersektoralen Handel, also einem Handel zwischen verschiedenen Sektoren einer Volkswirtschaft, muss in der Tat der eine Sektor schrumpfen, wenn der andere expandiert, wobei das Land insgesamt durch die Spezialisierung allerdings dennoch gewinnt. Im Gegensatz zu diesem intersektoralen Handel ist ein Gutteil der internationalen Arbeitsteilung heute ein Austausch mit ähnlichen Produkten: Deutsche Autos werden nach Frankreich exportiert, französische nach Deutschland. Französischer Wein geht nach Deutschland, aber auch deutscher nach Frankreich. Auch Vorprodukte und Investitionsgüter fließen im gleichen Sektor hin und her, so in der weltweit vernetzten Automobilproduktion. Dieser Austausch innerhalb eines Sektors, also intrasektoraler Handel, kommt dadurch zustande, dass die Nachfrager Produktvielfalt wünschen. Bei dieser Art des Handels muss der betrachtete Sektor in einem Land nicht schrumpfen, wenn sich der Austausch intensiviert. Vielmehr kann der gleiche Sektor in mehreren Ländern gleichzeitig wachsen, indem unterschiedliche Spezialisierungsvorteile, beispielsweise bei verschiedenen Varianten des gleichen Produkts, in den einzelnen Ländern wahrgenommen werden.

Im Übrigen müssen die Arbeitskräfte insgesamt auch bei rein intersektoralem Handel nicht verlieren. So gewinnen unsere qualifizierten Arbeitnehmer, denn wir exportieren Produkte, bei deren Herstellung neben Sachkapital auch Humankapital intensiv eingesetzt wird. Humankapital ist inzwischen für unseren Export ähnlich wichtig wie Sachkapital. Und da die Nachfrage nach unseren Exportgütern durch die Ausweitung des Weltmarktes zunimmt, verbessern sich die Einkommenschancen für qualifizierte Arbeitskräfte.

Empirisch lässt sich ein Druck auf die Löhne im Zusammenhang mit dem Handel mit den Schwellenländern bisher nicht feststellen. Unbestritten ist aber, dass sich in den Industrieländern die Struktur der Nachfrage nach Arbeitskräften massiv verschiebt, und zwar zu Ungunsten der weniger Qualifizierten. Dies ist in allen Industrieländern zu beobachten, in Europa ebenso wie in Nordamerika. So hat in Deutschland in den letzten zwanzig Jahren die Nachfrage nach Unausgebildeten um 1,2 Millionen abgenommen, die Nachfrage nach Ausgebildeten dagegen um 2,5 Millionen zugenommen (siehe auch Kapitel 6). Beim Rückgang der Beschäftigung in der Industrie sind die weniger Ausgebildeten stärker betroffen, bei der Zunahme im Dienstleistungsbereich werden die Ausgebildeten deutlich begünstigt.

Als Ursache für diese Nachfrageverschiebung wird in der wirtschaftswissenschaftlichen Literatur ein arbeitssparender technischer Fortschritt ausgemacht. Dabei wird eine originäre technologische Entwicklung unterstellt. Ein direkter Zusammenhang mit der internationalen Arbeitsteilung wird nicht gesehen, obwohl es nicht auszuschließen ist, dass der Austausch zwischen den bevölkerungsreichen Staaten und den reichlich mit Kapital ausgestatteten Ländern ein Anreiz sein kann, nach arbeitssparendem technischen Fortschritt zu suchen. Für Europa ließe sich argumentieren, dass diese Art des arbeitssparenden technischen Fortschritts von den Lohnstrukturen beeinflusst wird. Da aber ein ähnlich arbeitssparender technischer Fortschritt in den USA bei einer starken Lohndifferenzierung zu beobachten ist, bleibt dieser Erklärungsansatz offen.

Will man aus der relativen Verschiebung der Nachfrage eine Konsequenz ziehen, so lautet die allerbeste Lösung, die Arbeitsproduktivität zu heben, und zwar sowohl durch neue Produkte als auch durch günstigere Produktionsverfahren und durch eine bessere Ausbildung. Dann nimmt auch die Nachfrage nach Arbeitskräften zu. Oft wird die produktivitätssteigernde Ausbildung jedoch kurzfristig und in manchen Fällen sogar überhaupt nicht möglich sein. Dann hilft nur eine Lohndifferenzierung.

Bei den zwei Trendlinien, die wir unter dem Stichwort Globalisierung unterschieden haben, kommt der intensivere Wettbewerb, dem sich ein Industrieland wie Deutschland gegenübersieht, gar nicht so sehr von den Schwellenländern. Die Industrieländer selbst sorgen für eine schärfere Konkurrenz auf den Gütermärkten, und zwar dadurch, dass die Marktsegmentierungen abgebaut und beispielsweise die Produktzyklen immer kürzer werden.

Und schließlich stellt der Prozess der Globalisierung, der mit den neunziger Jahren des letzten Jahrhunderts verbunden ist, im Grunde genommen nichts Neues dar. Auch das 19. Jahrhundert war das Jahrhundert eines Globalisierungsprozesses, und sogar die Entdekkung Amerikas und der Seewege nach Indien und Asien lassen sich als wichtige Etappen der Globalisierung betrachten. Auch wenn bei diesem Prozess in Zukunft mit bremsenden Faktoren zu rechnen ist

– die Globalisierung geht weiter; man wird sie nicht stoppen, vor allem deshalb, weil jedes Land aus der Intensivierung der internationalen Arbeitsteilung Vorteile zieht.

Wie viel Industrie braucht ein Land?

Die deutsche Exportwirtschaft ist stark auf das verarbeitende Gewerbe, also die Industrie, konzentriert, deren Produkte 89 Prozent der deutschen Ausfuhr an Waren und Dienstleistungen ausmachen. Nur 9,9 Prozent entfallen auf die Dienstleistungen, 0,2 Prozent auf den Bergbau und 0,7 Prozent auf die Landwirtschaft. Vier Warengruppen des verarbeitenden Gewerbes machen 59 Prozent des Gesamtexports aus, und zwar Maschinenbauerzeugnisse (18,9 Prozent), Straßenfahrzeuge (17,7 Prozent), chemische Produkte (12,2 Prozent) und elektrotechnische Güter (10,3 Prozent).

Die deutschen Exporte des verarbeitenden Gewerbes liegen im oberen Segment der ausgereiften oder mittleren Technologien, insbesondere im Bereich des Maschinenbaus, der Autos, der chemischen Produkte und der elektrotechnischen Erzeugnisse. Die Außenhandelsvorteile ausgewählter Sektoren lassen sich mit spezifischen Koeffizienten wie den RCA-Koeffizienten messen. Dabei zeigen positive Werte Wettbewerbsvorteile und negative Werte Nachteile an. Betrachtet man diese Kennziffern, so ergeben sich in den letzten 30 Jahren hohe und stabile Koeffizienten für die Sparte des Maschinenbaus (Untergruppen 72 und 74) und positive, aber doch leicht abnehmende Vorteile im Bereich der medizinischen und pharmazeutischen Produkte und auch der Autos (Tabelle 3.1). Beispiele für eine deutliche Abnahme des komparativen Vorteils sind die Telekommunikation und die optische Industrie. In der Elektrotechnik ist der komparative Vorteil verloren gegangen.

		1970	1999
54	Medizinische und pharmazeutische Erzeugnisse	48,9	34,9
72	Werkzeugmaschinen	89,3	97,9
74	Maschinen, Apparate, Geräte für verschiedene Zwecke	59,8	56,2
76	Geräte für die Nachrichtentechnik	25,5	–14,7
77	Elektrische Maschinen, Apparate, Geräte	8,5	–1,6
78	Straßenfahrzeuge	76,0	48,7
88	Fotoapparate, optische Waren, Uhren	8,7	–17,0

Tabelle 3.1 – Trends in Deutschlands komparativem Vorteil (RCA-Koeffizienten)
Quelle: Siebert und Stolpe 2000, Tabelle 2.

Im Ländervergleich weist Deutschland bei den technologieintensiven Gütern im Gegensatz zu den USA Nachteile auf (negative Werte in Schaubild 3.1). Wir sind auch im internationalen Vergleich auf Exportgüter der mittleren Technologie spezialisiert. Daher haben wir ein ähnliches Spezialisierungsmuster wie Japan. Dagegen sind Frankreich und Großbritannien stärker auf technologieintensive Güter spezialisiert.

Es ist für mich eine offene Frage, ob die Spezialisierung der deutschen Industrie auf das obere Segment der mittleren Technologie – in den Bereichen Maschinenbau, Autos, Chemische Industrie und Elektrotechnik – und die Strategie, in diesen mittleren Segmenten humankapitalintensive Nischen in der Weltwirtschaft zu besetzen – für die Zukunft aufgeht. Und es ist für mich offen, inwieweit die wachsenden Einkommen in den Schwellenländern für genügend Nachfrage nach unseren Exportprodukten der mittleren Technologie, vor allem nach Investitionsgütern, sorgen, wenn andere Anbieter in diesen Feldern gleichzeitig verstärkt wettbewerbsfähig werden. Wenn sich das weltwirtschaftliche Sektorgefüge in Richtung auf die Informations- und Kommunikationstechnologie und auf die Biotechnologie verschiebt und wenn dort die Wachs-

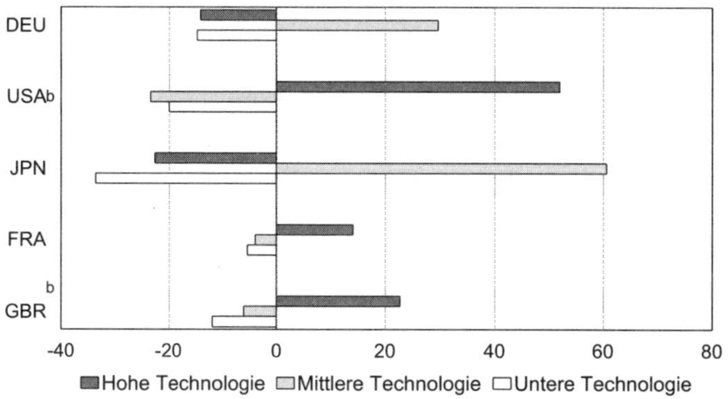

Schaubild 3.1 – Wettbewerbsfähigkeit nach Technologieintensität[a] 1999
[a]RCA-Werte nach Technologieintensität. – [b]Werte für 1998.

tumschancen liegen – müssen dann die deutschen Unternehmer nicht eine solche Spezialisierung selbst aktiv gestalten?

In der Tat sind die Unternehmen gefordert: Sie müssen sich nicht nur anstrengen, ihre Wettbewerbsfähigkeit zu erhalten und zu verbessern, das heißt, sie müssen nicht nur ihre Marktposition bei ihren traditionellen Exportprodukten der mittleren Technologie behaupten und dort ihre Marktnischen verteidigen. Sie müssen in einer sich wandelnden Welt auch verstärkt Produktinnovation betreiben, um auf den stürmisch expandierenden, neuen internationalen Märkten dabei zu sein. Sie müssen stärker in der Hochtechnologie vertreten sein. Dabei reicht die zu Anfang der neunziger Jahre ergriffene Maßnahme angesichts der strukturellen Herausforderung in Gestalt einer Kostensenkungsstrategie, durch die Arbeitskräfte freigesetzt wurden, nicht aus. Auf Dauer werden sich Marktanteile nur mit einer Innovationsstrategie, vor allem mit neuen Produkten, halten und gewinnen lassen.

Bei den sektoralen Veränderungen in der Wettbewerbsfähigkeit kann man an dem Trend der Direktinvestitionen nicht vorbeigehen. So werden seit mehreren Jahren über die Hälfte der Direktinvestitionen der deutschen chemischen Unternehmen im Ausland vorgenommen. Dies bedeutet, dass sich in diesem Sektor der Standort im

Verlaufe der Zeit ins Ausland verlagert. Auffallend ist die Abwanderung der pharmazeutischen Industrie. Hoechst wurde durch die Fusion mit Rhône-Poulenc in das neue Unternehmen Aventis eingebracht, welches seinen Sitz in Straßburg hat. Die BASF hat sich im Jahr 2001 von ihrer Pharmasparte durch Verkauf an die Abbott Laboratories getrennt.

Das für die Exportwirtschaft so wichtige verarbeitende Gewerbe – die Industrie – verliert im Rahmen des sektoralen Strukturwandels deutlich an Bedeutung. Derzeit sind noch 22,8 Prozent (1999) der Beschäftigten im verarbeitenden Gewerbe tätig, 1970 waren es 38,1 Prozent. In Bezug auf die Anteile an der Wertschöpfung sind die Zahlen ähnlich. In den USA ist diese rückläufige Entwicklung für die Industrie noch deutlicher ausgeprägt. Der Anteil der Beschäftigten und auch der Wertschöpfung liegt dort bei unter 20 Prozent. Wenn diese Tendenz auch durch statistische Erfassungsprobleme wie die Umdefinition des Sektors beeinflusst sein mag und ebenfalls auf die Ausgliederung von Dienstleistungen aus den Unternehmen zurückgeht, so stellt sich doch die Frage, wie viel Industrie eine Volkswirtschaft braucht. Die Vorstellung, dass der industrielle Sektor mehr und mehr schrumpfen kann, fällt schwer.

Diese Frage lässt sich beantworten, indem man sich ausmalt, sie wäre vor etwa 250 Jahren für die Landwirtschaft gestellt worden, als der Agrarsektor vielleicht 60 oder 70 Prozent der Volkswirtschaft ausmachte und der französische Physiokrat François Quesnay sein ökonomisches Tableau entwarf, in dem die Landwirtschaft den Kern der Ökonomie ausmachte, dem sich andere Wirtschaftszweige wie der Handel lediglich angliederten. Heute sind in der Landwirtschaft in Deutschland noch 900 000 Menschen beschäftigt, gerade 2,5 Prozent der Erwerbstätigen einschließlich der Selbstständigen. Und dabei werden bei vielen Agrarprodukten in der Europäischen Union Selbstversorgungsgrade von 110 bis 130 Prozent erreicht. Damals war es unvorstellbar, dass ein so geringer Anteil der Beschäftigten die Ernährung der Bevölkerung sicherstellen könnte. Und die Behauptung, dass ein damals so wichtiger Sektor einmal einen so winzigen Anteil an der gesamten Wertschöpfung der Volkswirtschaft ausmachen würde, müsste fantastisch geklungen haben. In ähnlicher Weise wird man es in 300 Jahren als selbstverständlich betrachten, dass die Industrie im traditionellen Sinn nicht mehr *die* bedeutende Rolle in der Volkswirtschaft spielt.

Das Paradigma des Standortwettbewerbs

Neben bestreitbaren Gütermärkten und der Zunahme des Weltarbeitsangebots bedeutet Globalisierung aber noch etwas Weiteres: eine größere Faktormobilität. So ist die Weltwirtschaft durch eine größere Mobilität des Kapitals gekennzeichnet. Die Direktinvestitionen nehmen in den letzten zwei Jahrzehnten deutlich stärker zu, und zwar dreimal so stark wie der Weltexport, der wiederum kräftiger – doppelt so kräftig – wie die Produktion wächst. Und: Portfoliokapital ist weltweit mobil geworden. Es kann schlagartig, sozusagen per Knopfdruck, von einem ins andere Land umgeschichtet werden. Aber auch technisches Wissen ist im höchsten Maße beweglich. Ferner sind die hochqualifizierten Arbeitskräfte wesentlich mobiler geworden.

Mit der Mobilität der Produktionsfaktoren gewinnt ein neuer Erklärungsansatz der internationalen Arbeitsteilung Bedeutung: das Paradigma des Standortwettbewerbs. Dabei geht es nicht darum, dass Unternehmen mit ihren Produkten auf den Gütermärkten der Welt im Wettbewerb stehen und dort wirtschaftlich um Marktanteile streiten, sondern dass Staaten oder Regierungen auf den internationalen Faktormärkten um die mobilen Produktionsfaktoren konkurrieren, also um das mobile Kapital, um das mobile technische Wissen und um die mobilen hochqualifizierten Arbeitskräfte.

Das Neue an diesem Paradigma ist, dass Staat bzw. Regierung sich einem eingeengten Bewegungsspielraum gegenüber sehen. Denn wenn Kapital abwandert oder es nicht hinreichend zuströmt, so hat ein Land eine geringere Steuerbasis. Aber auch die Arbeitnehmer werden dann schlechter mit Maschinen und Computern ausgestattet, die Arbeitsproduktivität sinkt oder nimmt schwächer zu, und die Chancen für Realeinkommen und Beschäftigung verschlechtern sich. Auch dadurch wird die Steuerbasis schwächer und die Finanzierung der Systeme der sozialen Sicherung schwieriger. Analoges lässt sich für mobiles technisches Wissen und hochqualifizierte Arbeitskräfte sagen. Wenn diese mobilen Faktoren ausbleiben oder abwandern, wird die Situation insgesamt ungünstiger.

Die potentielle Abwanderung des Kapitals bzw. technischen Wissens und die damit verbundenen negativen Rückwirkungen lassen den Bewegungsspielraum des Staates vor allem bei der Besteuerung schrumpfen. Setzt der Staat die Steuern auf die mobilen Faktoren zu hoch, so verlassen sie das Land oder kommen erst gar nicht her. Insoweit führt der Standortwettbewerb in der Tat zu einem geringeren Bewegungsspielraum des Politikers. Kämpft er dagegen an, wird er schließlich wie Don Quijote zu einem Ritter von trauriger Gestalt, der die falschen Schlachten schlägt. Allerdings erweist sich eine Betrachtungsweise, die lediglich auf die Steuern abstellt, als zu eng; denn aus der Sicht der Unternehmen ist auch relevant, wie gut die Infrastruktur eines Landes ist, also beispielsweise das Verkehrssystem, so dass im Grunde der Nettoeffekt aus Besteuerung und Angebot an öffentlichen Gütern zählt. Dabei kommen aber auch andere Standortfaktoren einschließlich der so genannten weichen Faktoren ins Spiel. Ob beispielsweise das Ausbildungssystem, darunter das Universitätssystem, gut ist, ob die Mitarbeiter lebenswerte Umweltbedingungen vorfinden und auch das Freizeitangebot sowie das kulturelle Umfeld attraktiv sind – all dies spielt ebenfalls eine Rolle. Insoweit wird die Politik durch den Standortwettbewerb zu einer größeren Effizienz ihrer Bemühungen angehalten. Sie ist nicht machtlos geworden, sie muss sich jedoch anders ausrichten. Und sie kommt nicht umhin, bei ihren Entscheidungen zu berücksichtigen, wie die mobilen Faktoren reagieren.

Die Mobilität des Kapitals hat auch Konsequenzen für die institutionellen Regelungen eines Landes. Sind diese Regelungen wie das Regelwerk für Arbeit und die Verfahrensprozesse über die Entscheidungsfindung in den Betrieben zu kompliziert, so können die Unternehmer diesen Regeln ausweichen, indem sie ins Ausland gehen. Deswegen entscheiden institutionelle Regelwerke wie beispielsweise die Mitbestimmung mit darüber, ob der Standort Deutschland attraktiv ist.

Die größere Mobilität des Portfoliokapitals wiederum hat zur Folge, dass sich ein Land monetäre Instabilität nicht leisten kann. Die Finanzmärkte verlangen dann nämlich einen höheren Zinssatz, oder sie werten die Währung ab – ein klares Signal für die Bürger, dass die betreffende Stabilitätspolitik nicht glaubwürdig ist. Aufgrund dessen sind die Regierungen gezwungen, der monetären Stabilität ein größeres Gewicht zu geben. Politiker, die dies nicht tun, werden – wenn es hart auf hart kommt – durch eine Währungskrise politisch bestraft. Möglicherweise ist die stärkere Stabilitätsorientierung der Wirtschaftspolitik in den Industrienationen in den letzten zwei Jahrzehnten auch ein Reflex dieser weltweit veränderten Bedingung des Standortwettbewerbs.

Vom Standortwettbewerb betroffen ist aber auch die Macht der Gewerkschaften, da bei einer expansiven Lohnpolitik, die deutlich über den Produktivitätsfortschritt hinausgeht, Kapital und Technologie ins Ausland abwandern. Dies hat dann zur Folge, dass die Arbeitnehmer mit weniger Sachkapital ausgestattet werden. Ihre Arbeitsproduktivität entwickelt sich dann nicht so günstig, und die Basis für ein hohes Realeinkommen und für günstige Beschäftigung erodiert. Aufgrund dessen unterliegt die Lohnpolitik der Kontrolle durch die Mobilität des Sachkapitals und der Technologie. Letztlich können die Gewerkschaften auch im Hinblick auf ihre schrumpfende Mitgliederzahl im eigenen Organisationsinteresse an diesen Prozessen nicht vorbeigehen. Sie müssen ihre Lohnpolitik moderater fahren, wenn sie sich über eine aggressive Lohnpolitik nicht selbst ihrer Mitglieder berauben wollen.

Weltweite Sozialnormen – eine Lösung?

Eine mögliche Lösung wird von einigen, so von einer Reihe von NGOs, den Nichtregierungsorganisationen, darin gesehen, in den Entwicklungs- und Schwellenländern die gleichen Arbeits- und Sozialnormen wie in den reichen Industrieländern durchzusetzen. In

Seattle haben dies anlässlich des erfolglosen Versuchs, im Jahr 2000 eine neue Zollsenkungsrunde zu starten, einige Nichtregierungsorganisationen vehement gefordert. Dabei geht es nicht um Mindeststandards, zu denen sich die meisten Staaten dieser Erde in den Abkommen über die Internationale Arbeitsorganisation (ILO) etwa in Bezug auf Kinderarbeit und das Recht der gewerkschaftlichen Organisation verpflichtet haben. Es geht um Sozialnormen, die über diese Mindeststandards hinausgehen.

Solche Vorschriften aber wären unfair. Denn die Arbeitnehmer in den Industrieländern sind reichlich mit Sachkapital und modernster Technologie ausgerüstet. Ihre Arbeitsproduktivität ist deshalb deutlich höher als anderswo auf der Welt. Dagegen können die Entwicklungs- und Schwellenländer zunächst nur ihren reichlich vorhandenen Faktor Arbeit ins Feld führen. Bei weltweit geltenden Sozialnormen hätten Entwicklungs- und Schwellenländer keine Chance; im Gegenteil, ihnen würden positive Perspektiven genommen. Die Forderung nach gleichen Sozialnormen ähnelt im Grunde der, den gleichen Lohn wie die Industrieländer zu bezahlen; Folge davon wäre ein extremer Anstieg der Arbeitslosigkeit. Es darf daher auch nicht verwundern, dass die Forderung nach einer Angleichung der Sozialnormen von den Entwicklungs- und Schwellenländern nicht akzeptiert wird.

Es macht keinen Sinn, die Ausstattungsvorteile der Länder dieser Erde harmonisieren zu wollen. Die internationale Arbeitsteilung gründet sich auf Unterschiede in der Ausstattung mit Produktionsfaktoren. Die Forderung nach einer Harmonisierung entspringt also dem Schutzbedürfnis der Industrie-, nicht jedoch den Interessen der Entwicklungs- und Schwellenländer. Die Forderung nach Einführung von Sozialnormen in der Dritten Welt wäre erst dann anders zu beantworten, wenn wir in den Industrienationen bereit wären, die anderen Länder dafür zu kompensieren. Selbst innerhalb der Europäischen Union lässt sich eine Harmonisierung in den Standards des Arbeitsmarktes und in den Systemen der sozialen Sicherung nicht realisieren.

Umweltstandards – ein komplexes Problem

Auch bei Umweltnormen wird eine Harmonisierung gefordert. Die häufig dafür angeführte Begründung, dass die Unternehmen in den verschiedenen Ländern die gleichen Ausgangsbedingungen brauchen, ist jedoch nicht stichhaltig. Die internationale Arbeitsteilung beruht darauf, unterschiedliche Ausstattungen der Volkswirtschaften mit Arbeit, Kapital und auch mit natürlichen Ressourcen auszunutzen. Wenn andere Länder reichlicher mit Umweltgütern ausgestattet sind, so können sie auch umweltintensiver produzieren. Und wenn sie auf Umweltschutz keinen so großen Wert legen wie wir in den Industrieländern, so haben wir doch kein Recht, unsere Präferenzen den Menschen in den Entwicklungs- und Schwellenländern aufzuoktroyieren. Sie müssen auch die Kosten für eine bessere Umweltqualität tragen, also auf Realeinkommen verzichten. Wir sollten deshalb nicht festlegen dürfen, wie andere Länder ihre Güter herstellen.

Grundsätzlich anders ist die Frage zu beantworten, wenn es sich um den Import von Gütern handelt, die Schadstoffe enthalten, handle es sich nun um Toxide oder BSE-Erreger. Dann haben wir grundsätzlich ein Recht, Qualitätsnormen für die Importgüter zu bestimmen. Allerdings darf der Grund dafür nicht Protektionismus sein, und man muss auch im Auge behalten, dass die Festlegung von Mindestnormen für Importgüter den internationalen Handel schnell zum Erliegen kommen lassen kann. Denn wenn jedes einzelne Bestimmungsland von Importen Produktnormen für seine Importe definieren würde (Bestimmungslandprinzip), so wäre der Willkür Tür und Tor geöffnet. Deshalb gründet sich das Regelwerk der internationalen Arbeitsteilung im Rahmen der Welthandelsordnung (WTO) nicht auf das Bestimmungs-, sondern auf das Ursprungslandprinzip. Demnach sollen grundsätzlich die Regeln des Ursprungslandes akzeptiert werden. Darüber bedarfs es einer internationalen Einigung.

Anders stellt sich die Frage einheitlicher Umweltnormen aber auch bei globalen Umweltgütern. Dabei geht es etwa um Fragen wie die globale Klimaerwärmung oder die Erhaltung der Artenvielfalt in einzelnen Regionen der Erde. So müssen wir für die CO_2-Emissionen eine globale Lösung finden. Das kann allerdings nicht heißen, dass die Industrieländer den Entwicklungs- und Schwellenländern vorschreiben können, wie viel CO_2-Emissionen dort zulässig sind. Vielmehr stellt sich in diesem Fall immer die Frage, inwieweit die Industrieländer bereit sind, die Kosten für die globale Umweltqualität mitzutragen. Insgesamt ist nach einem multilateralen Regelwerk zu suchen, in dem sich die Staaten binden, ihre CO_2-Emissionen einzuschränken und unter Kontrolle zu halten. Dabei macht es Sinn, CO_2-Emissionen dort in der Welt zu vermeiden, wo dies mit den geringsten Kosten möglich ist. Im Grunde geht es darum, sich international auf Nutzungsrechte der einzelnen Staaten an der globalen Umwelt in ihrer Funktion als Aufnahmemedium für Schadstoffe zu verständigen.

Im Bereich der internationalen Arbeitsteilung existiert ein dementsprechendes Regelwerk im Rahmen der Welthandelsordnung (WTO). Darin binden sich die Staaten an bestimmte Regeln des internationalen Austauschs. So verpflichten sie sich, ihren Handel zu liberalisieren, Liberalisierungsschritte, die sie einem Land einräumen, auch allen anderen zu gewähren (Meistbegünstigung) und von protektionistischen Maßnahmen abzusehen.

Die Unmöglichkeit, Wechselkurse zu stabilisieren

In die Reihe solcher multilateraler Verträge gehören auch Bemühungen um eine neue Finanzarchitektur der Welt mit dem Ziel der Vemeidung von Finanzkrisen. Dabei ist große Skepsis angebracht, was etwa den Wunsch nach Referenzzonen für Wechselkurse der großen Weltwährungen betrifft. So erfreulich stabile Wechselkurse auch sein mögen, die Idee ist nicht praktikabel und unrealistisch. Unter anderem verlangt ein solches System eine auf mehrere Jahre angelegte Abstimmung der Geld- und Finanzpolitiken der drei großen Regionen der Welt. Die drei Regionen müssen stabilitätspolitisch zusammengehen und darüber hinaus ihre Makropolitiken aufeinander abstimmen. Dies gilt nicht nur für die Geld-, sondern auch für die Finanz- und die Lohnpolitik, jedenfalls in den Volkswirtschaften, in denen die Löhne nicht auf dem Markt gefunden werden, sondern stattdessen eine Lohnpolitik betrieben wird. Das wird aber nicht funktionieren. Vielmehr werden die einzelnen Länder versuchen, den schwarzen Peter für notwendige Anpassungsprozesse jeweils dem Ausland zuzuschieben.

Natürlich lassen sich darüber hinaus noch andere Bereiche der internationalen Koordinierung der Wirtschaftspolitik denken, verbunden mit dem Ziel, den Standortwettbewerb zwischen den Staaten unter Kontrolle zu bekommen. In der Europäischen Union ist dies überdeutlich. Hier reichen die Vorstellungen von der Forderung nach einer möglichst umfassenden Harmonisierung der Unternehmenssteuersätze über eine Europäisierung der Tarifpolitik bis zu einer Sozialunion in Europa. In der Weltwirtschaft ist es aber eine Illusion und eine verfehlte Strategie zu meinen, Deutschland könne dem internationalen Wettbewerb durch Koordinierung der Instrumente des Standortwettbewerbs ausweichen. Die Reaktion Großbritanniens auf die deutschen Vorschläge zur Steuerharmonisierung in der EU war entsprechend eindeutig. Die anderen Länder lassen sich ihre Standortvorteile nicht wegharmonisieren.

Was wirklich zu tun ist

Wie passen wir uns an die Umbrüche in der Weltwirtschaft an? Wie sieht die ökonomische Wirklichkeit einer komplexen Industrie-, Dienstleistungs- und Informationsgesellschaft unter den Bedingungen der Globalisierung aus? Mit welcher wirtschaftspolitischen Konzeption können wir uns auf die veränderten Bedingungen einstellen? Ich halte dies für *die* zentrale Frage der deutschen Politik.

Die Strategie kann und darf nicht sein, dass wir an diesem Wettbewerb nicht teilnehmen. Eine Defensivantwort auf die Globalisierung, nämlich Protektionismus, müssen wir ausschließen. Protektionismus würde uns um den Wohlstand bringen, den das Land als außenhandelsabhängige Volkswirtschaft, die ein Drittel ihres Sozialprodukts für den Export herstellt, aus der internationalen Arbeitsteilung zieht. Eine handelsmäßige Abschottung würde die beachtlichen Wohlstandsgewinne, die wir aus der Integration in Europa und aus der internationalen Arbeitsteilung realisieren, schmälern. Über kurz oder lang würde die Leistungsfähigkeit unserer Volkswirtschaft erodieren. Dies gilt auch für Europa. Die Produktivität würde sinken, jedenfalls sich nicht mehr so günstig entwickeln. Wir müssen uns also dem Wettbewerb stellen.

Zuweilen hat man den Eindruck, dass die wirtschaftspolitische Diskussion in Deutschland sich nicht auf die neuen globalen Bedingungen einlässt – sie orientiert sich am Gewohnten aus der Vergangenheit. In einer Welt des Wandels bestimmt der Status quo den Kurs. In der Weltwirtschaft gibt es aber keine Besitzstände. In den Büchern der Wirtschaftswissenschaft steht nirgendwo geschrieben, dass die einmal erreichte Realeinkommensposition einer Volkswirtschaft auf immer und ewig gehalten wird. Staaten sind in der Geschichte zurückgefallen, so Argentinien, das um 1900 zu den zehn reichsten Ländern der Erde zählte, so Großbritannien nach 1945, so aber auch Schweden in den letzten drei Jahrzehnten. Können wir solche Szenarien für Deutschland ausschließen?

Kann man sagen, dass von Seiten der Politik der Bevölkerung die internationalen Zusammenhänge hinreichend erklärt werden? Nein, das ist nicht der Fall. Ist die weltwirtschaftliche Herausforderung bei der deutschen Bevölkerung angekommen? Ein zweites Mal nein; man hat jedenfalls nicht den Eindruck. Hat die Politik insgesamt die Herausforderung angenommen? Wieder nein; danach sieht es nicht aus. Aufgabe der Politik wäre es, eine überzeugende, glaubwürdige und nachhaltig durchsetzbare Konzeption für die Anpassung an die globalen Veränderungen aufzuzeigen. Dies betrifft allerdings nicht allein die Regierung und die Regierungsparteien; auch die Oppositionsparteien sind gefordert, eine systematische Antwort zu finden.

Anpassungen sind unausweichlich, und zwar auf allen Ebenen, auf denen sich der internationale Wettbewerb abspielt: bei den Unternehmen, bei den Tarifpartnern, beim Staat. Ein zentraler Ansatz muss sein, für mehr Produktivitätsfortschritt zu sorgen und die

Bedingungen so zu setzen, dass dieser Fortschritt möglich ist. Aber die Innovation regnet nicht wie Manna vom Himmel. Wie kann eine Volkswirtschaft zu einer größeren Innovationsfähigkeit gelangen, vor allem zu mehr Produktinnovationen? Was dafür zu tun und was nicht zu tun ist, werden wir in den folgenden Kapiteln untersuchen. Ein Irrweg wäre es jedenfalls, bei diesen Fragen auf die Zeit zu setzen – die große Meisterin, die nach Corneille viele Dinge ordnet.

4 Das Spiel mit dem stabilen Geld

Wer mit Inflation flirtet, wird von ihr geheiratet.
OTMAR EMMINGER

Geld ist, was gilt. Geld ist Recheneinheit, Zahlungsmittel und dient der Wertaufbewahrung. In allen Kulturen spielt es eine entscheidende Rolle. »Geld hat keine Beine, aber es kann laufen«, sagen die Japaner, und bei den Chinesen heißt es: »Sogar die Blinden können Geld sehen«. Geld ist demnach etwas Besonderes. Auch die großen Dichter haben seine Rolle gewürdigt. So liest man in Goethes *Faust II*, leicht ironisch: »Ein solch Papier, an Gold und Perlen statt, ist so bequem, man weiß doch, was man hat. Man braucht nicht erst zu markten, noch zu tauschen...« Und Oscar Wilde bemerkte: »Als ich jung war, dachte ich, dass Geld die wichtigste Sache in der Welt sei – jetzt wo ich alt bin, weiß ich, dass es so ist.«

Der Euro als Hebel der europäischen Integration

Anders als in der Vergangenheit, als Geld wertmäßig am Gold oder an anderen Metallen hing oder sich wie in den Jahren nach dem Krieg in der Form der Zigarettenwährung durchsetzte, ist heute die Papierwährung üblich. Banknoten sind nichts anderes als ein Stück Papier, das als Zahlungsmittel allgemein akzeptiert wird. Von einer Deckung der Währung kann damit keine Rede sein. Das Geldwesen ist in modernen Staaten der Notenbank übertragen. Sie stellt das Geld bereit, und zwar exakt in derjenigen Menge, dass das Geld stabil bleibt. Wird zu viel davon gedruckt und unter die Leute gebracht, so muss der Wert des Geldes schwinden. Es kommt zur

Inflation. Sein Wert gründet sich allein darauf, dass die Marktteilnehmer darauf vertrauen, dass die Notenbank die Menge an Geldscheinen genau so steuern wird, dass das Geld seinen Wert behält. Geld ist also in der Tat, was gilt. Wenn Geld von den Marktteilnehmern nicht mehr akzeptiert würde, wenn etwa der Verkäufer eines Hauses das Papiergeld nicht mehr als Kaufzahlung annehmen würde – wir sprechen von Repudiation –, hätte Geld seine Funktionen als Recheneinheit, als Tauschmittel und auch als Mittel der Wertaufbewahrung verloren. Der Wert des Geldes hängt also entscheidend von dem Vertrauen der Marktteilnehmer in das Verhalten der Notenbank und von ihrer Reputation ab.

In Europa ist das Geldwesen seit dem 1. Januar 1999 vergemeinschaftet. Es ist in der Europäischen Währungsunion der Europäischen Zentralbank überantwortet. Zwölf der 15 EU-Mitgliedsstaaten haben auf ihre geldpolitische Autonomie verzichtet. Für sie geht das nationale Geld in den Euro auf; Dänemark, Großbritannien und Schweden bleiben bei ihrer nationalen Währung. »Wo Geld vorangeht, sind alle Wege offen«, heißt es bei Shakespeare. Dies könnte ein treffendes Motto für den Wunsch der Politik sein, den Euro als integrativen Hebel für den Fortgang der europäischen Einigung zu nutzen. Ein einheitliches Geld soll die Völker Europas enger zusammenführen und den Rückfall in ein Szenario der Desintegration, des politischen Gezänks, des Streits, ja des Krieges in Westeuropa unmöglich machen. Setzt man das Projekt der Währungsunion in eine historische Perspektive und schaut man 100 Jahre in die Zukunft, so wird – ein gedeihlicher Integrationsprozess Europas vorausgesetzt – ein einheitliches Geld für die Bürger eine Selbstverständlichkeit sein, so wie in Deutschland heutzutage niemand mehr dem süddeutschen Guldengeld oder der »Lübischen« Währung mit der Mark Kurant aus der Zeit vor 1875 nachweint. Allerdings ist eine Währungsunion von sich aus zunächst noch keine Garantie für eine politische Integration, wie das jugoslawische Beispiel, aber auch das Auseinanderfallen von Österreich-Ungarn nach dem Ersten Weltkrieg und das Zerbrechen der Sowjetunion in den neunziger Jahren des letzten Jahrhunderts zeigen.

Neben der politischen Begründung der Währungsunion liegt ihre ökonomische Legitimation darin, die Transaktionskosten für den Güteraustausch, für die Dienstleistungen, für die Freizügigkeit der Menschen und für den freien Fluss des Kapitals – für die vier Freiheiten – durch den Wegfall der Umtauschkosten von Währungen zu senken und den Binnenmarkt monetär zu vollenden. Der europäische Integrationsprozess soll durch die monetäre Integration einen neuen Anstoß erhalten.

Europäische Zentralbank: Erst einmal Reputation aufbauen

Die Europäische Zentralbank ist eine junge Notenbank, die bei ihrer Gründung *per definitionem* noch keine Reputation erworben haben konnte. Sie muss das Ansehen teilweise von den ehemaligen nationalen Notenbanken, etwa der Deutschen Bundesbank, übernehmen, aber eine eigene Glaubwürdigkeit bei den Bürgern und auf den Märkten muss sie erst noch erringen. Voraussetzung dafür ist, dass es ihr gelingt, stabiles Geld bereitzustellen, und zwar auf Dauer. Dazu muss sie verlässlich handeln. Dabei hat sie es als junge Notenbank schwerer als die Fed mit ihrem Notenbankchef Alan Greenspan, dem die Öffentlichkeit Glauben schenkt, mögen seine Äußerungen zuweilen auch sibyllinisch klingen und mag seine Politik zuweilen auch erratisch sein. Eine etablierte Notenbank kann die Geldpolitik sogar auf Sicht fahren, wie bei einer Floßtour auf dem Snake River in Wyoming, sozusagen bis zur nächsten Biegung des Flusses, hinter der eine unerwartete Stromschnelle oder eine Kaskade versteckt sein kann. Aber nicht nur weil sie jung ist, hat es die EZB mit ihrem Euro schwerer. In der Europäischen Währungsunion muss die Geldpolitik zwölf verschiedenen Nationen und den unterschiedlichen nationalen Willensbildungsprozessen erläutert werden. Unter diesen Bedingungen hilft gerade einer jungen Notenbank eine Regelbindung, mit der sie sich in ihrer Geldpolitik festlegt, um den Märkten glaubwürdige Signale zu geben.

Die Geldmengensteuerung stellt eine solche Regelbindung dar. Dabei muss die Notenbank Vorstellungen davon haben, wie sie die

Geldmenge einer Volkswirtschaft ausdehnen kann. In der Regel kann man davon ausgehen, dass in einer wachsenden Wirtschaft von Jahr zu Jahr eine größere Menge an Zahlungsmitteln gebraucht wird; eine zu große Ausdehnung der Geldmenge jedoch kann zur Inflation führen. Indem die Notenbank sich ein Geldmengenziel setzt und dies auch ankündigt, gibt sie dem Markt ein Informationssignal über die beabsichtigte Geldpolitik. Gleichzeitig bindet sie sich mit der Ankündigung des Geldmengenziels selbst. Insgesamt stabilisiert dies – wenn die Politik erfolgreich ist – die Erwartungen der Marktteilnehmer, insbesondere hinsichtlich des Anstiegs des Preisniveaus.

Ein anderer Ansatz ist die Inflationssteuerung (»inflation targeting«). Dabei liegt eine Prognose über die Inflationsrate in der Zukunft, beispielsweise in zwei Jahren, zugrunde. Kommt diese Prognose zu dem Ergebnis, dass die Inflationsrate höher liegt als von der Notenbank toleriert, so muss die Geldpolitik restriktiver werden. Ein Nachteil dieses Verfahrens ist, dass die Qualität der Geldpolitik von der Qualität der Inflationsprognose abhängt. Schlagen Inflationsprognosen fehl, so gelingt es der Notenbank weniger gut als bei der Geldmengensteuerung, die Erwartungen der Marktteilnehmer zu stabilisieren. Zudem entfällt die Selbstbindung der Notenbank, die Verlässlichkeit erzeugt und zur Reputation beiträgt.

Die Europäische Zentralbank hat sich für eine Zwei-Säulen-Strategie entschieden. Die erste Säule entspricht dabei einer potentialorientierten mittelfristig ausgerichteten Geldmengensteuerung. Die Zentralbank legt also einen Referenzwert für die Zunahme der Geldmenge fest. Dabei lässt sie sich von der Zunahme des Produktionspotentials leiten, das mit etwa 2,5 Prozent für den Euroraum veranschlagt wird, und ihrer Preisnorm von zwei Prozent, die auf mittlere Frist nicht überschritten werden soll. Ferner ist ein rückläufiger Trend der Umlaufgeschwindigkeit der Geldmenge von etwa einem halben Prozentpunkt zu berücksichtigen; Geld läuft demnach also weniger schnell um; deshalb kann man auch etwas mehr bereitstellen, ohne dass die Stabilität des Geldwertes gefährdet wird. Insgesamt ergibt sich daraus eine Zunahme der Geldmenge von vier bis fünf Prozent pro Jahr. Eine solche Zunahme der Geldmenge hält das Preisniveau stabil; es steigt nicht stärker an, als dies gemäß der Preisnorm zulässig ist. Dies ist jedenfalls die Erfahrung, die wir in der Vergangenheit sammeln konnten: Bei der Deutschen Bundesbank wirkte sich eine übermäßige Ausdehnung der Geldmenge mit einer zeitlichen Verzögerung von zehn bis zwölf Quartalen auf das Preisniveau aus. Wenn bei dieser Geldmengensteuerung die tatsächliche Geldmengenentwicklung nicht der Zielvorgabe entsprach, musste die Bundesbank der Öffentlichkeit erklären, warum dies nicht der Fall war. Sie tat dies unter Hinweis auf Sonderfaktoren. In der Regel ist es ihr gelungen, die Märkte zu überzeugen.

Die zweite Säule in der Geldpolitik der EZB erfasst ein breites Bündel von Indikatoren über zukünftige Preisrisiken, darunter den Anstieg von Rohstoff-, insbesondere Energiepreisen, die erwartete Veränderung des Preisniveaus, aber auch den Wechselkurs. Begründet wird diese Zwei-Säulen-Strategie unter anderem damit, dass zu Beginn der Europäischen Währungsunion noch eine erhebliche Unsicherheit über die monetären Grundrelationen besteht, also darüber, ob die in der Vergangenheit beobachteten stabilen Zusammenhänge zwischen der Geldmengenexpansion und dem Preisniveau weiterhin bestehen oder ob sie sich durch die Währungsunion inzwischen gelockert haben. Wegen eines nicht auszuschließenden Strukturbruchs in den Grundrelationen reicht es nicht aus – so die These –, alleine die Geldmengenentwicklung zu betrachten, sondern man muss auch auf andere Faktoren schauen, die als monetäre Indikatoren gelten können.

Diese Zwei-Säulen-Strategie mag die Entscheidungsfindung im EZB-Rat erleichtern, da sich damit unterschiedliche Positionen einbinden lassen. Aber in der Öffentlichkeit ist sie schwer verständlich zu machen. Die Märkte wissen in einer konkreten Situation nicht, welches der beiden Kriterien dominiert, wie also die Hierarchie zwischen den beiden Kriterien aussieht. Damit wird die Geldpolitik aber auch interpretationsfähig. Kleine Divergenzen in den Äußerungen der Mitglieder des EZB-Rats oder des Direktoriums reichen dann, um den Eindruck einer uneinheitlichen Geldpolitik zu erwekken. Berücksichtigt man die Schwierigkeit, dass die Geldpolitik der Europäischen Zentralbank der Öffentlichkeit in elf Zungen erläutert werden muss und die Aussage ihres Präsidenten in finnischen Kuopio oder im portugiesischen Faro in der Presse unterschiedlich ankommt, so werden die Kommunikationsschwierigkeiten der EZB allzu verständlich.

Binnenwert – der richtige nominale Anker

Der Euro ist bei seiner Einführung am 1. Januar 1999 von der Politik mit überschwänglichen Fanfaren begrüßt worden. Die etwa dreißigprozentige Abwertung relativ zum amerikanischen Dollar bis zum Frühjahr 2001 hat die Frage aufkommen lassen, ob die Europäische Zentralbank nicht auch für einen einigermaßen stabilen Wechselkurs sorgen muss. Davon ist abzuraten. Denn die Geldpolitik eines Landes oder eines Währungsraums kann nur *einen* nominalen Anker haben: entweder ein stabiles Preisniveau oder einen stabilen Wechselkurs. Dies folgt daraus, dass der Wechselkurs der Währung eines Landes sich in der langen Frist mit der Differenz aus heimischer und ausländischer Inflationsrate verändert. Nimmt die heimische Inflationsrate stärker zu als die ausländische, so wertet die heimische Währung ab. Liegt die heimische Inflationsrate dagegen unter der ausländischen, so wertet die heimische Währung auf. Da also inländisches Preisniveau und Wechselkurs nicht unabhängig voneinander sind, kann die Notenbank nicht beide Variablen gleichzeitig als nominalen Anker wählen.

Für einen konstanten Wechselkurs als nominalen Anker haben sich in der Vergangenheit nur kleinere Länder entschieden. Sie halten dann die Relation ihrer Währung zu einer anderen konstant, so die Niederlande und Österreich im Verhältnis zur D-Mark, bevor der Euro eingeführt wurde. Ein solcher Ansatz bedingt aber, dass das Land seine Geldmenge genau so anpasst, dass der Wechselkurs zur Leitwährung stabil bleibt. Im Fall des Currency Boards, wie ihn Estland und Argentinien betreiben, geht dies so weit, dass das inländische Geld voll durch Reserven an ausländischer Währung gedeckt sein muss. Das inländische Preisniveau ist dann keine eigenständige Variable mehr; das Land schließt sich dem ausländischen Preisniveau an. Es importiert die Preisstabilität von außen, verzichtet aber auf den Münzgewinn aus der eigenen Währung. Hart wird dieser Ansatz, wenn die ausländische Währung wie der amerikanische Dollar eine Aufwärtsbewegung macht, die heimischen Exportzweige dies aber kaum verkraften können. Es ist offensichtlich, dass eine solche Geldpolitik nur für kleine Länder geeignet ist. Die Europäische Währungsunion könnte sich nicht einfach dem amerikanischen Preisniveau anschließen. Sie würde dann auf eine eigenständige Geldpolitik verzichten.

So klar es auch ist, dass die Geldpolitik nur einen einzigen nominalen Anker haben kann, und so offensichtlich die EZB auf ein stabiles Preisniveau abzielen muss, so ist dennoch zu berücksichtigen, dass es Interdependenzen zwischen Wechselkurs und Preisniveau gibt, an der die Geldpolitik nicht vorbeigehen kann. Der eine Effekt ist, dass eine starke Abwertung die Importpreise in heimischer Währung ansteigen lässt. Wenn der Euro abwertet, werden die Ölimporte in Euro teurer. Dies wirkt sich auf das Preisniveau aus, zumal dann, wenn der Importpreisanstieg in Zweitrundeneffekten andere Preise mitzieht und die Gewerkschaften mit einer Lohnrunde auf die höheren Preise antworten. Der andere Effekt ist, dass die Marktteilnehmer den geringeren Außenwert als Indiz für einen Vertrauensverlust in die eigene Währung ansehen können und bei ihnen Inflationserwartungen aufkommen, so dass aus diesem Grund die Preise anziehen. Der Europäischen Zentralbank kann also die Abwertung des Euro nicht gleichgültig sein. Allerdings kann sie nichts tun als Geduld zu haben und darauf zu setzen, dass sich eine Währung mit Binnenstabilität auch auf dem Devisenmarkt durchsetzt. Devisenmarktinterventionen helfen nicht weiter.

Soll die Geldpolitik auch für Beschäftigung und Konjunktur sorgen?

Bei den Fragen nach dem richtigen nominalen Anker und nach der geeigneten geldpolitischen Strategie bewegt man sich im rein monetären Bereich. Die Geldpolitik einer Notenbank wirkt sich aber auch auf die Realwirtschaft aus; denn anders als es sich einige Klassiker der Ökonomie vorgestellt haben, ist Geld kein Schleier, den man wegziehen kann, und die realen Verhältnisse bleiben unbeeinflusst. Geld ist für die reale Wirtschaft nicht neutral. So zielt die Geldmengenstrategie darauf ab, mit stabilem Preisniveau auch eine Voraussetzung für ein langfristig stabiles Wirtschaftswachstum zu legen und Schwankungen in der wirtschaftlichen Aktivität zu vermeiden.

Soll und kann die Geldpolitik auch die Konjunktur stabilisieren? In Artikel 105 des EG-Vertrags heißt es: »So weit dies ohne Beeinträchtigung des Zieles der Preisstabilität möglich ist, unterstützt die EZB die allgemeine Wirtschaftspolitik in der Gemeinschaft, um zur Verwirklichung der in Artikel 2 festgelegten Ziele der Gemeinschaft beizutragen.« In Artikel 2 wird auch ein hohes Beschäftigungsniveau genannt. Dabei ist zu beachten, dass eine vorgegebene Geldmengenexpansion bereits automatisch die Konjunktur glättet. In der Rezession sinkt die gesamtwirtschaftliche Nachfrage auf dem Gütermarkt, folglich wird auch weniger Geld für Transaktionszwecke nachgefragt und der Zins fällt; dies schwächt die Rezession ab. In der Hochkonjunktur steigt die gesamtwirtschaftliche Nachfrage nach Gütern, damit auch der Zins, was den Boom abbremst. Darum geht es bei der Forderung nach einer konjunkturstabilisierenden Geldpolitik also nicht. Vielmehr wird verlangt, dass die Geldmenge darüber hinaus verändert wird. Würde die Geldversorgung in den Dienst der Konjunkturstabilisierung gestellt, so müsste in der Rezession die Geldmenge über die Zuwachsrate des Produktionspotentials hinaus ausgedehnt werden, was mit einer zeitlichen Verzögerung zum Verlust der Preisniveaustabilität führen kann. Dabei ist zu berücksichtigen, dass Geldmengenveränderungen nach den bisherigen Erfahrungen mit einer zeitlichen Verzögerung von acht bis zehn Quartalen auf das Preisniveau, aber mit einer Verzögerung von nur vier Quartalen auf die gesamtwirtschaftliche Nachfrage wirken. Dann aber müsste die Geldpolitik wieder bremsen. Allzu schnell gerät ein Land in eine Stagflation, also Wachstumsschwäche plus Inflation. Eine solche Geldpolitik würde konjunkturelle Schwankungen verschärfen und auf diese Weise schnell an Glaubwürdigkeit verlieren.

Eine heftig diskutierte Frage ist, ob eine Notenbank kurzfristig die Beschäftigung steigern kann, wenn sie Inflation zulässt, getreu dem Helmut Schmidt zugeschriebenen Satz aus den siebziger Jahren: »Mir sind fünf Prozent Inflation lieber als fünf Prozent Arbeitslosigkeit«. Dieser Idee liegt die Vorstellung der Phillips-Kurve zugrunde, die empirisch die Inflationsraten und die Arbeitslosenquoten gegenüberstellt. Dabei zeigt sich, dass mit höherer Inflationsrate die Arbeitslosenquote zurückgeht. Allerdings ist dieser Zusammenhang nur als kurzfristiger Schnappschuss einer Volkswirtschaft gültig. So lässt sich beobachten, dass sich die Kurve für die meisten westlichen Industrieländer in den letzten drei Jahrzehnten nach außen verschoben und sich dadurch der Zielkonflikt verschärft hat. Für die USA hat sich die Kurve in den neunziger Jahren nach innen verlagert, das Dilemma zwischen stabilem Geld und Beschäftigung hat an Schärfe verloren. Die Zielbeziehung ist also nicht naturgegeben, sie hängt von einer Vielzahl von Einflussfaktoren ab, etwa von dem Auftreten exogener Schocks sowie der Flexibilität der Arbeitsmärkte und den institutionellen Regelungen, die für die Arbeitsverhältnisse gelten.

Zudem setzt der Zusammenhang voraus, dass die Marktteilnehmer gar nicht erkennen, dass inflationär etwas im Busch ist. Dann aber muss man sagen, dass die Bürger von der Politik für dumm verkauft werden. Denn in dem anderen Fall, wenn die Marktteilnehmer nicht der Illusion vom stabilen Geld erliegen, wenn dies längst instabil zu werden beginnt, sondern damit rechnen, dass die Notenbank mit der Stabilität des Geldes spielt, um die Beschäftigung zu stützen, stellen sie sich auf steigende Preise ein. Haben sie rationale Erwartungen, so eskomptieren sie die zukünftige Preissteigerung vollständig; sie fakturieren die höheren Preise bei ihren Verkäufen und Einkäufen ein. Beispielsweise berechnen die Lieferanten höhere Preise für die Güter und die Zwischeninputs. Dies gilt aber nicht nur für die Produktpreise, sondern auch für die Faktorpreise, also für die Preise der Investitionsgüter. Die Gewerkschaften verlangen höhere Löhne. In Italien beispielsweise wurden die Löhne in der *scala mobile* lange Zeit automatisch angepasst. Das traf auch auf die Immobilienpreise zu. Funktioniert dieser Effekt perfekt, so sind die Preise aller Güter gestiegen, ohne dass sich realwirtschaftlich etwas verändert hat. Die Phillips-Kurve verläuft dann vertikal, die Inflationierung ist wirkungslos. Fazit: Die Wirtschaftssubjekte merken es, wenn die Politik mit der Stabilität des Geldes spielt.

Aber selbst wenn man der Argumentation von der Geldillusion ein Stück weit folgt, so entstehen hohe Kosten, wenn die Notenbank wieder zu einem stabileren Preisniveau zurückkehren will. Denn irgendwann wird es notwendig, die durch übermäßige Vermehrung der Geldmenge vermehrte Liquidität mit dem geldpolitischen Mopp wieder aufzuwischen. Das heißt aber, dass die Zinsen anziehen müssen. In der Regel passt dies dann nicht in die gegebene gesamtwirtschaftliche Situation. Es entstehen hohe Kosten der Inflationsbekämpfung, die sich in einem Rückgang der Produktion und allzu oft in einer Zunahme der Arbeitslosigkeit niederschlagen. Dies ist besonders gravierend, wenn sich aufgrund steigender Preise Inflationserwartungen verfestigt haben. Diese Erwartungen müssen dann gebrochen werden. Beispielsweise bewegten sich die Preissteigerungen in den USA Ende der siebziger Jahre auf einem hohen Niveau, 1979 bei elf Prozent. Der damalige Zentralbankchef Volcker sah sich zum Jahresende 1979 gezwungen, hart auf die Bremse zu treten, um die hohen Inflationserwartungen zu brechen und die neuen Erwartungen an das Preisniveau auf einem niedrigeren Niveau zu stabilisieren. Die kurzfristigen Nominalzinsen stiegen im April 1980 auf 17 Prozent und erreichten zeitweise 19 Prozent, so im Januar und im Juli 1981. Eine Rezession war unausweichlich, sie trat dann 1982 auch ein. Dies war der Preis dafür, dass die Geldpolitik in den siebziger Jahren nicht in der Lage war, für stabiles Geld zu sorgen.

Das Fazit lautet: Die EZB muss hart bleiben, wenn die Politik

Zinssenkungen zur Ankurbelung der Konjunktur und zur Stimulierung der Beschäftigung fordert. In diesem Kampf hat sich die Europäische Zentralbank gegen Lafontaine durchgesetzt. Aber die EZB wird immer wieder unter Druck gesetzt werden, so zuletzt im Sommer 2000 durch den französischen Finanzminister Laurent Fabius, der forderte, dass der Euro-Rat, in dem die Finanzminister des Euroraums vertreten sind, bei der Bestimmung der Inflationsrate ein Wörtchen mitzureden habe.

Zur Erinnerung: Die Spekulationsblase in Japan

Ein lehrreiches Beispiel dafür, wie Geldpolitik wirken kann, ist die japanische Spekulationsblase, die am 29. Dezember 1989 platzte. Japan wurde in der Mitte der achtziger Jahre von der amerikanischen Politik gedrängt, die Nachfragelokomotive für die Weltwirtschaft zu spielen. Auch renommierte amerikanische Ökonomen sangen die gleiche Melodie, darunter Fred Bergsten, Rüdiger Dornbusch und Paul Krugman. So schrieb beispielsweise Bergsten »[Japan und Deutschland] müssen ihre inländische Nachfrage für einige Zeit kräftig anwachsen lassen«. Japan ließ die Geldmenge mit mehr als acht Prozent in den Jahren 1985 und 1986 kräftig zunehmen und mit mehr als zehn Prozent in den Jahren 1987 und 1988 ansteigen. Die Diskontrate sank von fünf Prozent im Januar 1986 auf 2,5 Prozent im Februar 1987. Die dahinterliegende Idee war folgende: Durch das hohe Leistungsbilanzdefizit der USA bestand weltweit ein Überschussangebot an US-Dollar, der Dollar wertete ab. Man kann es auch anders wenden: Dem Leistungsbilanzdefizit der USA entsprach ein Leistungsbilanzüberschuss Japans, also eine Überschussnachfrage nach Yen. Um die damit zusammenhängende weitere Aufwertung des Yen zu vermeiden, wurde das Angebot an Yen durch eine Ausdehnung der Yen-Geldmenge erhöht.

Die überschüssige monetäre Liquidität in Japan schlug sich nicht in höheren Lebenshaltungskosten nieder, sie hatte eine andere Auswirkung: Der Geldüberhang feuerte einen Anstieg der Immobilienpreise und der Preise für Wertpapiere an. Die Preise für gewerblichen Boden in sechs großen Städten vervierfachten sich von 1984 bis 1991, der Nikkei-Index stieg von 10 000 Punkten im Jahre 1984 auf 38 916 Punkte am 29. Dezember 1989. Das Kurs-Gewinn-Verhältnis erreichte ein Niveau von 60 bis 70 Prozent am Ende der achtziger Jahre. Der Kehrwert dieses Verhältnisses zeigte eine sehr niedrige Rendite von nur 1,5 Prozent an.

Irgendwann wurde diese »asset price inflation« zu einem Problem, denn der normale Japaner konnte es sich angesichts der steigenden Immobilienpreise nicht mehr leisten, ein Haus oder ein Appartement zu kaufen. Im Mai 1989 zog die japanische Notenbank den Zinssatz an bis auf sechs Prozent im August 1990. Der Nikkei-Index fiel schlagartig auf 20 221 innerhalb des Jahres 1990 und gab daraufhin weiter nach. Auch die Bodenpreise sackten schlagartig ab (um das Vierfache bis 1998).

Die Folge war, dass die Vermögenswerte in den Bankbilanzen und in den Bilanzen der Unternehmen vernichtet wurden und alle Bilanzen durcheinander gerieten. Die Banken sahen sich deshalb nicht mehr in der Lage, Kredite zu vergeben; die Wirtschaft geriet in eine Kreditklemme. Aber auch die Vermögenswerte der Haushalte wurden vernichtet, so dass die Haushalte sich stärker mit ihrer Konsumnachfrage zurückhielten. Die Idee, die Krise durch höhere Staatsausgaben und durch eine höhere Staatsverschuldung zu überwinden, hat Japan noch tiefer in die Krise hineingebracht. Jetzt steckt das Land in einer Schuldenfalle. Das Fazit von all dem ist, dass Japan ein Jahrzehnt an den Nachwirkungen dieser geplatzten Blase herumlaboriert hat und sogar im Jahre 2001 nach wie vor davon erfasst ist. Japan, sonst eine kräftig wachsende Volkswirtschaft mit Jahresraten von vier Prozent, stagnierte in den neunziger Jahren – also für ein ganzes Jahrzehnt. Die japanische Blase ist ein Beispiel dafür, dass die Geldpolitik verheerende Wirkungen der Destabilisierung haben und man auch falschem Rat aufsitzen kann.

Auch Deutschland wurde in den achtziger Jahren gedrängt, für die Weltwirtschaft die Nachfragelokomotive zu spielen. Glücklicherweise ist die Bundesbank diesen internationalen Forderungen damals nicht gefolgt. Sie blieb auf ihrem Kurs der Stabilität. Ich überlasse es dem Leser, sich auszumalen, wie die deutsche Geschichte der neunziger Jahre verlaufen wäre, wenn das damalige Westdeutschland vor der deutschen Vereinigung eine Finanzblase wie Japan erlebt hätte.

Freifahrer in der Währungsunion: Der Euro nur ein Durchschnitt?

Die Geldwertstabilität wird auch durch das Umfeld bestimmt, in dem die Notenbank zu agieren hat, insbesondere durch die weiterhin im nationalen Verantwortungsbereich verbleibende Finanz- und Budgetpolitik. Auch für Euroland gilt Voltaires Spruch: »Der Wert des Geldes ist der Pulsschlag des Staates.« Unsolide Staatsfinanzen, eine hohe Verschuldungssituation und große Budgetdefizite werfen einen Schatten auf eine Währung, und wenn auch nur deshalb, weil unsolide Staatsfinanzen Zweifel an dem Durchhaltevermögen der Notenbank aufkeimen lassen, eine konsequent stabilitätsorientierte Geldpolitik gegen die nationalen Regierungen durchzusetzen. Beispielsweise können die Märkte mit dem politischen Druck hochverschuldeter Staaten auf die EZB rechnen.

Der Euro hängt also von der Solidität der Staatsfinanzen in den einzelnen Mitgliedsländern ab. In diesem Sinn lässt sich sagen, dass der Euro ein Durchschnitt ist. Es ist ein gravierendes Anreizproblem für die Europäische Währungsunion, dass einzelne Staaten in ihrer Finanz- und Budgetpolitik sich als Freifahrer verhalten können, die auf die Belange des (für alle Mitgliedsländer) öffentlichen Gutes »stabiles Geld« keine Rücksicht nehmen. Wenn dieses Verhalten um sich greift, dann werden Schäden sozialisiert, also auf die Gemeinschaft übertragen, und alle Länder müssen einen Zinsaufschlag zahlen oder eine Abwertung der gemeinsamen Währung hinnehmen. Der Verursacher hingegen trägt nicht die vollen Kosten seines verfehlten Verhaltens.

Im europäischen Wechselkursmechanismus – also vor der Währungsunion, als noch eigenständige nationale Währungen bestanden – sorgte die Zinsarbitrage für eine Korrektur des Instabilitätsverhaltens, da Volkswirtschaften mit wenig überzeugender Stabilitätspolitik höhere Zinsen aufbringen mussten und auch von einer Abwertung ihrer Währung bedroht waren, die den Bürgern den Misserfolg der eigenen Politik signalisierte. Dieser sanktionierende Mechanismus entfällt für die Mitgliedsländer der Währungsunion. Er soll durch den Stabilitätspakt ersetzt werden, dem die Aufgabe zugedacht ist, eine den Geldwert gefährdende Budgetpolitik einzelner Mitgliedsländer zu vermeiden. Durch den Stabilitätspakt soll die nationale Finanz- und Budgetpolitik gebunden werden, um Druck auf die Europäische Zentralbank zu vermeiden. Die Zwänge eines Stabilitätspaktes sind besonders dann notwendig, wenn Staaten von ihrer Verfassung her Schwächen bei der Kontrolle ihres Ausgabengebarens haben, ihre institutionelle Regelungen also für solide Staatsfinanzen nicht förderlich sind. Wenn der Stabilitätspakt nicht zieht, hat der Euro eine systematische Schwäche, und zwar auf Dauer.

Der Grund dafür ist, dass Länder mit übermäßigem Staatsdefizit und hohem Schuldenstand ein Interesse an niedrigen Zinsen haben. Eine eher weiche Geldpolitik und eine – von den Finanzmärkten nicht antizipierte – etwas höhere Inflationsrate bringt für diese Länder eine Entlastung ihrer Haushaltssituation mit sich, da die Schulden real entwertet werden. Eine Entlastung ist desto mehr erwünscht, je stärker eine hohe Zinslast den politischen Bewegungsspielraum einer Regierung einschränkt und je weniger eine nationale Regierung in der Lage ist, politischen Forderungen, beispielsweise nach einer Expansion der Staatsausgaben zur Linderung einer schweren sozialen Krise, nachzugeben. Besonders gravierend kann der Druck werden, wenn ein hochverschuldeter Staat, etwa in einer Rezession, in finanzielle Bedrängnis gerät. Das Problem besteht nicht so sehr darin, dass ein Staat absichtlich eine Politik übermäßiger Defizite verfolgen wird, um eventuell später die Europäische Zentralbank strategisch zu zwingen, als »lender of last resort« – als Liquiditätsgeber der letzten Zuflucht – einzuspringen. Das Problem liegt vielmehr darin, dass sich ein langfristiger Prozess der Schuldenakkumulation als Resultat politischer Entscheidungen einstellt, mit der Folge, dass schlussendlich die Europäische Zentralbank keine andere Option hat, als die öffentliche Schuld zu monetisieren.

Die Wirtschaftsgeschichte zeigt deutlich, dass unsolide Staatsfinanzen Währungen zerrütten können. Und: Stabile Währungsverhältnisse zwischen Ländern waren in der Vergangenheit langfristig nur dann zu haben, wenn Nationen mehr oder weniger auf Souveränität in der Finanz- und Budgetpolitik verzichtet haben. Diese Aussage gilt auch für eine Gemeinschaftswährung. Ein Beispiel ist der Goldstandard, der lange Zeit stabile Währungsrelationen brachte, aber im Grunde den Verzicht auf eine autonome nationale Konjunkturpolitik voraussetzte. Er zerbrach, als die europäischen Länder während des Ersten Weltkrieges zur Finanzierung der Militärausgaben höhere Defizite machten. Das System von Bretton Woods, ein weiteres Beispiel für relativ stabile Währungsrelationen, war an die Voraussetzung geknüpft, dass die USA Stabilität bereitstellen; es scheiterte, als aufgrund der Belastungen des Vietnam-Krieges und der damit verbundenen hohen Absorptionsansprüche des Staates an das Bruttoinlandsprodukt eine Stabilitätspolitik nicht mehr durchgehalten wurde. Fest steht: Ohne dass souveräne Staaten in ihrer nationalen Finanzpolitik etwas an Autonomie abgeben, lässt sich eine Währungsunion nicht durchstehen.

Ein den Budgetdefiziten des Staates verwandtes Problem sind die Leistungsbilanzdefizite einzelner Mitgliedsländer. In einer Währungsunion ist es möglich, dass diese höher ausfallen als in der Vergangenheit, da eine Abwertung der nationalen Währung als Kontrollmechanismus entfällt. Mitgliedsländer der Europäischen Währungsunion müssen bei hohen Leistungsbilanzsalden ein länderspezifisches Risiko nicht tragen. So hatte Portugal im Jahr 2000 ein äußerst hohes Leistungsbilanzdefizit von zehn Prozent in Relation zum Bruttoinlandsprodukt. Vor der Währungsunion hätte ein so hohes Defizit zur Abwertung des Escudo geführt.

Was den Euro als Durchschnitt betrifft, so stellt sich ein zusätzliches Problem durch die Osterweiterung der Europäischen Union. Die Beitrittsländer aus Mittel- und Osteuropa haben noch einen langen wirtschaftlichen Aufholprozess vor sich. Grundsätzlich ist ein solcher Konvergenzprozess mit einer nominalen Aufwertung der Währung verbunden, da die Wettbewerbsfähigkeit der aufholenden Wirtschaft zunimmt. Das Land erzielt Handelsbilanzüberschüsse, bekommt also mehr Devisen herein, als es braucht. In einem Aufholprozess würde sich eine reale Aufwertung auch dadurch einstellen, dass mit dem höheren Volkseinkommen Dienstleistungen, also nichthandelbare Güter, verstärkt nachgefragt werden, so dass der Exportbereich zurückgedrängt wird. Strukturelle Verschiebungen und makroökonomische Ungleichgewichte können aber dazu führen, dass diese Länder Abwertungen noch lange brauchen. Deswegen sollten die Beitrittsländer selbst, aber auch die Europäische Währungsunion, vorsichtig mit dem Beitritt der mittel- und osteuropäischen Länder zur Währungsunion sein. Im Grunde genommen reichen die verabredeten Beitrittskriterien zur Währungsunion für diese Konvergenzländer nicht aus. Sie waren für die 15 Mitgliedsstaaten der alten EU konzipiert. Ein zusätzliches Kriterium für den Beitritt zur Währungsunion könnte darin bestehen, dass die Länder ein bestimmtes Konvergenzniveau – sagen wir 60 Prozent des EU-Durchschnitts – erreicht haben müssen. Allemal muss die Forderung, dass der Außenwert im Wechselkursverbund gehalten werden kann, in Bezug auf die enge Bandbreite von +/- 2,5 Prozent interpretiert und nicht auf die große Bandbreite von +/- 15 Prozent bezogen werden. Selbstverständlich bleibt es den Beitrittsländern unbenommen, ihre Währung fest an den Euro zu binden und einen Currency Board zu praktizieren.

Der Konflikt zwischen vergemeinschaftetem Euro und nationaler Politik

Die EZB ist von politischen Weisungen der nationalen Regierungen unabhängig. Gemäß Art. 108 des EG-Vertrages »darf weder die EZB noch eine nationale Zentralbank noch ein Mitglied ihrer Beschlussorgane Weisungen von Organen oder Einrichtungen der Gemeinschaft, Regierungen oder Mitgliedsstaaten oder anderen Stellen einholen oder entgegennehmen«. In Deutschland war die Vorgängerin der EZB, die Deutsche Bundesbank, ebenfalls unabhängig. Die institutionelle Regelung der Unabhängigkeit erklärt sich aus den schlechten Erfahrungen, die man mit weisungsgebundenen Notenbanken in Deutschland und in anderen Ländern gemacht hat. Bei weisungsgebundenen Notenbanken ist es für Regierungen immer wieder eine Versuchung gewesen, die Staatsausgaben durch Notenbankkredite zu finanzieren. Ein ähnliches Problem stellt sich bei Anleihefinanzierungen, wenn Regierungen nicht der Versuchung widerstehen können, bei der weisungsgebundenen Notenbank niedrige Zinsen durchzusetzen, um so ihre Finanzierungskosten zu drücken. Jeder, der an der Unabhängigkeit der Notenbank rütteln möchte, sollte sich die historischen Erfahrungen des Deutschen Reiches in den dreißiger Jahren vor Augen führen. In Europa ist die Unabhängigkeit umso wichtiger, als die Geldpolitik europäisiert ist und die europäische Geldpolitik nicht zum Spielball der nationalen Regierungen werden darf.

Die Geldpolitik wirkt im Raum der Währungsunion uniform – der kurzfristige Zinssatz ist überall gleich. Die politischen Willensbildungsprozesse in den Mitgliedsländern von Euroland vollziehen sich jedoch weiterhin national, da eine politische Union nicht Hand in Hand mit der Währungsunion zustande kommt. Daraus erwächst zwangsläufig ein Konfliktpotential zwischen einer vergemeinschafteten europäischen Geldpolitik und nationalen wirtschaftspolitischen Interessen, und zwar deshalb, weil der einheitliche Zins auf unterschiedliche Situationen in den einzelnen Ländern treffen kann.

Historisch gesehen sind Währungsunionen die natürliche Ergänzung zu politischen Unionen gewesen, so wie im letzten Jahrhundert auf den Zollverein in Deutschland (1834) die politische Einigung (1871) und dann erst 1875 die Währungsunion folgte. Ähnlich war es in Italien. Die politischen Einigungen wurden durch das gemeinsame Geld gekrönt, man spricht von der Krönungstheorie. Beim Euro fangen wir beim Geld an und entwickeln den politischen Rahmen später. Da die Geldpolitik in der Währungsunion, solange eine politische Union nicht besteht, von den nationalen politischen Willensbildungsprozessen beurteilt wird, muss man mit der Möglichkeit rechnen, dass gerade bei unterschiedlichen wirtschaftlichen Verhältnissen in den Mitgliedsländern – etwa bei einer Wachstumsschwäche, bei (asymmetrischen) ökonomischen Krisen oder bei hoher Arbeitslosigkeit in einzelnen Volkswirtschaften – eine Asymmetrie in der politischen Bewertung der Geldpolitik besteht und die Europäische Zentralbank unter politischen Druck gerät.

Der massivste Konflikt könnte zukünftig darin bestehen, dass in einer konkreten wirtschaftlichen Situation die vergemeinschaftete Geldpolitik von einem oder mehreren Mitgliedsländern politisch nicht akzeptiert würde. Dies wäre etwa dann denkbar, wenn die vergemeinschaftete Geldpolitik die Zinsen anheben müsste, weil sie der Geldwertstabilität im Euroraum insgesamt verpflichtet ist, sich dadurch die wirtschaftliche Lage in einem einzelnen Land aber weiter verschärfen würde. Darüber hinaus kann sich natürlich auch eine Konstellation einstellen, in der mehrere Länder die Geldpolitik nicht akzeptieren. In diesem Sinn ist die Aussage berechtigt, dass der wahre Test des Euro noch aussteht.

Vor diesem Hintergrund passt die Entscheidungsstruktur der Europäischen Zentralbank nicht mehr zu einer erweiterten Europäischen Währungsunion nach einem Beitritt der mittel- und osteuropäischen Staaten. Derzeit ist das Direktorium mit sechs Personen im EZB-Rat vertreten, die Mitgliedsstaaten hingegen mit je einem Vertreter, also mit zwölf insgesamt. Wird die Europäische Währungsunion um weitere Mitgliedsstaaten erweitert, so gewinnen die Nationalstaaten ein zu starkes Gewicht. Dementsprechend muss man sich für eine größere Währungsunion neue Entscheidungsverfahren einfallen lassen, etwa ein Rotationsverfahren für kleinere Staaten.

Die Europäische Währungsunion verlangt eine beachtliche Disziplin der nationalen Politik. Die einheitliche Währung fordert von den Politikern in den einzelnen Mitgliedsstaaten die Bereitschaft, zweierlei zu akzeptieren: zum einen, dass die Geldversorgung nicht mehr den nationalen Entscheidungen unterstellt, Geld also entnationalisiert ist, und zum anderen, dass das Geldwesen entpolitisiert, also der Politik aus der Hand genommen ist. Die Kernfrage einer Konzeption für das europäische Geldwesen lautet, ob und inwieweit die Politik bereit ist, die Entscheidung über Zinssatz und Geldmenge und letztlich über die Inflationsrate einer unabhängigen Institution zu überlassen. Über diese Frage gibt es immer wieder Debatten, so anlässlich der Forderung des französischen Finanzministers Fabius, der Euro-Rat, in dem die Finanzminister der Nationalstaaten vertreten sind, solle bei der Zielbestimmung der Geldpolitik ein größeres Gewicht bekommen.

Ein Grundkonsens über die Entpolitisierung des Geldwesens ist eine unerlässliche Voraussetzung für die Währungsunion. Die Politik muss die Entscheidungen der Europäischen Zentralbank respektieren, und dies vor allem in Situationen, in denen die Entscheidungen auch einem einzelnen Land wehtun, etwa vor einer für die Regierung wichtigen Wahl oder in einer für ein Land schwierigen Lage. Die Währungsunion darf nicht der Keim für Streit – *der Zankapfel, »le pomme de discorde«* oder *»the bone of contention«*, wie die Briten etwas weniger hellenistisch beeinflusst sagen – für die europäische Zukunft werden. »Die soziale Marktwirtschaft ist ohne eine konsequente Politik der Währungsstabilität nicht denkbar«, meinte einst Ludwig Erhard. Dies gilt auch für Europa. Etwas banaler, aber nicht weniger zutreffend hat es Fritz Schäffer, der erste deutsche Finanzminister – von 1949 bis 1957 –, formuliert: »Gutes Geld ist besser als nur Geld.«

5. Europa – quo vadis?

We must build a kind of United States of Europe.
WINSTON CHURCHILL

Als 1914 der Erste Weltkrieg ausbrach, fasste Lord Grey of Fallodon die düstere Lage in Europa in dem berühmt gewordenen Satz zusammen: »Überall in Europa gehen die Lichter aus, und wir werden sie zu unseren Lebzeiten nicht wieder angehen sehen«. Nach zwei Weltkriegen in der ersten Hälfte des vergangenen Jahrhunderts erlebte Europa in den letzten fünfzig Jahren einen kontinuierlichen Integrationsprozess, der mit der Gemeinschaft der Sechs (1957) begann und sich über die Norderweiterung um Dänemark, das Vereinigte Königreich und Irland (1973), die Süderweiterung um Griechenland (1981) sowie Spanien und Portugal (1986) und schließlich in der Erweiterung um die drei neutralen Staaten Finnland, Österreich und Schweden (1995) zur Europäischen Union der Fünfzehn fortsetzte. In den nächsten Jahren steht die Osterweiterung um zehn Staaten an. Mit Malta und Zypern gibt es dann die Europäische Union der 27.

Europa am Scheideweg – Was durch die Osterweiterung anders wird

Die europäische Integration ist mit einem Fahrrad verglichen worden, das immer weiter nach vorne bewegt werden muss – sonst kippt es um. Dieses Bild will verdeutlichen, dass die Integration ein Prozess ist, der stets weiter zu treiben ist. Verliert er einmal an Schwung, so die Vorstellung, dann gewinnen die retardierenden, stagnierenden und desintegrativen Kräfte die Oberhand. Nun wirft die Integration der Fünfzehn ohne die Osterweiterung bereits eine ganze Reihe zu lösender Fragen auf, insbesondere wie Effizienz und Dynamik der Union im Vergleich zu anderen wichtigen Ländern der Welt wie den USA verbessert werden können und wie die bestehenden strukturellen Probleme zu lösen sind. Wir wollen diese Fragen im Zusammenhang mit der Osterweiterung diskutieren, obwohl sie auch unabhängig davon bestehen.

Dabei gehe ich davon aus, dass es zur Osterweiterung der EU keine Alternative gibt, und zwar aus drei Gründen. Das eine Argument ist historisch: Budapest, Prag, Warschau – das sind europäische Städte. Sie gehören dazu. Das andere Argument ist geopolitisch: Alleine schon angesichts einer zukünftig nicht auszuschließenden instabilen Lage in Russland müssen Länder wie Ungarn, Tschechien und Polen durch die EU-Integration gefestigt werden. Das dritte Argument ist ökonomisch. Alle Länder werden gewinnen.

Die Erweiterung der Europäischen Union um weitere zwölf Mitglieder stellt sicherlich eine erhebliche qualitative Veränderung der Gemeinschaft dar. Wieso ist das der Fall? Im ersten Moment mag man annehmen, dass in der Zukunft beachtliche Strukturverschiebungen im Außenhandel zu erwarten sind. Hier aber kann der Experte Entwarnung geben; denn durch die Europa-Abkommen, die Anfang der neunziger Jahre geschlossen wurden, haben sich die Beitrittsländer in ihrem Handel bereits angepasst: Etwa 65 Prozent ihrer Exporte gehen in die EU – ebenso viel wie heute auch bei den EU-Mitgliedern. Handelsmäßig sind die Beitrittskandidaten de facto bereits in die Europäische Union integriert. Das Handelsmuster verläuft dabei nicht nur intersektoral, also zwischen unterschiedlichen Sektoren, sondern bereits zu einem beachtlichen Teil intrasektoral, stellt also Außenhandel mit ähnlichen Gütern dar. In der Zukunft wird sich der Außenhandel zu den Beitrittsländern lediglich mit der Zunahme des Volkseinkommens dort und in Abhängigkeit von Faktoren, wie sie auch anderswo gelten, ändern. Beim Außenhandel ist also in der Zukunft nicht mit gravierenden Veränderungen zu rechnen.

Auch beim Kapitalverkehr dürften keine nennenswerten Umbrüche zu erwarten sein. Zwar sind die Kapitalimporte aus der Sicht der Beitrittsländer bedeutend. So erreichten beispielsweise in Ungarn im Jahr 1995, sicherlich einem außergewöhnlichen Jahr, die ausländischen Direktinvestitionen (allerdings nicht allein aus der EU) über 50 Prozent der jährlichen Bruttoinvestitionen oder elf Prozent des Bruttoinlandsprodukts. Sonst lagen die Direktinvestitionen – auch bei Polen und Tschechien – eher zwischen 15 und 20 Prozent der Bruttoinvestitionen oder zwischen drei und sechs Prozent des Bruttoinlandsprodukts (1999: 2,9 Prozent für Ungarn, 4,3 Prozent für Polen, 9,2 Prozent für Tschechien). Einerseite dürften die Direktinvestitionen nach dem Beitritt noch zunehmen, da die politische Risikoprämie geringer wird, denn die Mitgliedschaft in der Europäischen Union macht die Direktinvestitionen in den Beitrittsländern politisch sicherer. Andererseits dürften im Transformationsprozess auch die renditeträchtigsten Investitionsprojekte schon umgesetzt sein, so dass daher die Investitionen nicht mehr so stark steigen. Aber wie dem auch sei: Aus der Perspektive der EU schlagen die Direktinvestitionen nach Mittel- und Osteuropa mit 7,5 Prozent aller Direktinvestitionen der EU im Zeitraum von 1993 bis 1998 kaum zu Buche. Deshalb sind durch die Osterweiterung nennenswerte Umbrüche beim Kapitalverkehr aus der Sicht der EU nicht zu erwarten.

Massenwanderung eher unwahrscheinlich

Eine andere Frage lautet, mit welchen Wanderungen der Arbeitskräfte zu rechnen sein wird. Wir wissen, dass es bei der Wanderung auf dauerhafte Einkommensunterschiede ankommt (siehe Kapitel 11). Seit Mitte der neunziger Jahre bewegen sich die Zuwanderungen aus den sieben wichtigsten Ländern Mittel- und Osteuropas (Bulgarien, Polen, Rumänien, Slowakei, Slowenien, Tschechien, Ungarn) nach Deutschland bei unter 20 000 Personen netto pro Jahr; also eine Person auf viertausend der deutschen Bevölkerung. Im Jahr 1993, dem Jahr der Rezession, war die Nettozuwanderung aus diesen Ländern sogar negativ, 1994 lag sie bei Null. Allerdings bestand in der Vergangenheit noch keine Freizügigkeit, wenn die Menschen auch eine unendliche Phantasie entfalten, um Wanderungshürden zu umgehen. Die Vergangenheit gibt jedenfalls keinen Anlass, mit einer Massenbewegung zu rechnen.

Auch der Vergleich mit der Süderweiterung deutet nicht auf starke Wanderungsströme hin. Die Zuwanderung aus Griechenland, Portugal und Spanien erreichte kein hohes Ausmaß; das Maximum lag bei knapp zwei Personen pro Tausend der deutschen Bevölkerung im Jahr 1970, also zehn bis 16 Jahre vor der Süderweiterung. Nach der Süderweiterung fand netto eine Abwanderung statt. Allerdings ist die Analogie zur Süderweiterung auch nicht ganz berechtigt; denn historisch beobachten wir typischerweise Wanderungen von Norden nach Süden, und nicht umgekehrt. Eher waren in der Vergangenheit noch Wanderungen von Ost nach West zu verzeichnen.

Alle empirisch fundierten Prognosen beruhen allerdings auf ökonometrischen Studien des bisherigen Wanderungsverhaltens. Sie erklären die in der Vergangenheit beobachtete Zahl der Ausländer in Deutschland in Abhängigkeit des Einkommensgefälles zu den Herkunftsländern und anderer Faktoren und ziehen daraus Rückschlüsse auf die zu erwartende Wanderung.

Derzeit ist der Einkommensunterschied zwischen den Beitrittsländern und der Europäischen Union immer noch beachtlich. So erreicht Polen beim Bruttoinlandsprodukt pro Kopf lediglich 39 Prozent des EU-Niveaus (Wert für 2000), wenn man die Kaufkraftparität zugrunde legt. Bei Ungarn sind es 52 Prozent, bei Tschechien 58 Prozent und bei Slowenien 72 Prozent. Rumänien kommt dagegen nur auf 27 Prozent und Bulgarien auf 24 Prozent. Vergleicht man die Einkommen pro Kopf mit den aktuellen Wechselkursen und Preisen, so liegt Tschechien bei 27 Prozent, Ungarn bei 22 und Polen bei 18 Prozent des EU-Durchschnitts (Werte für 1999).

Bei einigen der Beitrittskandidaten wie Slowenien, Tschechien, Ungarn und zum Teil auch Polen dürften die Einkommensunterschiede nicht so groß sein, dass dadurch starke Wanderungsbewegungen induziert werden. Zu berücksichtigen ist, dass einige Regionen der Beitrittsländer ein deutlich geringeres ökonomisches Gefälle aufweisen als der Landesdurchschnitt. So erreicht Prag 115 Prozent des EU-Durchschnitts, Bratislava 99 und die Region Közep Magyarorszag in Ungarn 72 Prozent. Aus diesen Räumen lohnt sich – sieht man von Spezialisten ab – eine Wanderung in die EU nicht oder kaum noch. Vor allem aber: Entscheidend für das Ausmaß der Zuwanderung aus den Beitrittsländern ist die von den Menschen dort eingeschätzte weitere Entwicklung des Einkommensgefälles. Rechnen sie damit, dass sich das Gefälle im Verlaufe der Zeit einebnet, so werden sie eher in ihrer Heimat bleiben. Wie relevant das ist, sieht man daran, dass laut Pressenachrichten zur herbstlichen Weinlese am Rhein Anfang der neunziger Jahre noch polnische Ärzte kamen, Ende der neunziger Jahre hingegen waren es Busfahrer aus Warschau. Für die Ärzte war die Weinlese weniger interessant geworden.

Insgesamt darf man davon ausgehen, dass es nicht zu Massenwanderungen kommen wird, wenn in den Beitrittsländern ein stetig verlaufender Aufholprozess ohne nennenswerte Stockungen und Verwerfungen zustande kommt. Gerade die Osterweiterung kann zu einer Stabilisierung der ökonomischen Bedingungen beitragen. Eine Massenwanderung ist allerdings dann nicht auszuschließen, wenn in den Beitrittsländern eine massive Störung auftritt, insbesondere eine auch extern verursachte politische Krise. Von größerem Interesse dürfte die Wanderung für die Menschen in Ländern mit einem besonders starken Einkommensrückstand, nämlich Rumänien und Bulgarien, sein. Diese Staaten werden jedoch erst zu einem späteren Zeitpunkt in die EU integriert. Schließlich dürften Pendlerbewegungen in die grenznahen Gebiete vor allem Ostdeutschlands größere Bedeutung erhalten.

Das demokratische Vakuum der europäischen Ebene

Die gravierendste Veränderung durch die Osterweiterung ist für das institutionelle Regelwerk der EU zu erwarten, also in Bezug auf die Rahmenordnung, in der die Entscheidungsfindung in der Europäischen Union festgelegt ist. Dabei bestehen in der Öffentlichkeit nur unklare Vorstellungen darüber, was heute bereits alles auf der europäischen Ebene entschieden wird, was also der nationalen Entscheidung entzogen ist. Das Spektrum reicht weit. So ist die Handelspolitik europäisiert; Brüssel genehmigt oder verbietet Unternehmensfusionen, beaufsichtigt im Rahmen der Beihilfenaufsicht, ob nationale Subventionen den Wettbewerb im Binnenmarkt verzerren und damit unzulässig sind, und legt in einer Fülle von Direktiven fest, wie die Dinge zu regeln sind, ob es nun darum geht, wie Mindeststandards für Trinkwasser aussehen oder die Qualität des Wassers von Badeseen beschaffen sein muss, wie gut die Kapitalausstattung von Banken zu sein hat oder ob der Staat die Gewährsträgerhaftung und die Anstaltslast für Sparkassen und Landesbanken übernehmen darf. Die nationalen Regierungen sind gehalten, die Brüsseler Direktiven in nationales Recht umzusetzen. Hinzu kommt, dass die Geldpolitik in Euroland vergemeinschaftet ist. Es ist schon viel mehr an Instrumenten auf die europäische Ebene gewandert, als wir uns vorstellen.

Die Europäische Union beruht auf einem multilateralen Vertrag, durch den die Staaten nationale Souveränität an eine supranationale Entscheidungsebene abgegeben haben. Sie ist mehr als ein Staatenbund alter Art, aber sie ist deutlich weniger als ein Bundesstaat. Es ist eine Integrations- und Kooperationsform von Staaten, die sich insbesondere des Instruments der intergouvernementalen Zusammenarbeit bedienen. Dies heißt, dass die Entscheidungen durch Abstimmung zwischen den weiterhin souveränen nationalen Regierungen gefunden werden, also durch Abstimmung der Staats- oder Regierungschefs im Europäischen Rat, bei spezifischeren Fragen durch Abstimmung der Fachminister. Der Europäische Vertrag, der die Basis für die intergouvernementale Zusammenarbeit bildet, wurde von den nationalen Parlamenten ratifiziert. Er hat sich in verschiedenen Stadien von den Römischen Verträgen über den Vertrag von Maastricht und den Amsterdamer Vertrag bis zum Vertrag von Nizza weiter entwickelt, dessen Ratifizierung noch aussteht. In Irland ist ein dafür notwendiges Referendum gescheitert. Bei der

Skizzierung des Vertragswerks ist zu differenzieren zwischen den Gremien, in denen die Entscheidungen getroffen werden, und zwischen den Mehrheiten, die für verschiedene Arten von Entscheidungen erforderlich sind.

Das wichtigste Entscheidungsorgan ist der Europäische Rat, der sich aus den Regierungschefs oder den zuständigen Ministern zusammensetzt. Für besonders wichtige Entscheidungen tritt der Europäische Rat in Form der Staats- und Regierungschefs zusammen, bei anderen Entscheidungen in Form der Fachminister. Insgesamt gibt es den Europäischen Rat derzeit in mehr als zwanzigfacher Form. Bekannt ist beispielsweise der Euro-Rat, der sich mit der Wirtschafts- und Finanzpolitik im Euroraum beschäftigt. Die Entscheidungsfindung im Europäischen Rat ist Ausdruck der intergouvernementalen Zusammenarbeit.

Demokratisch legitimiert ist der Europäische Rat nur insoweit, als die Staats- und Regierungschefs national gewählt sind. Eine darüber hinausgehende demokratische Legitimation existiert nicht, vor allem keine auf europäischer Ebene. Da die Staats- und Regierungschefs in ihren europäischen Entscheidungen von den Wählern weit entfernt sind, diese Entscheidungen in das Leben der Menschen aber immer stärker direkt eingreifen, besteht bei dieser Form der Zusammenarbeit zwischen den Regierungen ein demokratisches Vakuum oder Defizit. Der Wähler kann den Europäischen Rat nicht durch Abwahl sanktionieren.

Die Europäische Kommission stellt die Administration der Union dar, die für das operative Geschäft zuständig ist. Sie vertritt die Gemeinschaft nach außen. Ihre Hauptaufgabe besteht darin, die diversen Politiken umzusetzen, Initiativen zu entwickeln und als Hüterin der Verträge zwischen den Mitgliedsstaaten zu vermitteln. Die Kommission hat das Vorschlagsrecht für neue Regelungen. Eine Reihe von Maßnahmen des Europäischen Rats setzt Empfehlungen der Kommission voraus. Die Kommission kann gemäß § 308 EG-Vertrag den Vertrag in dem Sinne weiter entwickeln, dass sie sekundäres Recht, also abgeleitetes oder nachrangiges Recht, schafft. Änderungen bedürfen der Zustimmung der nationalen Parlamente.

Das Europäische Parlament nimmt in verschiedener Form an der Entscheidungsfindung teil, und zwar in der Form der Zustimmung, der Mitentscheidung und der Anhörung. Zustimmung des Parlaments ist erforderlich bei Erklärungen der Verletzung von Grundsätzen. Das in Artikel 251 geregelte Verfahren der Mitentscheidung bezieht sich auf Kommissionsvorschläge, zu denen das Parlament eine Stellungsnahme abgibt und die auf Grundlage dieser Stellungsnahme vom Ministerrat erlassen werden. Im Mitentscheidungsverfahren ist geregelt, wie zu verfahren ist, wenn das Parlament Abänderungen des Kommissionsvorschlags vornimmt. Das Parlament kann die Kommission zur Vorlage von Rechtsakten auffordern. Es hat kein eigenes Initiativrecht.

Dem Europäischen Gerichtshof obliegt die Interpretation des Rechts der Europäischen Union. Der Gerichtshof hat auch dafür Sorge zu tragen, dass das Recht von den Mitgliedsstaaten respektiert wird. Klagen können von einem Mitgliedsland und von der Kommission gegen ein Mitgliedsland eingebracht werden.

In einer Reihe von Sachfragen haben sich die Staaten verpflichtet, die europäischen Entscheidungen zu respektieren. Dies gilt für alle Entscheidungen, die mit einfacher oder qualifizierter Mehrheit herbeigeführt werden. In Bereichen dagegen, in denen Einstimmigkeit erforderlich ist, kann jeder Staat sein Veto einlegen. Darüber hinaus gab es bisher die Praxis des vitalen nationalen Interesses. Erklärt eine Regierung eine Angelegenheit als von vitalem nationalen Interesse, so wurde bislang darauf verzichtet, dieses Mitgliedsland zu überstimmen, auch wenn für die Entscheidung eine qualifizierte Mehrheit vorgesehen war.

Einstimmigkeit wird in den wichtigsten Politikbereichen verlangt. Dazu zählen: die Aufnahme neuer Mitglieder (Artikel 49), die indirekte Besteuerung (Artikel 93), die direkte Besteuerung (Artikel 95, Ziffer 2), das Budget der Europäischen Union (Artikel 269) und grundlegende rechtliche Regelungen (Artikel 94, 95). Einstimmigkeit ist ebenfalls erforderlich bei besonderen Aspekten der Außenhandelspolitik (Artikel 133), der Kulturpolitik (Artikel 151), bei den Strukturfonds (Artikel 161) und beim Umweltschutz (Artikel 175

Ziffer 2). Die Asylpolitik bleibt bei Anerkennung internationaler Abkommen in nationaler Zuständigkeit (Artikel 63; ab 2004 kann in Teilfragen mit qualifizierter Mehrheit entschieden werden); Beschlüsse in diesem Bereich bedürfen der Einstimmigkeit (Artikel 67). Die erforderliche Einstimmigkeit bei Fragen der Besteuerung steht im Zentrum des Problems, ob die nationale Souveränität oder die politische Union stärker gewichtet wird.

Für die qualifizierte Mehrheit sind derzeit 62 von 87 Stimmen (71,26 Prozent) erforderlich. Dies gilt für Beschlüsse, die durch den Europäischen Rat auf Vorschläge der Kommission hin zu fassen sind. In allen anderen Fällen ist zusätzlich erforderlich, dass die 62 Stimmen die Zustimmung von mindestens zehn Mitgliedsstaaten umfassen (Artikel 205). Die Sperrminorität liegt bei 26. Durch den Vertrag von Nizza werden hier für die Osterweiterung Änderungen vorgenommen, auf die ich weiter unten eingehe.

Fragt man, welchen Einfluss die Osterweiterung auf diese Entscheidungsverfahren nehmen kann, so gibt es drei Möglichkeiten:

1. Man belässt den Entscheidungsprozess im Wesentlichen in seiner derzeit bestehenden intergouvernementalen Form.
2. Man wird mit der größeren Heterogenität einer Union der 27 dadurch fertig, dass man viel mehr Vielfalt als bisher zulässt und sich in der Rahmenordnung auf das Notwendigste an Gemeinsamkeiten konzentriert.
3. Man treibt die Integration weiter voran.

Blockade in Permanenz und Erosion der Dynamik bei dem jetzigen Entscheidungssystem

Die erste der genannten Möglichkeiten, nämlich die institutionelle Rahmenordnung im Wesentlichen so zu belassen wie sie jetzt ist, wirft auch nach den eher marginalen Änderungen durch den Vertrag von Nizza die Frage auf, ob die Europäische Union in Zukunft entscheidungsfähig sein wird. Eines der damit verbundenen Probleme ist das demokratische Vakuum, also die Frage, ob die europäische Bevölkerung die Entscheidungen letztlich tragen wird. Ein anderes

Problem ist, ob die Staats- und Regierungschefs von 27 Staaten bei dem gegebenen Modus überhaupt zu Entscheidungen kommen können oder ob sie sich selbst blockieren. Schon bei 15 Regierungen ist es schwer, Entscheidungen herbeizuführen, da wichtige nationale Wahlen nahezu allezeit anstehen, so dass sich die jeweiligen Regierungen in zentralen Fragen aus Furcht, zu Hause die Wahl zu verlieren, kaum bewegen können. Qualifizierte Mehrheiten sind unter diesen Bedingungen nur schwer zustande zu bringen. Die Respektierung des vitalen Interesses würde die Entscheidungsfindung weiter einschränken. Deshalb muss man sich spekulativ auch mit einem Zukunftsszenario beschäftigen, bei dem die Europäische Union nicht mehr angemessen zu Entscheidungen kommt, der Integrationsprozess verflacht und die entscheidungsarme Europäische Union mehr oder weniger in einen Immobilismus verfällt, jedenfalls erheblich an Vitalität und Dynamik verliert.

Ein Beispiel für diese Gefahr des Immobilismus ist der deutsche Konsensföderalismus. Genau genommen müsste in Deutschland der Anpassungsdruck, der aus einem verschärften internationalen Standortwettbewerb um die mobilen Produktionsfaktoren resultiert, an die Bundesländer weitergegeben werden, damit dezentral neue Problemlösungen gefunden werden. Durch Wettbewerbsföderalismus würde die Effizienz des Gesamtsystems gestärkt. Stattdessen setzen wir derzeit auf einen kooperativen Föderalismus, der die Finanzkraft ausgleicht. Die Empfängerländer, deren Finanzkraft angehoben wird, müssten einer Neuregelung, die in Richtung wettbewerblich orientiertem Föderalismus geht, zustimmen. Das werden sie aber nicht tun. Der Europäischen Union droht eine ähnliche Gefahr. Man muss dann bei realistischer Einschätzung davon ausgehen, dass Europa, das gerne eine dynamische, wenn nicht die dynamischste Region der Welt werden möchte, eher zur einem Stagno-Europa wird.

Auf das Notwendigste konzentrieren

In dieser Situation gibt es für Europa nur die Wahl zwischen zwei Möglichkeiten: entweder sich auf das Notwendigste im Rahmenwerk einer Union zu konzentrieren oder aber mehr nationale Souveränität an die europäische Ebene abzugeben und das europäische Rahmenwerk weiter auszubauen.

Eine Union der 27 wird zweifellos durch eine größere Vielfalt der Bedingungen in den einzelnen Ländern gekennzeichnet sein. Zwar erfordert ein einheitlicher Binnenmarkt eine einheitliche Rahmenregelung, die nicht zwischen den Mitgliedsstaaten diskriminiert und nicht zu Wettbewerbsverzerrungen führt. Mehr Mitgliedsländer verlangen aber auch mehr Freiraum im Regelwerk. Wieviel Vielfalt soll man zulassen? Die Strategie, sich auf das Notwendigste im Regelwerk zu konzentrieren, würde darauf abstellen, klarer abzuklären, was Unverzichtbarkeiten – *Essentials* – für ein gemeinsames Europa sind und diese eng definieren. Dies wird für eine wirtschaftliche und politische Union deutlich mehr sein müssen als für das Regelwerk der Welthandelsordnung (WTO). Aber wie viel mehr?

Sicherlich braucht der Binnenmarkt den *Acquis Communautaire*, aber bedarf es des *Acquis* in dieser Intensität? Vor allem angesichts der fehlenden demokratischen Legitimation der Entscheidungen der EU muss man nach Nizza verstärkt die Frage stellen: Was von den 31 Bereichen des Acquis Communautaire ist für den Binnenmarkt tatsächlich unverzichtbar? Und was gehört nicht zwingend dazu?

Um sich eine Vorstellung von der Spannweite der Länder zu machen, die sich in dem institutionellen Rahmen der EU wiederfinden können müssen, sollte man auch an Länder wie Norwegen und die Schweiz denken, die noch nicht Mitglied sind. Norwegen ist wirtschaftlich durch ökonomische Besonderheiten wie den Fischfang und die Erdöl- und Erdgasvorräte gekennzeichnet.[7] Die EU-Regelungen dürfen ein Land mit diesen Besonderheiten nicht einfach dem Acquis Communautaire unterpflügen. Auch ein Land wie die Schweiz mit einer direkten Demokratie muss sich im institutionellen Geflecht der EU wohl fühlen können.

Bei der Frage der Spannweite darf man durchaus auf den institutionellen Wettbewerb setzen, also darauf, verschiedene institutionelle Regelungen nebeneinander bestehen zu lassen. Im Wettbewerb muss sich dann erweisen, welche Regelungen sich am Markt behaupten und welche nicht. Diese Strategie des institutionellen Wettbewerbs baut auf den Wettbewerb als Entdeckungsverfahren. In diesem Kontext war das Cassis-de-Dijon-Urteil des Europäischen Gerichtshofs von 1979 eine Schlüsselentscheidung. Der Cassis de Dijon, in Burgund als Ingredienz für die Kir Royale, den Kir Archeveque, den Kir Bourgeois oder den Kir Ordinaire sehr geschätzt und in Frankreich auch zugelassen, durfte zwar nach Deutschland importiert, aber dort nicht auf den Markt gebracht werden. Die deutsche Regulierung, das Branntweinmonopolgesetz aus dem Jahre 1922, verlangte, dass Fruchtliköre nicht 17 Prozent Alkoholgehalt wie der Cassis de Dijon, sondern mindestens 32 Prozent Alkoholgehalt haben müssen. Warum, das ist eine andere Frage. Der Staat hatte dabei sicherlich nicht die Volksgesundheit im Auge; vermutlich wollte er als Inhaber des Branntweinmonopols auf diese Weise etwas für den Absatz seines Alkohols tun. Der Europäische Gerichtshof hat im Jahr 1979 entschieden, dass, wann immer ein Produkt rechtmäßig in einem Land der Union auf den Markt gebracht worden ist, es auch in den anderen Ländern verkauft werden darf. Das bedeutet eine Grundsatzentscheidung für die Anerkennung der Ursprungslandregeln. So darf beispielsweise auch belgisches Bier, das nicht nach dem deutschen Reinheitsgebot von 1516/17 gebraut ist, in Deutschland verkauft werden. Nudeln, die nicht aus italienischem Hartweizen hergestellt werden, dürfen auch in Italien angeboten werden. Aber auch Finanzdienstleistungen und Versicherungsleistungen dürfen in jedes Land der EU exportiert werden. Hinreichend ist, dass die Regeln des jeweiligen Ursprungslandes erfüllt sind. Der Konsument soll selbst entscheiden, ob er Bier nach dem deutschen Reinheitsgebot von 1516 trinken will.

Auf keinen Fall muss die europäische Ebene die Dinge so genau regeln wie dies teilweise geschieht. Dass der Mindestdurchmesser für Lauch zehn Millimeter beträgt, wie dies in der Verordnung

(EWG) Nr. 1292/81 der Kommission vom 12. Mai 1981 zur Festsetzung von Qualitätsnormen für Lauch, Auberginen und Zucchini im Amtsblatt (Nr. L129 vom 15/05/1981, S. 0038-0047) festgelegt ist – dies gehört nicht zu den Unverzichtbarkeiten Europas. Der alte Kontinent wird auch nicht dadurch an Dynamik gewinnen, dass längliche Auberginen einen Querdurchmesser von mindestens 40 Millimetern und rundliche von 70 Millimetern haben sollen und dass sie ein Mindestgewicht von 100 Gramm erreichen müssen. Oder dass Zwiebeln einen Mindestdurchmesser von zehn Millimetern aufzuweisen haben, wie es die Verordnung (EWG) Nr. 2213/83 der Kommission vom 28. Juli 1983 zur Festsetzung von Qualitätsnormen für Zwiebeln und Chicorée im Amtsblatt (Nr. L213 vom 04/08/1983, S. 0013-0021) verordnet.

Und was sich die EU bei Gurken nicht alles hat einfallen lassen: In der Klasse »Extra« müssen Gurken gut geformt und praktisch gerade sein (maximale Krümmung: zehn Millimeter auf zehn Zentimeter Länge der Gurke). In der Klasse I haben Gurken ziemlich gut geformt und praktisch gerade zu sein, und zwar mit einer maximalen Krümmung von zehn Millimetern auf zehn Zentimeter Länge. Gurken in der niedrigeren Klasse II der krummen Gurken hingegen sind nur zulässig, wenn sie außer leichten Farbfehlern keine anderen Fehler sowie keine andere Verformung als ihre Krümmung aufweisen. Leicht gebogene Gurken dürfen dabei eine maximale Krümmung von 20 Millimetern auf zehn Zentimeter Länge aufweisen. Krumme Gurken dürfen eine größere Krümmung aufweisen. Zum Trost sei den Gurken der Klasse III mitgeteilt, dass sie nach den Dekreten der EU als wirklich krumme Gurken von der Klasse II getrennt zu verpacken sind, alles geregelt in der Verordnung (EWG) Nr. 1677/88 der Kommission vom 15. Juni 1988 zur Festlegung der Qualitätsnormen für Gurken, und zwar im Amtsblatt Nr. L 150 vom 16/06/1988, S. 0021-0025. Welche Mindestgröße die Kirschen oder die runden oder die länglichen Tomaten aufweisen sollen und dass die Entenleber ein Mindestgewicht von 250 Gramm zu haben hat, warum muss dies auf europäischer Ebene festgelegt werden? Einmal ganz davon abgesehen, dass dies in Bari und Bergamo anders kontrolliert wird als in Turku und Tampere. Dass im Rahmen der Aufsicht über Regionalprogramme überprüft wird, ob in einem hübschen kleinen Dorf in Schleswig-Holstein Mittel aus dem Regionalprogramm dafür eingesetzt werden dürfen, dass eine kleine Poststelle im Lebensmittellädchen eingerichtet werden darf – wer will dies als ein Essential für die Europäische Union deklarieren?

Was müsste nach dieser Konzeption der Rückbesinnung auf das Unverzichtbare in der EU zentralisiert sein, was hingegen dezentral bleiben? (Dabei sagt der Grad der Zentralisierung noch nichts über die Art der erforderlichen Abstimmungsmehrheit.) Grundsätzlich muss alles zentralisiert sein, was für das Funktionieren der vier Freiheiten – der freien Bewegung der Güter, Dienste, der Personen und Arbeitnehmer sowie des Kapitals – notwendig ist. Die Märkte müssen funktionieren. Dazu gehört in Bezug auf die Gütermärkte die Rahmenordnung des Binnenmarktes, nämlich die gemeinsame Außenhandels- und die Wettbewerbspolitik. Soweit die Mitgliedsstaaten der Europäischen Währungsunion beigetreten sind, erleichtert die Geldpolitik durch die größere Preistransparenz das Funktionieren des Binnenmarktes.

Die Kontrolle stark wettbewerbsverzerrender nationalstaatlicher Subventionen ist in einem gemeinsamen Markt geboten, allerdings nicht unbedingt auch die Kontrolle der Subventionierung auf regionaler Ebene, es sei denn, dort werden die nationalstaatlichen Subventionen in einem nennenswerten Umfang versteckt. Die EU muss sich nicht um jede regionale Subvention kümmern, schon gar nicht um solche, die sich nur auf nichthandelbare Güter beziehen. Viel besser ist es darauf zu setzen, dass Kommunen von selbst merken, dass sie mit ihrer Subvention Steuermittel ineffizient ausgeben. Auf keinen Fall darf die Beihilfekontrolle bedeuten, dass der Standortwettbewerb zwischen den Regionen in Europa ausgeschaltet wird; denn er ist ein wichtiges Element, das zur Dynamik beitragen kann. Infrastrukturausgaben als regionalpolitisches Instrument dürfen nicht verboten sein. Auch sollte es möglich sein, dass Kommunen wie in Oakland Gelände erschließen und sich damit als Wagniskapitalgeber an neuen Unternehmen beteiligen.

Der Agrarmarkt muss sicherlich europaweit sein, und nationale Abschottungen darf es hier nicht geben, denn Grenzkontrollen können mit dem einheitlichen Gütermarkt nicht einhergehen. Allerdings muss die Agrarpolitik von der Seite der Finanzierung her nicht in dem Ausmaß vergemeinschaftet sein, wie das derzeit der Fall ist. Je enger der Agrarsektor in die weltwirtschaftliche Arbeitsteilung eingebettet ist, desto weniger müssen die Instrumente vergemeinschaftet sein. Insgesamt gehören neben der Agrarpolitik andere Gebiete wie beispielsweise die Regionalpolitik, die Strukturpolitik und die Industriepolitik nicht zu den Unverzichtbarkeiten der Europäischen Union.

In anderen Bereichen liegen die Dinge nicht so einfach, nämlich dann, wenn durch Importgüter die Gesundheit bedroht ist. Dann lässt sich das Prinzip, dass ein einheitlicher Markt grundsätzlich die Anwendung des Ursprungslandprinzips gebietet, nicht durchhalten. Dies hat die BSE-Krise gezeigt. Gemäß Artikel 30 EG-Vertrag darf das einzelne Land Maßnahmen zum Schutz der Gesundheit seiner Bürger ergreifen, selbst wenn diese den gemeinsamen Markt stören.

Auch bei öffentlichen Gütern sind zentralisierte Lösungen gefragt, allerdings nur bei solchen mit einer europaweiten räumlichen Dimension. Es reicht nicht, auf externe Effekte und Interdependenzen zwischen einzelnen europäischen Ländern hinzuweisen. Europaweite öffentliche Güter heißt, dass diese Güter von allen in Europa in gleicher Menge und gleicher Intensität genutzt werden. Ein Beispiel sind Umweltgüter mit einer europaweiten räumlichen Dimension oder einer räumlichen Ausdehnung, die über Europa hinausgeht wie die globalen Umweltgüter. Dagegen können Umweltgüter mit einer geringeren räumlichen Dimension – so nationale Umweltgüter – aus dem Argument des öffentlichen Gutes heraus keinen europaweiten Ansatz beanspruchen. In diesem Bereich kann man Wettbewerb zwischen verschiedenen nationalen Regelungen bestehen lassen, Mindestnormen können ein sinnvolles Instrument der Abstimmung sein. Grenzüberschreitende Umweltgüter wie Flüsse oder Umweltsysteme, die wie das Mittelmeer oder die Ostsee von mehreren Ländern genutzt werden, haben streng genommen keine europaweite Dimension und sollten deshalb bilateral oder multilateral zwischen den betroffenen Ländern geregelt werden. Die EU kann hier einen Rahmen definieren. Öffentliche Güter sind im Übrigen klar zu trennen von meritorischen Gütern, die von einigen, mehreren oder vielen als wünschenswert angesehen werden; solche Güter kann man getrost den Regionen und den einzelnen Ländern überlassen.

Auf den Faktormärkten soll sich der Wettbewerb im Binnenmarkt voll entfalten. Es ist sinnvoll, dass Kapital in die attraktivsten Verwendungen wandert. Bei Portfoliokapital muss das Regelwerk dafür sorgen, dass Bankenkrisen, von denen eine Finanzkrise ausgehen könnte, vermieden werden. Dazu dienen Richtlinien über die notwendige Kapitalausstattung und eine effiziente Banken- und Finanzaufsicht. Die Mobilität der Arbeitskräfte innerhalb der EU ist ohnehin eher gering, hier vollzieht sich der Wettbewerb indirekt über die Gütermärkte. Dort muss sich zeigen, welche Arbeitsplätze bestehen können.

Beim Faktor Arbeit bleibt die Gestaltung des Regelwerks weiterhin in nationaler Verantwortlichkeit, und zwar deshalb, weil sich die Art und Weise, an die Dinge heranzugehen, zwischen den Ländern historisch verschieden entwickelt hat und die Verhältnisse in den einzelnen Mitgliedsstaaten zu unterschiedlich sind. Die Lohnfindung sollte dezentral in den einzelnen Ländern vor sich gehen – auf keinen Fall darf sie europäisiert werden. Ein Orientierungsmaß ist dabei der Produktivitätsfortschritt in den einzelnen Ländern, von dem bei Arbeitslosigkeit ein Abschlag gemacht werden muss.

Eine Sozialunion kann es schon in einer EU der 15 nicht geben. Dazu sind die wirtschaftlichen Bedingungen in den einzelnen Ländern zu unterschiedlich. Die Systeme der sozialen Sicherung haben sich historisch nicht nur anders entwickelt, auch die Leistungsfähigkeit der einzelnen Volkswirtschaften ist verschieden. Dies gilt beispielsweise für die Arbeitsproduktivität (siehe Kapitel 6). Länder können auch dadurch ihre Arbeitsplätze wettbewerbsfähig halten, dass sie historisch bedingt ein anders gestaltetes, ein effizienteres oder auch ein weniger umfangreiches soziales Sicherungssystem haben. Die Belastung der Unternehmen mit Kosten der sozialen Sicherung differiert erheblich zwischen den Ländern der Währungsunion. In Deutschland liegen die Kosten der sozialen Sicherung, die von den Arbeitgebern gezahlt werden, etwa doppelt so hoch wie in Großbritannien. In einer Reihe von Ländern wie in Deutschland tragen die Unternehmen hälftig die sozialen Sicherungskosten, in Frankreich und Italien liegt dieser Anteil mit gut zwei Dritteln und vier Fünfteln für die Unternehmen deutlich höher.

Es muss deshalb völlig klar sein, dass die soziale Absicherung (Arbeitslosen-, Kranken-, Alterssicherung, Sozialhilfe) nach dem Territorialprinzip national organisiert sein muss; das heißt, Leistungen werden nur von denjenigen nationalen Sicherungssystemen bereitgestellt, an die der Leistungsempfänger seine Beiträge entrichtet hat. Europaweite Systeme der sozialen Sicherung vom finnischen Rovianemi bis zum griechischen Piräus dürfen nicht angestrebt werden. Zu lösen sind allerdings Fragen der Portabilität erworbener Ansprüche, wenn die Arbeitskräfte mobil sind.

Diese Besinnung auf die Essentials bedeutet auch eine Absage an eine Transfergemeinschaft. Ohnehin muss klar sein, dass die Einkommensunterschiede in einer größeren Union stärker sind und das Verteilungsziel deshalb nicht in der gleichen Intensität verfolgt werden kann wie in einer kleineren Union. Vor allem bei Transfers in größerem Stil fehlt der europäischen Ebene ohne demokratische Basis die Legitimation. Ein distributiver Föderalismus kann nicht der Weg Europas sein.

Bei dieser Strategie, bei der die EU Freiräume für dezentrale Lösungen belässt und nicht alles über einen Kamm schert, käme die Dynamik Europas über die Märkte, und nicht durch die Politik selbst gesteuert, zustande. Die Politik, die gerne eine starke Stellung Europas in der Weltwirtschaft sähe, würde sich der Märkte bedienen, um eine größere wirtschaftliche und damit letztlich auch eine größere politische Leistungsfähigkeit zu erreichen. Da eine solche Strategie Sinn macht, brauchen wir eine Debatte über die Unverzichtbarkeiten. Auch diejenigen, die sich für Europa eine starke Stellung in der Weltwirtschaft wünschen, müssen sehen, dass die dominierende

Stellung der USA zu einem beträchtlichen Teil auf die Dynamik der Wettbewerbswirtschaft zurückzuführen ist. Dies gilt im Übrigen auch bei dem anderen Weg zu einer größeren Verfasstheit in der EU. Eine externe Kommission sollte den Acquis Communautaire systematisch durchleuchten.

Auf dem Weg zu einer Europäischen Verfasstheit

Die Strategie, sich beim europäischen Binnenmarkt auf das Unvermeidliche im gemeinsamen institutionellen Regelwerk zu konzentrieren, folgt aus dem demokratischen Defizit. Die intergouvernementale Entscheidungsfindung im Europäischen Rat ist von den Menschen weit entfernt, obwohl sie mehr und mehr Dinge regelt, die für sie wichtig sind. Die Kommission erscheint als Steuerungsbehörde, die sich nicht der demokratischen Kontrolle stellen muss. Das Europäische Parlament hat nur äußerst begrenzte Mitwirkungsrechte. Insgesamt fehlt die demokratische Legitimation. In dieser Situation lautet eine Alternative, den Weg zu einer Europäischen Verfasstheit zu finden. Damit stellen sich komplizierte Fragen der Verfassungsordnung.

Die Nationalstaaten müssten Teile der nationalen Souveränität auf die europäische Ebene übertragen. Dies innerhalb der existierenden institutionellen Regelung zu tun, würde das demokratische Defizit jedoch noch akuter machen. Das Europäische Parlament müsste also gestärkt werden. Dabei ist an ein Zwei-Kammer-System zu denken, bei dem sich in der zweiten Kammer die einzelnen Mitgliedsstaaten repräsentiert sehen. Die zweite Kammer sollte keine Entsendungskammer sein, sondern ihre Mitglieder sollten demokratisch gewählt werden. Gleichzeitig wird eine Europäische Verfassung, ein System von Grundregeln, unverzichtbar, in dem vor allem die Kompetenzverteilung zwischen den europäischen Institutionen festgelegt ist. Aber in einem demokratischen Staatswesen setzt eine Verfassung ein Volk voraus. Ein solches europäisches Volk existiert jedoch (noch) nicht. Damit sind die Bedingungen der jetzigen Situation und die Zielkonflikte beschrieben.

Da ein europäisches Volk (noch) nicht besteht, kann die Rolle des Europäischen Parlaments (derzeit) nur begrenzt sein. Damit sind aber auch wesentliche Formen des Souveränitätsverzichts der Mitgliedsstaaten (derzeit) nicht möglich. Ansätze zur Kostenteilung bei gemeinsamen Angelegenheiten müssen zwangsläufig eingeschränkt bleiben. Die Solidarität ist überwiegend für den Bereich des nationalen Staates definiert, nicht jedoch für die Europäische Union insgesamt.

Im Zentrum dieser Debatte steht die Besteuerung, also die Verlagerung der Steuer-, Ausgaben- und Budgetkompetenz auf die europäische Ebene unter Verzicht auf nationale Souveränität. Dies heißt im Klartext, dass eine europäische Institution über die Höhe der Steuer für den einzelnen Steuerbürger und über die Verwendung dieser Steuern im Rahmen der europäischen Ausgaben entscheiden könnte. Ausgaben könnten dabei allokative Verwendungen, etwa im Rahmen der Infrastruktur, umfassen, sie könnten stabilisierungspolitische Ziele verfolgen und verteilungspolitischen Zwecken dienen. So könnten Steuereinnahmen aus dem Land A im Land B eingesetzt werden, etwa für die Infrastruktur, die stets auch die räumliche Verteilung beeinflusst. Steuern ließen sich aber auch für die Einkommensverteilung im Rahmen eines auf Personen bezogenen Steuer-Transfer-Mechanismus einsetzen. Ein solcher Mechanismus hätte zwangsläufig räumliche Wirkungen zwischen den Mitgliedsländern. Die institutionelle Regelung der Besteuerung kann als Prüfstein für die Tiefe der Integration angesehen werden.

Aus der historischen Erfahrung wissen wir, dass der Grundsatz »No taxation without representation« – keine Besteuerung ohne demokratische Repräsentation – zum Kern der Demokratie gehört. Auch in einer Europäischen Union wird der Steuerbürger nicht bereit sein, ein System zu akzeptieren, in dem die europäische Ebene über von ihm zu zahlende Steuern und über die Verwendung von Steuern, und seien sie auch nur national erhoben, entscheidet, ohne dass diese europäische Ebene demokratisch legitimiert ist und vom Wähler zur Rechenschaft gezogen werden kann. Hierin liegt sozusagen der »Knackpunkt« einer stärkeren europäischen Verfasstheit.

Man wird nicht erwarten dürfen, dass die Europäische Union spontan in einem einzigen Aufbruch eine neue Verfasstheit findet; die Zeiten, in denen die Jungen die Schlagbäume niedergerissen haben wie nach dem Ende des Zweiten Weltkriegs sind vorbei. Eine vom Volk getragene Bewegung hin zu einem europäischen Gebilde ist derzeit nicht zu sehen. Der gesellschaftliche, kulturelle und politische Raum des Europas der 27 dürfte dafür auch zu heterogen sein. Damit wird das Dilemma der weiteren europäischen Entwicklung deutlich, und zugleich die Schwierigkeit des Post-Nizza-Prozesses, der die weiteren verfassungsmäßigen Schritte klären soll.

Derzeit vermag man sich nicht vorzustellen, wie es in Fragen der Preisgabe nationaler Souveränität weitergehen wird und soll. Bei staatlichen Regulierungen wie etwa der Trinkwasserqualität, den Eigenkapitalanfordernissen der Banken und den Regeln des Telekommunikationssektors kann man sich leicht einheitliche Regelungen vorstellen. Den Nachteilen daraus, dass dies nicht mehr national geregelt werden darf, sondern auf einer europäischen Ebene entschieden wird, steht der erkennbare Vorteil einheitlicher Vorgehensweisen in einem großen Binnenmarkt gegenüber. Man kann sich auch vorstellen, dass man sich in der Zukunft noch stärker als bisher auf gemeinsame Regeln bei der Art des Steuersystems, der Steuererhebung und der Abgrenzung der Bemessungsgrundlage einigt. Beispielsweise kann man sich darauf verständigen, welche Rolle direkte und indirekte Steuern in den einzelnen Ländern Europas spielen sollen, oder man kann zulässige Mindestsätze einzelner Steuern wie der Mehrwertsteuer europaeinheitlich und verbindlich regeln. Denn dabei ist der Souveränitätsverzicht in der Regel begrenzt, zumal derzeit bei Steuerfragen Einstimmigkeit der Entscheidung geboten ist.

In darüber hinausgehenden Fragen wird man sich aber eine Weiterentwicklung im jetzigen intergouvernementalen System kaum vorstellen können. Dies gilt auch für einzelne neue Steuern wie eine Ökosteuer, die der EU-Ebene zufließen würde. Es ist deshalb richtig, dass die EU kein eigenes Besteuerungsrecht hat und in ihrem Budget an die Mitgliedsbeiträge der Mitgliedsländer gebunden ist, und zwar so lange, wie die Mitwirkung durch die parlamentarische Kontrolle nicht gegeben ist.

In jedem Fall muss man fragen, inwieweit das Europäische Parlament die Aufgabe einer Kontrolle des Finanzgebarens tatsächlich durchzuführen in der Lage wäre. Das Europäische Parlament wird sich immer in der Notwendigkeit sehen, die europäische Sache zu befördern. Wie leicht kann man dies mit kräftigen Ausgaben tun. Hinzu kommt, dass Kompromisse zwischen räumlichen Interessen mit Geld am leichtesten zu erreichen sind. Deswegen ist die Ausgabenneigung in einem Parlament der regionalen Integration prinzipiell hoch. Es bedarf also exogen eingeführter expliziter Ausgabenbegrenzungen, um ein Ausufern von Ausgaben zu limitieren. Derzeit ist offen, wie diese Grenzen aussehen können.

Die Bereitschaft, auf nationale Souveränität zu verzichten, dürfte momentan in den europäischen Ländern unterschiedlich ausgeprägt sein: Während sie in den Benelux-Staaten und in Deutschland in gewisser Weise vorhanden ist, ist dies in Großbritannien und auch in Frankreich nicht oder lediglich äußerst begrenzt der Fall. Für viele Briten ist es einfach unvorstellbar, dass wesentliche Entscheidungen auf die europäische Ebene abwandern, selbst wenn diese demokratisch legitimiert ist. Frankreich hat eine starke, historisch gewachsene nationale Identität, die preiszugeben man dort derzeit kaum bereit ist.

Auch wegen der mangelnden Bereitschaft, auf nationale Souveränität zu verzichten, muss man die Frage stellen, was unverzichtbar auf der zentralen europäischen Ebene an Entscheidungen anzusiedeln ist. Eine erste Antwort haben wir bereits oben gegeben, nämlich sich auf das zu besinnen, was für den Binnenmarkt unverzichtbar ist. Eine andere Antwort liefert in unserem Kontext der Ansatz des Fiskalföderalismus. Danach sollen die Kompetenzen auf derjenigen Ebene angesiedelt werden, die am besten für die Entscheidungen dieser Ebene geeignet ist. Zu beginnen ist dabei im Sinne der Subsidiarität bei den Aufgaben, die auf der lokalen Ebene zu lösen sind. Dort weiß man auch am besten Bescheid darüber, was die Menschen wollen. Dort hat man für lokale Probleme die beste Sachinformation. Was dort nicht erledigt werden kann, wandert auf die Ebene der Regionen. Die nächsten Stufen bilden die nationale und erst ganz zuletzt die europäische Ebene. Auf der europäischen Ebene ist nur das anzusiedeln, was den Charakter eines öffentlichen Gutes hat, und zwar – wie bereits erörtert – mit einer europaweiten Dimension. Im Grunde sind bei dieser Kompetenzzuweisung im Sinne des Fiskalföderalismus Anleihen bei Nationalstaaten mit einer starken föderativen Ebene vorzunehmen, bei denen wichtige Entscheidungen, auch Aspekte der Besteuerung, nach wie vor dezentralisiert sind und die zentrale Ebene schwach gehalten wird. In diesem Sinne kann die Schweiz als ein Beispiel für Europa dienen, allerdings ohne die direkte Demokratie.

Die neue Stimmengewichtung führt die Integration nicht weiter

Nach dem Vertrag von Nizza wird neben der Besetzung der Kommission die Stimmengewichtung im Europäischen Rat geändert. Dort wird es bei 27 Mitgliedern insgesamt 345 Stimmen geben. Davon entfallen je 29 auf die vier großen Länder Deutschland, Großbritannien, Frankreich und Italien, je 27 auf Spanien und Polen und abgestuft weniger Stimmen auf die anderen Mitglieder (siehe Schaubild 5.1). Die qualifizierte Mehrheit liegt bei 258 Stimmen und der Mehrheit der Mitgliedsstaaten, für die Sperrminorität sind 88 Stimmen erforderlich. Die neue Gewichtung tritt am 1. Januar 2005 in Kraft. Wenn bis dahin nicht alle zwölf Kandidaten der EU beigetreten sind – womit zu rechnen ist –, wird der Schwellenwert der qualifizierten Mehrheit allmählich bis zu einem Maximum von 73,4 Prozent angehoben. In diesem Fall liegt die qualifizierte Mehrheit bei 255 Stimmen, das Veto bei 91 Stimmen.

Man hat sich nicht dazu entschließen können, die Stimmen stärker nach der Bevölkerung zu gewichten. So erhalten Spanien und Polen mit 27 ein Stimmengewicht, das im Vergleich zu den anderen Ländern nicht ihrer Bevölkerungszahl proportional ist. Deutschland hat mit 82 Millionen Einwohnern nur minimal mehr Stimmen als Spanien mit etwa 40 Millionen. Den kleineren Ländern

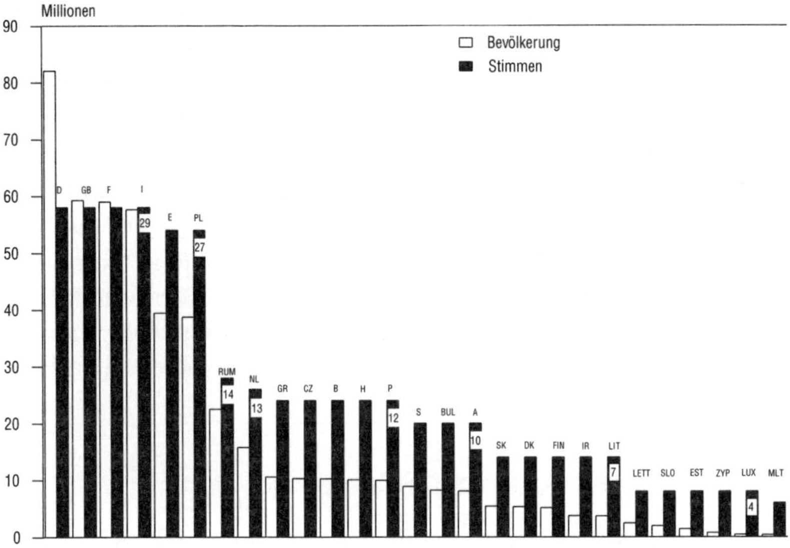

Schaubild 5.1 – Bevölkerung und Stimmengewichtung nach Nizza

werden deutlich mehr Stimmen zugesprochen, als es ihrer Bevölkerungszahl entspricht. Zwar wäre es richtig, sollte sich der Europäische Rat zu einer zweiten Kammer entwickeln, diese zweite Kammer nicht völlig proportional zur Bevölkerungszahl zu gestalten, weil sie integrativ wirken sollte. Bis dahin ist es jedoch ein weiter Weg. Vielmehr kann man nicht umhin festzustellen, dass nationales Prestigedenken bei der Allokation der Stimmen eine große Rolle gespielt hat. Eine Neugewichtung der Stimmen dürfte in der Zukunft, vor allem wenn die Beitrittskandidaten Mitglied geworden sind, schwer fallen. Daher muss man sagen, dass in Nizza die Chance einer wichtigen Weichenstellung nicht genutzt wurde.

Deutschland ist man insoweit entgegengekommen, als ein Mitgliedsland verlangen kann festzustellen, dass die qualifizierte Mehrheit der Stimmen auch die Mehrheit der EU-Bevölkerung repräsentiert; verlangt werden dafür 62 Prozent der Bevölkerung. Allerdings bekommt ein solches Verlangen leicht den Geruch des Außergewöhnlichen und fällt damit unangenehm auf. Offenbar ist es nicht als Normalität und als Selbstverständlichkeit betrachtet worden, dass eine qualifizierte Mehrheit die Mehrheit der europäischen Bevölkerung repräsentieren muss.

Was ein Veto betrifft, so können drei große Länder eine Entscheidung nicht blockieren; mit anderen Worten, sie können überstimmt werden. Um dies zu vermeiden, müssten sie ein anderes Land für ihre Position gewinnen. Auch die Kernländer Deutschland, Frankreich und die Benelux-Länder erreichen mit 87 Stimmen nicht die Sperrminorität. Dies gilt ebenfalls für die Mittelmeerländer, wenn man Frankreich nicht dazu rechnet. Dagegen haben die mittel- und osteuropäischen Länder ein Veto.

Der Zwischenschritt der variablen Geometrie

Der Vollständigkeit halber sollte erwähnt werden, dass sich im multilateralen Vertragswerk eine Teilgruppe von EU-Ländern zu Spezialclubs zusammentun kann. Mit anderen Worten, Länder können sich in Sonderbereichen intensiver integrieren und die EU kann sich auf diese Weise in einer variablen Geometrie mit unterschiedlichen Geschwindigkeiten bewegen. Beispiele sind das Schengen-Abkommen und die Europäische Währungsunion. Auch das Opting-Out, mit dem man dem einen oder anderen Land eine Ausnahme gestattet, gehört hierher. Bei diesem Ansatz der variablen Geometrie kommt die Dynamik der Integration also von einer Teilgruppe der Mitgliedsländer.

Allerdings kann sich der Sonderclub nicht auf die Essentials des Binnenmarktes beziehen. Das Voranschreiten einer Teilgruppe löst auch nicht das Problem des demokratischen Vakuums, denn ein Spezialclub von Ländern wird nicht ein eigenständiges Verfassungsarrangement entwickeln können. Deswegen kann die variable Geometrie nur ein Zwischenschritt sein.

Agrarpolitik und Strukturfonds

Die Osterweiterung der Europäischen Union wirft besondere Probleme in der Agrarpolitik und bei den Strukturfonds auf.

In der Agrarproduktion erreicht die Europäische Union derzeit Selbstversorgungsgrade über 100 Prozent in wichtigen Produktionsbereichen, so 132 Prozent bei Zucker, 112 Prozent bei Weizen, 108 bis 105 Prozent bei Fleisch (Geflügel, Rind, Schwein; Daten vor der BSE-Krise und vor der Maul- und Klauenseuche) und 106 bis 104 Prozent bei Butter, Milch und Käse. Die Agrarpolitik arbeitet dabei mit Preisstützungen, variablen Abschöpfungen, die den niedrigeren Weltmarktpreis auf das höhere europäische Niveau heraufschleusen, und mit Exportsubventionen. Um die Bedeutung der Preisstützungen und der Exportsubventionen zurückzufahren, ist die EU dazu übergegangen, Produktionskontingente wie bei der Milchquote (auch bei Zucker) einzuführen und die Landwirte verstärkt durch Direktzahlungen zu kompensieren. Der Agrarhaushalt macht 44 Mrd. Euro aus und beansprucht 46 Prozent des Etats der EU von 96 Mrd. Euro (2001).

Auch ohne die Osterweiterung gerät die Agrarpolitik unter erheblichen Druck. Der europäische Agrarschutz ist nicht mehr vertretba, weil er gerade den ärmsten Ländern Entwicklungschancen nimmt – und das ist entscheidend. Produktion und Märkte dort können sich nicht entwickeln, wenn wir die Agrarprodukte der Entwicklungs- und Schwellenländer nicht in den EU-Markt hereinlassen, ja schlimmer noch, wenn wir unsere Agrarprodukte subventioniert, also zu Dumping-Preisen, auf den Weltmarkt werfen. Im Rahmen der WTO-Verhandlungen vertritt die EU eine auf Dauer nicht zu haltende Position.

Für den Politiker überzeugender ist wohl das schlichte Argument, dass die europäische Agrarpolitik schlichtweg nicht mehr finanzierbar ist, wenn sie in der jetzigen Form auf die Beitrittsländer übertragen wird. Denn diese Länder haben ein hohes Produktionspotential bei Agrargütern; durch das Preisstützungssystem würde die Produktion angeregt. Schätzungen laufen darauf hinaus, dass der Agrarhaushalt um etwa 10 Mrd. Euro ansteigen würde. Dabei ist völlig offen, wie das System der Direktzahlungen, das ja bewusst nicht an die Produktion gekoppelt ist, auf die Beitrittsländer angewandt werden soll. So müssten etwa Milchquoten pro Landwirt festgelegt werden, wobei ausgehend von den jetzt bestehenden Kuhbeständen die Kontingente zu fixieren wären. Insgesamt hat die EU im Bereich der Agrarpolitik ihre Schulaufgaben für die Osterweiterung noch nicht gemacht.

In der Regionalpolitik werden derzeit Regionen der EU mit einem Volumen von 33 Mrd. Euro gefördert. Im Wesentlichen geht es dabei um Regionen, deren Bruttoinlandsprodukt unter 75 Prozent des EU-Durchschnitts liegt. Dieser Wert wird in den Beitrittsländern derzeit nur in den Regionen Prag und Bratislava überschritten. Deswegen würde ein Fortbestehen der Regionalförderung in der jetzigen Form zusätzliche Mittel erfordern, im Jahr 2006 entsprechend der offiziellen finanziellen Vorausschau der EU zusätzlich 13 Mrd. Euro.[8] Änderungen müssten hier *vor* der Osterweiterung vorgenommen werden; denn nachher haben die Mittel- und Osteuropäer eine Sperrminorität. Wie schwer die Strukturfonds zu ändern sind, zeigt sich daran, dass die Kohäsionsfonds, gedacht, um Ländern wie Irland und Spanien die Teilnahme an der Währungsunion zu erleichtern, mit einem Volumen von über 2 Mrd. Euro pro Jahr weiterlaufen, obwohl die Länder bereits der Währungsunion beigetreten sind. Die Tatsache, dass in Nizza unter anderem wegen des knallharten spanischen Widerstands das Erfordernis der Einstimmigkeit bei Strukturfonds (Artikel 161) nicht überwunden werden konnte, macht ebenfalls deutlich, dass es der Europäischen Union äußerst schwer fällt, sich von einem einmal gegebenen Transferprogramm zu lösen. Man muss befürchten, dass die Konflikte über eine Expansion der Ausgaben gelöst werden. Notwendig wäre dagegen, den Schwellenwert von 75 zu verringern und auch die Fördersätze zu reduzieren.

Denkt man an die zu Eingang des Kapitels zitierte düstere Aussage von Lord Grey of Fallodon zurück, so hat sich Europa in den letzten 50 Jahren ein gutes Stück nach vorne bewegt. Dies mag uns mit Thomas Jefferson beflügeln: »I like the dreams of the future better than the history of the past.« Realistischer dürfte jedoch die Einschätzung von Paul Henri Spaak, des belgischen Europäers, sein: »Nur diejenigen können entmutigt werden, die sich einbilden, dass Europa durch ein ›Sesam öffne Dich‹, oder durch eine riesige Welle des Enthusiasmus geschaffen werden könnte. Nichts dergleichen wird geschehen. Ein organisiertes und vereinigtes Europa wird das Ergebnis langer und mühevoller Anstrengungen sein.«

6 Das Regelwerk für Arbeit steuert falsch

Arbeit ist die unerlässliche
Voraussetzung des menschlichen Lebens,
die wahre Quelle menschlichen Wohlergehens.
LEO NIKOLAJEWITSCH TOLSTOI

Es ist kein Naturgesetz, dass Deutschland auf Dauer eine hohe Arbeitslosigkeit haben muss, schreibt der Sachverständigenrat in seinem Jahresgutachten 1999, und in der Tat müssen wir uns nicht damit abfinden, dass im Durchschnitt des Jahres 2001 etwa 5,4 Millionen ohne Arbeit sind, davon 3,7 Millionen offiziell registriert und 1,7 in arbeitsmarktpolitischen Maßnahmen. Ökonomen fordern schon seit langem, etwas zu tun, damit die Arbeitslosigkeit nicht zunimmt, sondern zurückgeht. Seit 1990 habe ich sage und schreibe 70 Artikel in wissenschaftlichen Zeitschriften und in Zeitungen zum Thema Arbeitslosigkeit publiziert, darüber hinaus die beiden Bücher *Geht den Deutschen die Arbeit aus?* und *Arbeitslos ohne Ende? Strategien für mehr Beschäftigung*. Hinzu kommen 30 größere Interviews in Zeitungen. Es ist ernüchternd zu sehen, wie wenig davon bei den Verbänden und bei der Politik ankommt.

Schubweiser Anstieg der Arbeitslosigkeit

In den letzten 30 Jahren stieg die Arbeitslosigkeit in Deutschland schubweise an. Betrachten wir über diesen Zeitraum – damit die Daten vergleichbar sind – lediglich Westdeutschland, so lag die Zahl der Arbeitslosen 1970 bei 150 000, im Jahr 2000 waren es 2,5 Millionen offiziell registrierte und eine Million verdeckte Arbeits-

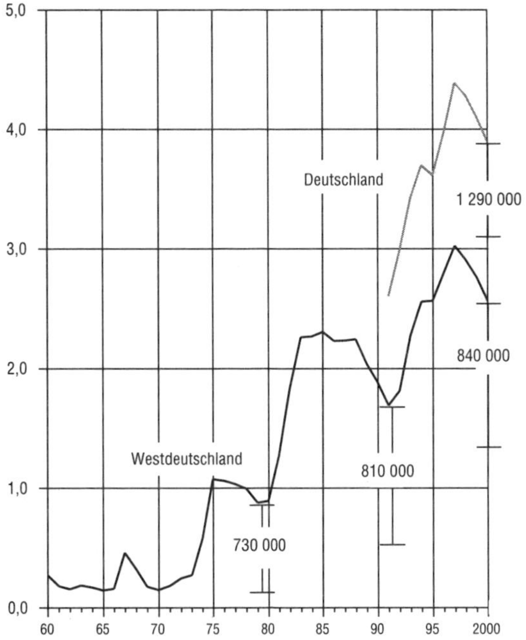

Schaubild 6.1 – Entwicklung der Arbeitslosigkeit

lose. Im Verlauf jeder der drei Rezessionen der siebziger, achtziger und neunziger Jahre nahm die Zahl der Arbeitslosen in Westdeutschland um etwa eine Million zu; nach der Rezession bildet sie sich nur leicht zurück und verharrt auf einem höheren Sockel. In jeder der drei Rezessionen verfestigt sich die Langzeitarbeitslosigkeit. Sie erreicht inzwischen auch verstärkt die mittleren Jahrgänge. Heute dauert es viel länger als in den siebziger und achtziger Jahren, bis nach der Rezession die Beschäftigung wieder ein wenig steigt und die Arbeitslosigkeit wieder etwas sinkt. Das System reagiert auf Schocks also mit einer höheren Arbeitslosigkeit. In der nächsten Rezession wird die Arbeitslosigkeit abermals um etwa eine Million ansteigen, und die nächste Rezession kommt bestimmt. Das Regelwerk steuert systematisch fehl.

Die Lohnanhebungen an der Produktivität orientieren

Beschäftigung und Arbeitslosigkeit werden von vielen Faktoren beeinflusst, so von der Höhe des Fortschritts bei der Arbeitsproduktivität, von dem Nachlassen der internationalen Wettbewerbsfähigkeit der Unternehmen, von der Zuwachsrate des Bruttoinlandsprodukts und der konjunkturellen Situation. Zwei wichtige Einflussfaktoren sind die Lohnhöhe und die Lohnstruktur, denn der Lohn ist der entscheidende Parameter, der in einer Volkswirtschaft die Nachfrage nach Arbeitskräften und das Angebot von Arbeitskräften zum Ausgleich bringen kann.

Beim Lohn gibt es einen zentralen Zielkonflikt: Zum einen ist der Lohn Einkommen für die Arbeitnehmer; sie wünschen sich aus durchaus verständlichen Gründen ein höheres Einkommen. Zum anderen ist der Lohn Kostenfaktor für die Unternehmen und bestimmt damit die Nachfrage der Unternehmen nach Arbeitskräften. Unternehmen bauen Arbeitsplätze dann ab, wenn die Lohnzunahme den Spielraum überschreitet, der durch Produktivitätsfortschritt und durch ihre Preisüberwälzungsmöglichkeiten auf den Absatzmärkten entsteht.

Die Zunahme der Arbeitsproduktivität ist ein Maß dafür, dass der einzelne Arbeitnehmer ein größeres Produktionsergebnis erbringt. Deshalb nimmt mit höherer Produktivität aus der Sicht des Unternehmens der Anreiz zu, Arbeitskräfte einzustellen. Bei den Preisüberwälzungsmöglichkeiten geht es darum, welche Preise die Unternehmen auf den Absatzmärkten für ihre Produkte erzielen können. In einer geschlossenen Volkswirtschaft sind diese Preise im Durchschnitt gleich den Preisen, die auch für die Arbeitnehmer interessant sind, also denjenigen Preisen, die sie für die Güter zu zahlen haben, die sie nachfragen. Diese Preise entscheiden darüber, was der nominale Lohn real wert ist. In einer offenen Volkswirtschaft sind die Absatzpreise der Unternehmen und die Konsumentenpreise für die Arbeitnehmer jedoch nicht identisch. So können sich die Absatzpreise für deutsche Exportunternehmen ungünstig entwickeln, obwohl die Preise für Inlandsgüter und damit für die Verbraucher stärker steigen. Entsprechend niedrig ist dann der Überwälzungsspielraum der Exportunternehmen, entsprechend gering ist dann auch ihre Möglichkeit, Lohnerhöhungen zu verkraften.

Vergleicht man vereinfachend die Lohnerhöhung mit der Zunahme der Arbeitsproduktivität und werden die Löhne gerade im Ausmaß der Produktivität erhöht, so haben die Unternehmen keinen Anreiz, Arbeitsplätze abzubauen. Sie haben aber auch kein Interesse, einen zusätzlichen Arbeitnehmer einzustellen. Eine so interpretierte produktivitätsorientierte Lohnpolitik ist also nur unter Bedingungen der Vollbeschäftigung angebracht.

Schießt die Lohnpolitik über die Produktivitätszunahme hinaus, wird Beschäftigung abgebaut, so wie 1992, als einer Zuwachsrate der durchschnittlichen Arbeitsproduktivität von 3,8 Prozent (real) im Ergebnis ein Anstieg der Bruttolöhne und -gehälter um 8,4 Prozent (nominal) gegenüberstand – ein klares Signal zum Abbau von Arbeitsplätzen, so auch 1995 (und 1999), als der Anstieg der Bruttolöhne und -gehälter mit 3,7 (und 2,4) höher lag als die Zuwachsrate der Durchschnittsproduktivität von 1,5 (0,5) Prozent. Dabei kann der Anstieg der Produktivität auch deshalb hoch sein, weil Arbeitskräfte freigesetzt werden.

In solchen Jahren, in denen die Zunahme der Löhne höher als die Produktivität liegt, bauen die Unternehmen Arbeitsplätze ab. Wenn die Lohnpolitik im Jahr danach moderat ist, so wirkt sich dies noch nicht zwingend in einer zusätzlich stärkeren Nachfrage nach Arbeitskräften aus, und zwar insbesondere dann nicht, wenn die Unternehmen wieder mit einer aggressiveren Lohnpolitik rechnen. Daher kann eine moderate Lohnpolitik nur dann wirken, wenn sie mittelfristig angelegt ist.

In der deutschen Industrie sind seit 1991 (bis 1998) rund 1,1 Millionen Stellen abgebaut worden, und zwar – in den Betrieben mit mehr als 19 Beschäftigten – 215 000 in der Elektrotechnik, 210 000 im Maschinenbau und 110 000 in der Chemischen Industrie – gut bezahlte Arbeitsplätze in den Renommierbranchen der deutschen Exportwirtschaft.

Herrscht eine hohe Arbeitslosigkeit, so lässt sich zusätzliche

Beschäftigung nur dadurch schaffen, dass die gesamtwirtschaftlichen Lohnerhöhungen hinter dem Produktivitätsfortschritt zurückbleiben. Dies ist moderate Lohnpolitik. Allerdings brauchen die Tarifvertragsparteien dafür einen langen Atem. Dies zeigt das Beispiel Holland, wo seit dem Abkommen von Waassenar 1982 eine Lohnpolitik betrieben wurde, bei der die Lohnerhöhungen im Wesentlichen hinter der jährlichen Produktivitätszunahme zurückblieben.

Anstatt die Tarifanhebungen unterhalb der trendmäßigen Rate des Produktivitätsfortschritts der Vergangenheit zu belassen, und zwar so lange, bis Vollbeschäftigung wieder erreicht ist, können sich die Tarifparteien, wenn sie den Weg in die Vollbeschäftigung tatsächlich beschreiten wollen, ein Bild davon machen, wie sich die Arbeitsproduktivität in der Zukunft entwickeln wird. Man muss damit rechnen, dass durch die Integration der 5,4 Millionen registrierten und verdeckten Arbeitslosen die gesamtwirtschaftliche Durchschnittsproduktivität gedrückt wird, da die derzeit Arbeitslosen eine niedrigere Produktivität als die Beschäftigten aufweisen dürften. Man kann deshalb nicht davon ausgehen, dass die Arbeitsproduktivität wie in den letzten zwanzig Jahren mit einer Rate von etwa zwei Prozent zunehmen wird. Eine Zuwachsrate von ein Prozent erscheint realistischer, es sei denn, es würde gelingen, die Arbeitsproduktivität – etwa durch die Neue Ökonomie – verstärkt zu heben. Erst ab etwa dem Jahre 2010 kann man, wenn denn die sonstigen Bedingungen positiv sind, wieder ein anderes Szenario für die Arbeitsproduktivität unterstellen: Der langsamere Bevölkerungsanstieg verknappt den Produktionsfaktor Arbeit, und dadurch steigt die Arbeitsproduktivität wieder stärker an (siehe Kapitel 10). Aber bis dahin sollte man mit der Bekämpfung der Arbeitslosigkeit nicht warten.

Die Bewährungsprobe für die Tarifpolitik kommt in der Lohnrunde im Frühjahr 2002, wenn die zweijährigen Tarifverträge auslaufen. Dann muss sich zeigen, ob die moderate Lohnpolitik der Jahre 2000/2001 fortgesetzt wird oder ob die Unternehmen wieder ein Signal erhalten, das eher darauf hinausläuft, bei der Beschäftigung zögerlicher vorzugehen.

Lohnstruktur ausdifferenzieren

Neben der richtigen Lohnhöhe geht es um die Lohndifferenzierung. Damit die verschiedenen Eignungsprofile der Arbeitnehmer und die unterschiedlichen Anforderungsprofile der Unternehmen in einem Gleichgewicht auf dem Arbeitsmarkt zusammengebunden werden können, müssen die Löhne hinreichend differenziert sein. Die 34 Millionen Beschäftigten in den drei Millionen Unternehmen weisen nicht alle die gleiche Arbeitsproduktivität auf; vielmehr gibt es in einer Volkswirtschaft eine Produktivitätstreppe mit sehr unterschiedlichen Produktivitätsstufen. Hinzu kommt, dass die doch beachtliche sektorale Verschiebung von der Industrie- zur Dienstleistungs- und Informationsgesellschaft eine Umwertung der Arbeit bedeutet. Vor allem Humankapital, das an schrumpfende Wirtschaftszweige gebunden ist, kann sich oft als Bestandsgröße nicht schnell an veränderte Bedingungen anpassen. Deshalb wird infolge des intensiveren Strukturwandels eine stärkere Lohnspreizung erforderlich, und zwar zwischen Humankapital, dessen Wert erhalten bleibt, und Humankapital, das durch strukturelle Verschiebungen an Wert verliert. Davon ist insbesondere einfache Arbeit betroffen. Wenn die Arbeitnehmer, deren Humankapital entwertet wird, ihren Anspruchslohn an der bisherigen Beschäftigung orientieren, so ist die Wahrscheinlichkeit groß, dass sie keinen neuen Arbeitsplatz finden, denn sie müssen ihr Humankapital am neuen Arbeitsplatz durch Erfahrung erst noch aufbauen. Je länger es dauert, eine größere Anpassungsfähigkeit des Humankapitals zu erreichen, umso wichtiger wird die Lohndifferenzierung.

Von Seiten der Gewerkschaften wird argumentiert, dass es eine Vielzahl von Lohntarifen gibt. Aber in Deutschland ist die Lohnstruktur in den letzten zwei Jahrzehnten trotz beachtlicher Verschiebungen am Arbeitsmarkt weitgehend konstant geblieben. Eine ganze Reihe von Indizien deutet darauf hin, dass die derzeitige Lohndifferenzierung dem Beschäftigungsziel nicht genügt. So ist das Geleitzugverfahren nach wie vor gang und gäbe. Die Verhandlungsergebnisse werden von einer Region auf die andere übertragen und intonieren das Leitmotiv für fast alle Sektoren der Volkswirtschaft. Das Einkommensmotiv dominiert die Lohnverhandlungen, das Beschäftigungsziel tritt in den Hintergrund, die Arbeitslosen haben keinen Fürsprecher.

Vor allem beobachten wir in den letzten zwanzig Jahren eine starke Verschiebung in der Nachfrage zu Ungunsten der weniger Qualifizierten. Die Industrie hat seit 1980 etwa 1,8 Millionen Arbeitsplätze abgebaut, davon 1,6 Millionen für weniger Qualifizierte. Im Dienstleistungsbereich nahm die Beschäftigung um 3,7 Millionen zu, davon 2,8 Millionen Qualifizierte. Trotz dieser Änderung in der Nachfrage blieb die Lohnstruktur konstant. In den unteren Lohngruppen geht die Beschäftigung zurück, aber der Lohn steigt dort wie in den anderen Bereichen. Und während die Unterschiede in der Arbeitslosigkeit zwischen den Regionen beachtlich und zeitweise größer geworden sind, haben sich die Löhne regional kaum ausdifferenziert. Wenn auf einem Markt die Preise – hier die Löhne – nicht reagieren, müssen sich die Mengen anpassen. Es entsteht Arbeitslosigkeit.

In Zukunft muss es gelingen, verstärkt Arbeitsplätze auf den unteren Stufen der Produktivitätstreppe entstehen zu lassen. Auch diese Tätigkeiten stellen gesellschaftlich nützliche und sozial anerkennenswerte Arbeit dar. Man wird dabei nicht vorrangig auf Arbeitsplätze im verarbeitenden Gewerbe und in den Dienstleistungen der Banken, Versicherungen und der Kommunikation setzen können. Auch bei den Dienstleistungen im immer bedeutender werdenden Freizeitbereich, im Hotel- und Gaststättengewerbe, in der Touristikbranche und bei Dienstleistungen im Haushalt, von Handwerker-Leistungen bis zu den mehr persönlichen Dienstleistungen, gibt es ein beachtliches Nachfragepotential nach Arbeitskräften. Soll hier Beschäftigung entstehen, so sollten Sockelbeträge für die unteren Lohngruppen, so verständlich sie auf den ersten Blick erscheinen mögen, nicht praktiziert werden. Es muss auch möglich sein, die Löhne nach unten auszufächern. Wenn die Beschäftigung in der unteren Lohngruppe abnimmt, müssen die Löhne reagieren.

Die Lohndifferenzierung ist auch für die Regionen einzufordern.

Zahlen Regionen mit hoher Arbeitslosigkeit hohe Löhne, so verfestigte sich die Arbeitslosigkeit. Die Löhne sollten nachgeben, wenn die Arbeitslosigkeit in einer Region größer ist als im Durchschnitt des Landes. Sie können jedenfalls nicht im gleichen Ausmaß wie überall erhöht werden, wenn die überdurchschnittliche Arbeitslosigkeit einer Region abgebaut werden soll. Vielmehr sollte in Regionen mit überdurchschnittlich hoher Arbeitslosigkeit die Tarifanhebung um ein bis zwei Prozentpunkte hinter der durchschnittlichen Steigerung in der Volkswirtschaft zurückbleiben.

Die Gewerkschaften verlieren an Macht

In Deutschland können wir uns gar nicht mehr vorstellen, dass sich die Löhne auch ganz ohne Flächentarifvertrag bilden können – auf dem Markt. Aber auch wenn wir ein Regelwerk entwickelt haben, das vom Markt abweicht, müssen wir wenigstens noch unsere gesellschaftliche Phantasie für das Kontrastprogramm aufbringen, dass die Löhne auf dem Markt durch das Zusammentreffen des Angebots an und der Nachfrage nach Arbeitskräften zustande kommen können, und zwar derart, dass sich ein Gleichgewicht bei einer guten Beschäftigungslage einstellt. In anderen Ländern geht dies, so in Großbritannien und in den USA, ohne Flächentarifverträge, ähnlich wie sich der Preis für Brot auf dem Markt bildet, und es wird in der Volkswirtschaft genügend Brot angeboten, ohne Brotvertragsparteien und ohne ein Bündnis für Brot.

Wir haben das Recht, den Lohn zu bilden, an die Tarifparteien delegiert. Sie dürfen für die Tarifgebundenen den Nominallohn setzen, also die Preise des Faktors Arbeit bestimmen. Es gibt aber keinen institutionellen Mechanismus, der sicherstellt, dass sie auch für die Mengen verantwortlich sind, die sich am Arbeitsmarkt einstellen – also für die Beschäftigung und für die Arbeitslosigkeit. Wir verlassen uns irgendwie darauf, dass die Tarifautonomie funktioniert. Allzu oft ist man auf gutes Zureden angewiesen, die Lohnpolitik doch bitte beschäftigungsorientiert auszurichten. Wir haben aber keine Möglichkeit, die Tarifpartner zur Rechenschaft zu ziehen, wenn sie den Lohn so setzen, dass Arbeitslosigkeit entsteht. Im Grunde ist dies ein merkwürdiges Regelwerk, da eine klare Zuweisung von Verantwortlichkeiten nicht gegeben ist.

Gemessen an der schubweise zunehmenden Arbeitslosigkeit steuert das System falsch. Man muss deshalb fragen, ob dieses historisch begründete Regelwerk heute noch passt. Ein Punkt dabei ist die Frage, inwieweit die Gewerkschaften überhaupt noch mehrheitlich die Arbeitnehmer vertreten. Ihre Mitgliedschaft ist rückläufig (Tabelle 6.1). Seit 1991 hat der DGB vier Millionen Mitglieder verloren. Derzeit schrumpft die Mitgliederzahl der Gewerkschaften pro Jahr um drei Prozent. Gut 20 Prozent der Gewerkschaftsmitglieder sind Rentner, so dass der DGB nur 6,25 Millionen aktive Arbeitnehmer repräsentiert. Bezogen auf die Erwerbstätigen sind – ohne die gewerkschaftlich organisierten Rentner – nur noch 17 Prozent gewerkschaftlich organisiert. Bezogen auf die abhängig Beschäftigten sind es 19 Prozent. In Ostdeutschland laufen dem Tarifkartell die Unternehmen weg. Annähernd Dreiviertel aller Unternehmen haben keinerlei Tarifbindung. In den neuen Industrien wie in der Informations- und Kommunikationsindustrie fällt es den Gewerkschaften schwer, Mitglieder zu attrahieren; die Jungen lassen sich schlechter organisieren. Auch angesichts von etwa drei Millionen Unternehmen ist die Mitgliederzahl der Gewerkschaften nicht mehr sehr eindrucksvoll.

	DGB	IG Metall
1991	11,8	3,62
2000	7,8	2,8*
	– 4,0 Mio.	– 0,8 Mio.

Tabelle 6.1 – Rückgang der Mitgliedschaft bei den Gewerkschaften
*Die Zahl beinhaltet die Mitglieder der 1998 und 2000 fusionierten Gewerkschaften Textil und Bekleidung sowie Holz und Kunststoff.

Das Regelwerk diskriminiert

Die Arbeitsmarktordnung hat sich historisch aus dem Schutzinteresse der Arbeitnehmer entwickelt. Mit ihren wichtigsten rechtlichen Regelungen sichert sie die Tarifverträge ab, so mit der Tarifbindung (§ 4, Abs. 1 Tarifvertragsgesetz), dem Günstigkeitsprinzip (§ 4, Abs. 3 Tarifvertragsgesetz) und mit der Unzulässigkeit von Betriebsvereinbarungen, wenn diese nicht im Flächentarifvertrag vorgesehen sind (§ 77, Abs. 3 Betriebsverfassungsgesetz). Auf diese Weise erhalten die Tarifvertragsparteien eine starke Stellung. Es sind im Wesentlichen diese Paragraphen, die das Tarifkartell etablieren und die Macht der Tarifvertragsparteien begründen.

Die Tarifautonomie stellt sicher, dass die Verbände verbindlich für ihre Mitglieder die Tarife regeln können. Insoweit haben die Tarifparteien normsetzende Kraft. Die Mitgliedschaft beim Verband ist freiwillig; wer Mitglied ist, ist auch tarifgebunden. Im Grunde ist für die Bindung des Tarifvertrags sowohl die Mitgliedschaft des Unternehmens als auch der Arbeitnehmer notwendig. In der Praxis differenzieren die tarifgebundenen Unternehmen die Löhne jedoch nicht zwischen Gewerkschaftsmitgliedern und Nichtorganisierten.

Nach dem Günstigkeitsprinzip kann vom Tarifvertrag nur dann abgewichen werden, wenn dies für den einzelnen Arbeitnehmer günstiger ist. So formuliert ist dieses Prinzip ein sinnvoller Ansatz, denn es entspricht der Individualautonomie. Allerdings ist dieses Prinzip von der Arbeitsgerichtsbarkeit inzwischen eng und lebensfremd interpretiert worden. »Günstiger« darf demnach nur heißen: mehr Lohn bei gleicher Arbeitszeit oder weniger Arbeitszeit bei gleichem Lohn. Nicht zugelassen wird der in der Praxis viel relevantere Fall, dass es für den Einzelnen günstiger sein kann, auf etwas Einkommen zu verzichten, wenn er dadurch seinen Arbeitsplatz behält. Die Arbeitsgerichtsbarkeit, so das Bundesarbeitsgericht in seinem Urteil vom 20. April 1999, lehnt dies als nicht zulässigen Sachgruppenvergleich ab. Man könne nicht Äpfel mit Birnen vergleichen.

Eine weitere gesetzliche Regelung, die die Tarifautonomie absichert und das Auffinden eines gesamtwirtschaftlichen Gleichgewichts bei besserer Beschäftigungslage verhindert, ist § 77, Abs. 3 Betriebsverfassungsgesetz. Demnach sind dezentrale Vereinbarungen zwischen Unternehmensleitung und Betriebsrat – selbst wenn zusätzlich nahezu alle oder sogar alle Beschäftigten eines Betriebes zustimmen – rechtlich nicht von Bestand, wenn sie im Flächentarifvertrag nicht vorgesehen sind oder üblicherweise nicht im Flächentarifvertrag geregelt werden. Solche Standortsicherungsverträge sind aber gang und gäbe; sie bringen Vorteile für beide Partner: für die Arbeitnehmer, die die Zusage erhalten, dass in den nächsten Jahren an einem Standort investiert oder von betriebsbedingten Kündigungen abgesehen wird, und für die Unternehmensleitung, indem beispielsweise mehr Zeitflexibilität oder auch geringere Arbeitskosten vereinbart werden, für beide Seiten, indem Wettbewerbsfähigkeit gewonnen wird. Diese dezentralen Vereinbarungen erlauben mehr Flexibilität; dem Arbeitsmarkt liefern sie wichtige Signale, die dazu beitragen, die Arbeitslosigkeit zu reduzieren.

Das bestehende Regelwerk für Arbeit erreicht lediglich den Schutz derjenigen, die eine Beschäftigung haben. Die Insider oder Arbeitsplatzbesitzer werden tariflich in ihrem Einkommen abgesichert. Dagegen werden die Arbeitslosen im Ergebnis diskriminiert. So wird ihnen der Einstieg in die Beschäftigung verwehrt, da es beispielsweise unzulässig ist, dass sie unter Tarif in die Beschäftigung einsteigen. Sie müssen den Tarifvertrag einhalten, wenn sie einen Fuß in die Tür des Arbeitsmarktes bekommen wollen. Insoweit diskriminieren die Schutzregeln de facto die Arbeitslosen als Außenseiter. Sie verhindern, dass das System ein Gleichgewicht bei höherer Beschäftigung findet.

Die politische Fragestellung in Bezug auf das Regelwerk für Arbeit ist also nicht, einen Interessenausgleich zwischen dem Flexibilitätserfordernis der Wirtschaft und dem Schutzbedürfnis der Arbeitnehmer zu finden, wie es Bundeskanzler Schröder zu formulieren pflegt. Die politische Aufgabe lautet, wie zwischen dem Schutzbedürfnis für die Beschäftigten – für die Insider – und der Diskriminierung der Arbeitslosen – der Outsider – abzuwägen ist. Dabei sind die langfristigen Anreizwirkungen rechtlicher Regelungen in ihrer negativen Auswirkung auf die gesamtwirtschaftliche Nachfrage nach Arbeitskräften in Betracht zu ziehen.

Stellt man die Frage so, erhält man auch ein Kriterium dafür, inwieweit die Fehlanreize im Regelwerk zu ändern sind, inwieweit also Schutzrechte der Arbeitsplatzbesitzer einzuschränken sind. Dies ist nämlich bis zu dem Punkt erforderlich, an dem Arbeitslose im Ergebnis nicht mehr diskriminiert werden. Das Organisationsinteresse der Gewerkschaften kann und darf bei dieser Abwägung nicht ausschlaggebend sein.

Das Tarifkartell öffnen

Die Lösung des Problems der Arbeitslosigkeit liegt darin, das institutionelle Arrangement so zu verändern, dass es selbsttätig zu mehr Beschäftigung kommt, und zwar durch eine Öffnung des Tarifkartells, das heißt durch das Zulassen von Wettbewerb um die Arbeitsplätze. Alle Regelungen, die das Tarifkartell absichern, müssen überprüft werden.

So könnte den Arbeitslosen gesetzlich das Recht eingeräumt werden, sich unter Tarif (beispielsweise 20 Prozent darunter) in den Arbeitsmarkt einzuklinken. Durch zeitlich befristete Arbeitsverträge sollte die Chance für die Arbeitslosen, einen Arbeitsplatz zu finden, verbessert werden. Das Günstigkeitsprinzip darf nicht in der Weise lebensfremd interpretiert werden, dass es für den Arbeitnehmer als günstig gilt, wenn der Tarif eingehalten wird, selbst wenn dies zum Verlust seines Arbeitsplatzes und zu mehr Arbeitslosigkeit in der Volkswirtschaft insgesamt führt. Das Arbeitsplatzrisiko muss in die Günstigkeitsabwägung einbezogen werden. Der Gesetzgeber sollte dies explizit gesetzlich regeln. § 77, Abs. 3 des Betriebsverfassungsgesetzes sollte dahingehend geändert werden, dass Vereinbarungen zwischen Unternehmensleitung, Betriebsrat und Belegschaft in den Betrieben als gesetzlich gültig zu betrachten sind, selbst wenn sie im Flächentarifvertrag nicht explizit vorgesehen sind. Als Bedingung kann dabei zusätzlich gefordert werden, dass ein hohes Quorum der Belegschaft zustimmt. Wo eine solche freiwillige Einigung zwischen Unternehmensleitung, Betriebsrat und Belegschaft nicht zustande kommt, kann der Flächentarifvertrag gelten. Die Arbeitnehmer sind in einer Demokratie mündige Bürger. Folglich darf man es ihnen überlassen zu entscheiden, was für sie günstig ist.

Nach meiner Einschätzung wird die Politik nicht darum herum kommen, durch institutionelle Veränderungen den Rahmen für die Lohnfindung neu zu definieren und damit den Rand des Tarifkartells ein kleines bisschen zu »durchlöchern«. Wenn dies der Politik nicht gelingt, wird sie die Arbeitslosigkeit immer am Hals haben und dafür auch politisch verantwortlich gemacht werden dürfen.

Derzeit ist beim Regelwerk für Arbeit jedoch eine Reform nicht zu sehen, eher haben wir es mit einer Rückregulierung zu tun. Dies gilt auch für die Neufassung des Betriebsverfassungsgesetzes, die man als einen Versuch interpretieren kann, den Machtverlust der Gewerkschaft zu bremsen.

Das Regelwerk passt nicht mehr zur Neuen Ökonomie

Die Welt der Arbeit ändert sich mit der Neuen Ökonomie gravierend. An den Faktor Arbeit werden völlig neue Anforderungen gestellt: Kreativität, Originalität und Assoziationsfähigkeit zählen, frische Ideen sind gefragt, auf das Resultat der Arbeit kommt es an, nicht auf den gemessenen Zeitaufwand. Das Schreiben neuer Software ist ein schöpferischer Prozess wie das Verfassen eines Buches, ein künstlerischer Vorgang. Information herzustellen, zu verstehen und zu bewerten, erfordert Hirn, Wissen, Humankapital. Entsprechend sehen die Mann- und Frauschaften der Internet-Unternehmen aus: Bei Microsoft sind 42 Prozent der Beschäftigten in Forschung und Entwicklung tätig. Mit ihrem Humankapital stellen die Beschäftigten einen immer wichtiger werdenden Bestimmungsfaktor des Unternehmenswerts dar. Schon bewerten Wirtschaftsprüfungsgesellschaften Unternehmen nach ihrem Humankapital. Dies führt auch zu einem anderen Selbstverständnis des Erwerbstätigen, er ist verstärkt Partner in seinem Unternehmen.

Deshalb werden sich in der Neuen Ökonomie der Arbeitsvertrag und die Entlohnungsformen grundlegend wandeln. Der Arbeitsvertrag wird verstärkt auf das vom Einzelnen erzielte Ergebnis abstellen, also leistungsorientierter sein. Anreizeinkommen, die direkt am Ergebnis oder am Erfolg des Unternehmens ansetzen, gewinnen als eine neue Form der »Entlohnung« eine größere Bedeutung, auch wenn wegen der gesunkenen Aktienkurse am Neuen Markt nun eine Korrekturbewegung zu sehen ist. Der Erwerbstätige ist an dem Erfolg seiner Tätigkeit stärker beteiligt, er übernimmt aber auch ein größeres Risiko. Der Arbeitsvertrag wird deshalb stärker individualisiert sein. Zudem werden an seine Stelle andere Vertragsformen treten, wie Werkverträge und Dienstleistungsverträge, aber auch einfach der Kauf einer personenbezogenen Leistung auf dem Markt, also der Kaufvertrag. Dagegen war der traditionelle Arbeitsvertrag der Industriegesellschaft dadurch gekennzeichnet, dass der Arbeitnehmer dem Unternehmen den Einsatz seiner Arbeitskraft zur Verfügung stellt und das Unternehmen ihm ein sicheres Arbeitseinkommen zahlt, ihm also das Risiko der Vermarktung des Produktionsergebnisses abnimmt. Der traditionelle Gegensatz zwischen Arbeit und Kapital löst sich auf.

Auch die Gesellschaft entwickelt ein anderes Verständnis der Arbeit. Arbeit ist nicht mehr die räumlich und zeitlich festgelegte, kontinuierlich abzuleistende Erwerbstätigkeit; die Grenzen zwischen Arbeit und Lernen, zwischen Arbeit und Freizeit, zwischen Beruf und Wohnen verwischen sich. Diese Erfahrungen aus der Welt der Arbeit werden auch zu anderen Einstellungen, Attitüden, Verhaltensmustern und Werthaltungen in der Volkswirtschaft insgesamt führen. Wir können dies in der jungen Generation sehen. Die Neue Ökonomie transformiert die Gesellschaft.

Eine weitere Konsequenz für die Welt der Arbeit ist: Humankapital erzielt im marktwirtschaftlichen Prozess eine Rendite, die bessere Qualifikation zahlt sich aus. Daher hat jeder Einzelne noch mehr als bisher ein eigenes Interesse, sein Humankapital zu bilden, es in seiner Erstausbildung aufzubauen, es aber auch in seiner Weiterausbildung im beruflichen Leben zu pflegen und zu entwickeln.

Wer in sein Humankapital investiert, der kann auch die Ernte dieser Investition in die Scheuer fahren. Der Staat muss bei der Besteuerung darauf achten, dass dem Einzelnen die Früchte seines Humankapitals nicht genommen werden und genügend Anreize zum Aufbau von Humankapital verbleiben.

Und schließlich bedeutet die Neue Ökonomie für die Welt der Arbeit, dass Flexibilität noch wichtiger wird. Wenn ein Unternehmen wie Netscape mit seinem Produkt 80 Prozent des Weltmarkts in zwei Monaten erobern, wenn also eine Marktposition schnell erreicht werden kann, müssen Unternehmen speditiv handeln und schnell reagieren können. Dies stellt Bedingungen an ihre Entscheidungsprozesse und ihre Organisationsstrukturen, insbesondere an die vom Staat eingeführten Restriktionen. Aber auch von den Arbeitnehmern ist eine große Zeitflexibilität gefordert. Gesetzliche Regelungen, die dem entgegenstehen, oder gewerkschaftliche Vorstellungen wie die 32-Stunden-Woche passen nicht in dieses Umfeld.

Die Politik hinkt der Neuen Ökonomie hinterher; ja sie läuft sogar quer. In Frankreich verordnet man gesetzlich überall die 35-Stunden-Woche. »Flexibilité« ist ein Tabuwort, und was sich in den Unternehmen als Flexibilität durchsetzt, wird verschämt unter dem Tisch organisiert. Was in Deutschland derzeit an gesetzlichen Neuregelungen vorgenommen wird, verträgt sich nicht mit den hier beschriebenen Anpassungserfordernissen. Nahezu alles, was in den Gesetzen für den Arbeitsmarkt neu gefasst wurde oder was geplant ist, geht in die falsche Richtung. Es wird rückreguliert.

Die Bedeutung des Anspruchslohns

Für den Arbeitsmarkt spielt der Anspruchslohn eine wichtige Rolle; er bezeichnet denjenigen Lohn, den Arbeitnehmer bei ihrer Entscheidung, ihre Arbeitskraft anzubieten, als Alternative zum Marktlohn zugrunde legen. Der Anspruchslohn hängt von einer Vielzahl von Faktoren ab. Wer eine stark ausgeprägte Präferenz für Freizeit hat, dessen Anspruchslohn ist relativ hoch. Er steigt eher aus dem

Arbeitsleben aus. Wer ohnehin über ein hohes Einkommen verfügt, ohne seine Arbeit auf dem Arbeitsmarkt anzubieten, hat einen hohen Anspruchslohn. Dabei kann es sich etwa um Einkommen aus Vermögen, aus Schwarzarbeit oder aus staatlichen Transfers handeln. Zu diesen Transfers zählen das Arbeitslosengeld, die Arbeitslosenhilfe und die Sozialhilfe. Je größer diese staatlichen Transfers, desto höher liegt der Anspruchslohn.

Der Anspruchslohn, der durch die Systeme der sozialen Sicherung definiert wird – der *reservation wage* – ist aus einer ganzen Reihe von Gründen für Beschäftigung und Arbeitslosigkeit von Bedeutung. Er beeinflusst das Suchverhalten am Arbeitsmarkt und die Bereitschaft, eine Stelle anzunehmen; denn wer einen hohen Anspruchslohn hat, sucht weniger intensiv und ist auch eher nicht bereit, eine Stelle anzunehmen. Der Anspruchslohn bestimmt aber auch den unteren Eckpunkt der Lohnstruktur; denn es wird niemand bereit sein, einen Lohn unter seinem Anspruchslohn zu akzeptieren. Entsprechend wird auch das Tarifverhalten der Gewerkschaften beeinflusst. Der Anspruchslohn definiert also die minimale Lohnhöhe einer Volkswirtschaft, und dies ohne dass es formell einen Mindestlohn gibt.

Liegt der Anspruchslohn über der Produktivität, so verlangt der Arbeitnehmer mehr als die Unternehmen zu zahlen bereit sind. Insoweit schneidet der Anspruchslohn den unteren Teil der Nachfragekurve nach Arbeitskräften ab. Die Nachfrage der Unternehmen nach Arbeitskräften wird nicht wirksam; das untere Segment des Arbeitsmarktes trocknet aus.

Können wir den Zielkonflikt zwischen dem Wunsch nach hohem Arbeitseinkommen und günstiger Beschäftigung auflösen, indem wir die gewünschten Einkommen durch den Staat bereitstellen, wie es manche implizit fordern? Oder rührt die Fehlsteuerung am Arbeitsmarkt nicht gerade auch daher, dass an der Nahtstelle zwischen dem System der sozialen Sicherung und dem Arbeitsmarkt die Anreize institutionell falsch gesetzt sind, wenn beispielsweise die Sozialhilfe für verheiratete Alleinverdiener mit einem Kind etwa 70 Prozent des Nettoarbeitsentgelts der untersten Lohngruppe in der

Industrie erreicht, so dass – wenn man etwas in der Schattenwirtschaft dazu verdient – der Anreiz, eine Arbeit aufzunehmen, gering ist?

Die Überbrückung der Kluft zwischen Anspruchsniveau und Marktlohn durch Lohnsubventionen im Niedriglohnbereich ist mit beträchtlichen Folgekosten verbunden. Wenn sich der einzelne Arbeitnehmer darauf verlässt, dass der Staat die Kluft überbrückt, ist – je nach Ausgestaltung – der Anreiz in Bezug auf Arbeitssuche und Arbeitsannahme falsch gesetzt. Wer bisher ohne Lohnsubvention bereit war, eine Arbeit aufzunehmen, wird jetzt die Voraussetzungen dafür schaffen, dass er die Subvention bekommt. Jemand kann sogar bei Arbeitslosigkeit zuwarten, bis die Subventionen erhöht werden. Vor allem aber entwickelt er weniger Interesse, seine Anstrengungen zur Qualifizierung zu verstärken – ein gravierender Fehlanreiz. In unserem Lohnfindungssystem sind für die Tarifpartner die Anreize falsch gesetzt, da sie bei Lohnsubventionen ihr Fehlverhalten in der Tarifpolitik auf den Dritten, den Steuerzahler, abwälzen können. Fehlwirkungen ergeben sich ebenfalls, weil es zu Verzerrungen kommt; denn eine neue Dauersubvention ist mit einer erheblichen Belastung des öffentlichen Haushalts verbunden, und die Steuern müssen anderswo erhöht werden. Dabei wird man letztlich auch auf Lohnsteuern zurückgreifen müssen, so dass die Leistungsbereitschaft insgesamt weiter eingeschränkt wird. Schließlich kommt es zur Verankerung einer weiteren Ausgabendynamik in den Haushalten, und die Subvention dehnt sich in der politischen Mechanik aus.

Der andere Weg ist, den Anspruchslohn zurückzunehmen. Mit der Sozialhilfe werden wir uns im nächsten Kapitel beschäftigen. Aber auch die Bezugsdauer und die Höhe des Arbeitslosengeldes und der Arbeitslosenhilfe sind zu überdenken. So ist zu fragen, ob die zeitliche Ausdehnung des Arbeitslosengeldes, die in den achtziger Jahren eingeführt wurde, nicht wieder aufgehoben werden sollte. Andere Länder begrenzen das Arbeitslosengeld, das in Deutschland (bei mindestens einem Kind) 67 Prozent des Nettolohns, ansonsten 60 Prozent ausmacht, auf sechs Monate und verbinden mit dieser Begrenzung eine wesentlich intensivere Beratung der Arbeitslosen. Man könnte eine solche Begrenzung des Arbeitslosengeldes um drei oder sechs Monate ausdehnen, wenn eine Rezession vorliegt und es damit für den Einzelnen schwieriger wird, einen Job zu finden. Ob eine Rezession gegeben ist, dürfte dabei nicht durch eine politische Entscheidung bestimmt werden, sondern müsste automatisch an Hand von Daten des Statistischen Bundesamtes festgestellt werden. Wie auch immer man die Arbeitslosenversicherung gestaltet: Auf jeden Fall müssen Anreize erhalten bleiben, damit aktiv nach einem neuen Arbeitsplatz gesucht wird und durch Anpassungen im persönlichen Bereich die Chancen steigen, dass ein Arbeitsverhältnis zustande kommt.

Deutschland ist wohl das einzige Land der Welt, das neben dem Arbeitslosengeld noch eine zweite Form der Arbeitslosenunterstützung kennt, die Arbeitslosenhilfe. Sie liegt bei 57 Prozent des letzten Nettolohns (bei mindestens einem Kind) bzw. 53 Prozent (kein Kind) und wird bei Bedürftigkeit gezahlt, nachdem das Arbeitslosengeld ausgelaufen ist. Sie ist zeitlich völlig unbefristet. Sie sollte auf ein Jahr begrenzt werden oder gänzlich entfallen. Die soziale Absicherung obliegt dann der Sozialhilfe.

Der Anreiz, aktiv eine Arbeit zu suchen und eine angebotene Arbeit anzunehmen oder abzulehnen, hängt von der Ausgestaltung der Zumutbarkeitsregeln ab. Derzeit muss der Arbeitslose in den ersten drei Monaten Einkommenseinbußen von nicht mehr als 20 Prozent und in den folgenden drei Monaten von nicht mehr als 30 Prozent hinnehmen. Danach gilt ein Arbeitsplatz als zumutbar, wenn das Nettoeinkommen nicht unter das Arbeitslosengeld absinkt. Wer einen angebotenen Arbeitsplatz ausschlägt, dem kann das Arbeitslosengeld für zwölf Wochen gestrichen werden; lehnt er nochmals eine Stelle ab, so verfällt der Anspruch auf Arbeitslosengeld. Allerdings ist der »Nachweis eines Arbeitsplatzes« in unserem Rechtssystem nicht oder kaum justiziabel. So wird von Unternehmern berichtet, dass Arbeitslose – auch wenn sie nicht mit einer Alkoholfahne zum Bewerbungsgespräch kommen – viele Möglichkeiten haben, dezent deutlich zu machen, dass sie für die Stelle nicht in Frage kommen, etwa weil sie wegen Krankheit der Frau, der Kinder oder der Mutter nicht belastbar sind. Ohnehin müsste der Verwaltungsakt, der die Arbeitslosenunterstützung reduziert oder streicht, gegebenenfalls gerichtlich überprüft werden, und ein Unternehmer wird nicht die Zeit und auch nicht die Lust haben, als Zeuge vor Gericht auszusagen.

Zudem ist zu prüfen, ob die Arbeitslosenversicherung nicht stärker zwischen den großen und den kleinen Risiken differenzieren sollte (siehe Kapitel 7). Kleinere Risiken wie die Absicherung gegen den Ausfall von Einkommen in den ersten Tagen der Arbeitslosigkeit könnten im Rahmen von Wahlmöglichkeiten abgesichert werden; sie müssten nicht durch ein Obligatorium abgedeckt werden. Wer sich nicht gegen die kleinen Risiken absichern will, spart die entsprechenden Prämien. Dem Arbeitnehmer sollten die vom Unternehmen bezahlten Beiträge zur Arbeitslosenversicherung ausgezahlt werden; er sollte dann selbst darüber entscheiden, wie stark er sich über eine obligatorische Grundabsicherung hinaus versichern will.

Arbeits- und Wirtschaftsministerium zusammenlegen

Die Verantwortlichkeiten am Arbeitsmarkt sind eindeutig definiert: Bei den Löhnen übernehmen in Deutschland die Tarifparteien die Führungsrolle, denn sie bedienen mit den Löhnen – den Tarifen – den wichtigsten Regler des Systems. Die Politik ist verantwortlich für die Rahmenordnung, für das Regelwerk des Arbeitsmarktes, das – nicht nur auf kurze Sicht – die Interessen der Gesamtwirtschaft, der Beschäftigten und der Arbeitslosen im Blick haben muss. Die Finanzpolitik muss mit niedrigen Steuern für wirtschaftliche Dynamik bei den Unternehmen sorgen, Anreize für die Bildung von Humankapital setzen und zu einer guten Infrastruktur beitragen. Die Sozialpolitik darf die langfristigen vielfältigen Rückwirkungen der Systeme der sozialen Sicherung auf Angebot und Nachfrage am Arbeitsmarkt nicht vernachlässigen. Die Sozialpolitiker sind gefordert, das Verteilungsziel nicht nur kurzfristig zu interpretieren.

Viel wäre gewonnen, wenn die politischen Akteure und die Öffentlichkeit sich fragen würden, was geschieht, wenn Märkte durch vielfältige institutionelle Regelungen außer Kraft gesetzt werden und die Preissignale nicht mehr steuern. In den kommunistischen Zentralplanwirtschaften war dies der Fall – die Konsequenz war ein Defizit an Gütern. Hängt das Defizit an Arbeitsplätzen in einigen Ländern Westeuropas nicht auch damit zusammen, dass wir den Arbeitsmarkt und seinen Hauptregler, den Lohn, außer Kraft gesetzt haben?

In der Organisation der Ministerien sind die Bereiche Arbeit und Wirtschaft strikt getrennt. Wir behandeln beide Problembereiche der Wirtschaftspolitik wie zwei getrennte Schubladen. In der Realität hängen jedoch beide Aspekte eng miteinander zusammen. Arbeitsplätze kommen zustande, wenn die Unternehmen Arbeitsplätze bereitstellen. Ob das geschieht, wird entscheidend von den Bedingungen beeinflusst, die für die Unternehmen gelten, insbesondere von den Regelungen, die für den Bereich der Arbeit geschaffen sind. Deshalb würde es Sinn machen, die Bereiche Wirtschaft und Arbeit in einem Ministerium zu bündeln, wie dies in Sachsen der Fall ist. Dann bedürfte es auch keiner Schaukämpfe mehr zwischen Wirtschafts- und Arbeitsminister, wie sie bei der Novellierung des Betriebsverfassungsgesetzes von der Öffentlichkeit bestaunt werden konnten.

Tarifpolitik in Europa

In der Europäischen Währungsunion, in der die Güterpreise in einheitlicher Währung ausgewiesen und Preisunterschiede nicht zu halten sind, unterscheiden sich die nationalen Arbeitsproduktivitäten erheblich. Setzt man Westdeutschland gleich 100, so zeigt sich eine beachtliche Divergenz der nationalen Arbeitsproduktivitäten: Ein ähnliches oder höheres Niveau wie Westdeutschland erreichten 1999 Belgien (112 Prozent des westdeutschen Niveaus), Frankreich (106) und Irland (104). Eine zweite Ländergruppe mit Italien (92) Österreich (91) und den Niederlanden (88) liegt nahe bei diesem

Wert. Spanien (69), Griechenland (52) und Portugal (41) bilden eine dritte Gruppe. Diese Unterschiede in den Arbeitsproduktivitäten erklären sich daraus, dass Arbeitnehmer unterschiedlich mit Sachkapital ausgestattet sind, dass sie unterschiedlich qualifiziert sind und dass die Technologie in den einzelnen Ländern verschiedene Niveaus repräsentiert. Da es sich um Daten pro Kopf der Erwerbstätigen handelt, spiegelt sich in ihnen auch wider, ob viele Teilzeitstellen bestehen; diese drücken den Pro-Kopf-Wert. Auch eine hohe Arbeitslosigkeit beeinflusst die Werte; Länder mit hoher Arbeitslosigkeit haben eine hohe Produktivität der Beschäftigten. Zudem variieren die Daten erheblich in der Zeit.

Dennoch machen diese Unterschiede deutlich, dass Vollbeschäftigung in Europa nur zu erreichen ist, wenn die Arbeitskosten in der Währungsunion hinreichend differenziert sind. Die nationalen Arbeitskosten müssen sich am Niveau der nationalen Produktivitäten orientieren. Für die Lohnpolitik heißt dies, dass eine Angleichung der Löhne in der Währungsunion, also eine Harmonisierung auf dem gleichen Niveau, nicht angestrebt werden darf, und zwar obwohl die Menschen die Löhne in einheitlicher Währung vergleichen. Die Forderung »Gleicher Lohn für gleiche Arbeit«, die aufgrund der Transparenz, wie sie bei einheitlicher Währung gegeben ist, aufkommen könnte, geht fehl. In der Europäischen Union ist deshalb die Tarifpolitik gefordert, sich an dem nationalen Produktivitätsfortschritt zu orientieren. Allerdings reicht dies nicht, wenn in Ländern hohe Arbeitslosigkeit herrscht. In diesem Fall muss die Tarifpolitik einen Abschlag vom Produktivitätsfortschritt machen. Ohne diesen Abschlag bedeutet ein Anstieg in der Produktivität lediglich, dass sich die Arbeitslosigkeit nicht verschlimmert.

Die Zurückführung der Arbeitslosigkeit ist eine nationale Aufgabe, denn die Ausgestaltung der Regelwerke für Arbeit liegt in der Kompetenz der einzelnen Länder. Folglich wird man auch den Wettbewerb der Mitgliedsstaaten der Europäischen Union darüber zulassen müssen, wie sie ihr Regelwerk ausgestalten wollen, um der Arbeitslosigkeit beizukommen. Dieser institutionelle Wettbewerb kann neue Ideen aufdecken; er sollte durch eine Harmonisierung nicht vereitelt werden.

Für die Sozialpolitik bedeuten die Unterschiede in der Arbeitsproduktivität, dass – wie in Kapitel 5 angesprochen – auch eine Angleichung der Systeme der sozialen Sicherung nicht zur Debatte stehen kann. Die Kosten der Systeme der sozialen Sicherung der einzelnen Länder müssen – gemeinsam mit dem Lohn – von der nationalen Arbeitsproduktivität getragen werden. Bei derart divergierenden Arbeitsproduktivitäten ist eine Sozialunion nicht zu verwirklichen.

7 Die Fehlanreize der sozialen Sicherung

Eine neue Maxime ist oft
ein brillanter Irrtum.
MALESHERBES

Neben der Reform des Regelwerks für Arbeit ist die Umgestaltung des Wohlfahrtsstaates eine der zentralen ungelösten Aufgaben der deutschen Wirtschaftspolitik. Wir wollen in Europa keine amerikanischen Verhältnisse, aber es ist unbestritten, dass die Systeme der sozialen Sicherung in ihrer jetzigen Form nicht aufrecht zu erhalten sind, insbesondere unter den Bedingungen einer alternden Bevölkerung. Sie sind schlichtweg nicht mehr finanzierbar. Dies hängt damit zusammen, dass mit ihnen eine ganze Reihe von Fehlanreizen einhergehen, die sich negativ auf die Sozialversicherung selbst, aber auch auf Beschäftigung und Arbeitslosigkeit auswirken.

Der Ausbau des Wohlfahrtsstaats in den siebziger und achtziger Jahren

In den siebziger und auch in den achtziger Jahren ist in Deutschland der Wohlfahrtsstaat stark ausgebaut worden: Die Leistungen wurden großzügiger bemessen. So wurde durch das Rentenreformgesetz von 1972 das Rentenniveau im Ergebnis von etwa 60 Prozent des Nettolohns Mitte der sechziger Jahre auf etwa 70 Prozent des Nettolohns angehoben. Die flexible Altersgrenze wurde eingeführt, die es langjährig Versicherten ermöglichte, zwei Jahre früher als bisher ein Altersruhegeld zu beziehen; außerdem gab es jetzt eine Rente nach Mindesteinkommen. Möglich wurde diese Reform – aus heutiger Sicht eine gravierende Fehlentscheidung – dadurch, dass

1969 beschlossen worden war, die Finanzierungsrestriktion der Rentenversicherung beträchtlich zu lockern und die Bedeutung des angesammelten Kapitals der gesetzlichen Rentenversicherung zu verringern. In ihrem Monatsbericht vom November 1975 schrieb die Bundesbank: »Hatte nach den Rentenreformgesetzen von 1957 die Rücklage noch jeweils am Ende der damals vorgesehenen zehnjährigen Deckungsabschnitte einer *Jahres*ausgabe zu entsprechen, so wurde es jetzt als ausreichend angesehen, dass die Rücklage in den fünfzehnjährigen Vorausberechnungen den Betrag einer *Dreimonats*ausgabe in drei aufeinander folgenden Jahren nicht unterschreitet«. Heute sind wir bei einer Einmonatsausgabe.

1975 wurde das Arbeitslosengeld von 62,5 Prozent für den Hauptbetrag auf 68 Prozent des früheren Nettoeinkommens angehoben, es liegt heute bei 67 Prozent; gleichzeitig wurde der Familienzuschlag von 12 DM je Woche für jeden Angehörigen abgeschafft. Dies dürfte für Verheiratete zusammen mit dem Kindergeld höhere Leistungen gebracht haben. Die Arbeitslosenhilfe wurde von 52,5 Prozent auf 58 Prozent erhöht (heute 57 Prozent). Mitte der achtziger Jahre wurde die (maximal mögliche) Bezugsdauer des Arbeitslosengeldes von einem Jahr für ältere Arbeitnehmer auf bis zu 32 Monate erhöht. Ferner wurde 1985 die Regelung eingeführt, dass Arbeitslose, die das 58. Lebensjahr vollendet haben, auch dann Arbeitslosengeld erhalten, wenn sie der Arbeitsvermittlung nicht weiter zur Verfügung stehen. Das Kindergeld wurde mehrmals angehoben, 1984 wurde das Vorruhestandsgesetz verabschiedet. Insgesamt sind in den siebziger Jahren eine ganze Reihe sozialpolitischer Gesetzesänderungen zu verzeichnen. Die Beschäftigung beim Staat nahm in dieser Dekade um etwa eine Million zu. Die Staatsquote stieg in den siebziger Jahren um elf Prozentpunkte auf 50 Prozent des Bruttoinlandsprodukts (1981). Die Politik verteilte Wohltaten.

All dies war schon damals nicht umsonst zu haben: Die Abgabenquote stieg an. Die Beitragssätze zur Sozialversicherung sind von 26,5 Prozent des Bruttoarbeitsentgelts (1970) auf 40,9 Prozent (2001) gestiegen, mit einem Maximum von 42,2 im Jahr 1998 (Tabelle 7.1); ohne die Ökosteuer lägen sie noch höher. Gemäß volkswirtschaftlicher Gesamtrechnung beansprucht der Staat einschließlich Steuern fast die Hälfte des Bruttoeinkommens aus unselbständiger Arbeit.

	Beitragssätze zur Sozialversicherung in vH des Bruttoarbeitsentgelts	Lohnsteuer- und Sozialbeiträge in vH des Bruttoeinkommens aus unselbstständiger Arbeit*
1970	26,5	33,8
1980	32,4	41,4
1990	35,6	43,5
1998	42,2	48,6
2000	41,1	48,1
2001	40,9	47,1

Tabelle 7.1 – Sozialabgaben und Steuerbelastung
*Volkswirtschaftliche Gesamtrechnung. Schätzungen des IfW für 2001.

Teilweise wurde die Expansion des Wohlfahrtsstaates in den siebziger Jahren auch auf Pump finanziert. Der staatliche Haushalt wies Budgetdefizite auf, in der zweiten Hälfte der siebziger Jahre jährlich etwa drei Prozent. Die Folgewirkung wurde erst viel später sichtbar, teilweise sogar sehr viel später, so bei der Staatsverschuldung, so aber auch bei den Pensionslasten des Staates, die erst in den kommenden zehn Jahren aus der damaligen Vermehrung der Staatsbediensteten vor allem in den Länderhaushalten voll zu Buche schlagen werden.

Der Ausbau des Sozialstaats wurde in einer Zeit vorgenommen, als die Politiker noch die hohen Zuwachsraten des Bruttoinlandsprodukts der fünfziger Jahre – etwa acht Prozent pro Jahr – und der sechziger Jahre – etwa fünf Prozent pro Jahr – und damit auch hohe Zuwachsraten der Arbeitsproduktivität vor sich sahen, die durch den Aufholprozess nach dem Krieg bedingt waren und sich deshalb nicht fortsetzen konnten. Inzwischen hatten die beiden Ölkrisen der deutschen Volkswirtschaft einen kräftigen Schock versetzt, und seit 1980 lag die jährliche Zunahme der Arbeitsproduktivität nur noch bei gut zwei Prozent. Die Bedingungen für den Wohlfahrtsstaat hatten sich gewandelt, und zwar ungefähr zu dem Zeitpunkt, als er gerade kräftig ausgebaut wurde.

Unabhängig von der Frage, ob die wirtschaftliche Basis der Systeme der sozialen Sicherung noch stimmt oder sich das globale Umfeld gewandelt hat, machte sich im Verlaufe der Zeit ein dem System anhaftender Fehlanreiz bemerkbar: Der Einzelne beansprucht mehr, als er einzahlt. Dies ist ein endogener Mechanismus, der zur Folge hat, dass die Systeme überbeansprucht werden und dadurch zu hohe Kosten anfallen. Heute ist deutlich und unbestritten, dass die Systeme der sozialen Sicherung in ihrer alten Form nicht mehr finanzierbar sind. Das durch sie definierte Anspruchseinkommen wird immer mehr in Frage gestellt.

Dabei ist zu berücksichtigen, dass die einmal in Gang gesetzte Expansion des Wohlfahrtsstaates eine Eigendynamik entfaltet, die sogar bis heute nachwirkt: Dies erklärt sich daraus, dass die günstigen Regelungen allgemein gelten müssen. Die rechtliche Gleichstellung und die Gleichbehandlung gewinnen deshalb eine erhebliche Bedeutung. Die Entscheidungen des Bundesverfassungsgerichts machen dies deutlich. Sie haben zur Konsequenz, dass sich der Wohlfahrtsstaat substantiell weiter ausdehnt.

Im Kontrast dazu entstand unter dem Stichwort der Globalisierung in den neunziger Jahren des letzten Jahrhunderts ein anderes weltwirtschaftliches Umfeld, das auf eine Modernisierung der Volkswirtschaft drängte und weiterhin drängt. Die Unternehmen passten sich an, indem sie zunächst einmal ihre Kosten senkten, sie sparten vor allem in den neunziger Jahren kräftig Arbeitskräfte ein. Sollte sich die Anpassung an die neuen weltwirtschaftlichen Bedingungen

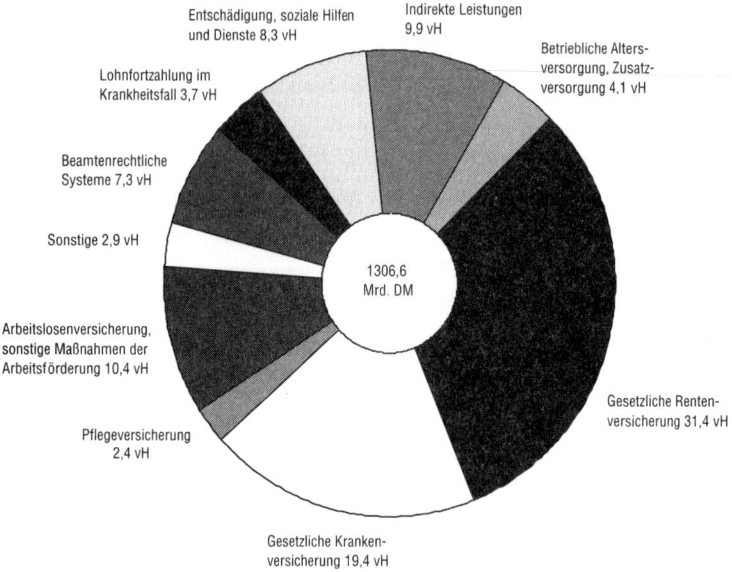

Schaubild 7.1 – Sozialbudget 1999, Leistungen
Quelle: Bundesministerium für Arbeit.

nur auf den Unternehmensbereich beschränken lassen? Und sollten die staatlichen Systeme davon unbeeinflusst bleiben? In einzelnen Ländern wie in Schweden jedenfalls wurde sichtbar, dass der Wohlfahrtsstaat in seiner alten Form nicht mehr zu halten war.

Dass die Systeme auch für eine alternde Bevölkerung finanzierbar sein müssen, zeichnete sich als zusätzliches Problem für die nächsten vier bis fünf Jahrzehnte am Horizont ab. Auch diese Bedingung ist nicht sichergestellt.

Schließlich haben die Systeme negative Auswirkungen auf die Nachfrage nach Arbeitskräften. Denn ihre Finanzierung, die am Arbeitsverhältnis festgemacht ist, beansprucht einen Teil der Arbeitsproduktivität, der damit nicht mehr als Netto- oder Barlohn zur Verfügung steht. Insoweit gilt es zu wählen zwischen Soziallohn oder Barlohn. Wird dieser Konflikt von den Tarifparteien bei den Lohnanhebungen nicht berücksichtigt, wirken die gesetzlichen

Lohnzusatzkosten wie eine Steuer auf den Faktor Arbeit. Sie schwächen die Nachfrage nach Arbeitskräften. Dies heißt: weniger günstige Beschäftigung und mehr Arbeitslosigkeit. Die Kosten tragen letzten Endes die Arbeitnehmer.

Es ist also ein Irrglaube zu meinen, wenn der Arbeitgeber die Kosten der Sozialversicherung hälftig zahlt, dann werde der Arbeitnehmer davon frei gehalten. Dies ist schlichtweg falsch. Auf lange Sicht müssen sich die Unternehmen anpassen. Entweder muss der Arbeitnehmer einen geringeren Barlohn hinnehmen – in der wachsenden Volkswirtschaft heißt dies: einen geringeren Anstieg des Barlohns – oder es werden weniger Arbeitskräfte eingestellt. Die von den Unternehmen zu zahlenden Abgaben sind eine Steuer auf den Faktor Arbeit, und in beiden Fällen trägt die Arbeitnehmerschaft diese Steuer. Falls der Effekt in die Arbeitslosigkeit geht, zahlen die Arbeitslosen die Zeche. Es wäre zu begrüßen, dass sich die Sozialpartner klar machen, dass die Zahllast nicht gleich der Traglast ist.

Die politischen Parteien haben in den letzten dreißig Jahren die Systeme der sozialen Sicherung großzügig ausgebaut und sich damit im Kampf um Wählerstimmen profiliert. Dabei haben sie verdrängt, dass sie mit dem Ausbau der sozialen Leistungen die Beiträge zu den Systemen der sozialen Sicherung kräftig in die Höhe getrieben haben. Der Ausbau der Systeme und der Anstieg der Arbeitslosigkeit wurden wie zwei Paar Schuhe behandelt. Einerseits beklagte man die hohe Arbeitslosigkeit. Andererseits baute man die soziale Sicherung aus; die Kosten der Systeme der sozialen Sicherung und damit die Arbeitskosten erhöhten, die Anreize, Arbeitskräfte nachzufragen, verringerten sich. Beide Aspekte gehören jedoch zusammen.

Das Sozialbudget

Bevor wir in die Diskussion um Reformen einsteigen, sollten wir uns zunächst einen Überblick über die Größenordnungen verschaffen. Das Sozialbudget umfasst 1,3 Billionen DM (1999), dies sind 34 Prozent des Bruttosozialprodukts. Bei den Leistungen entfallen

800 Mrd. auf die Rentenversicherung, auf die Krankenversicherung und die Arbeitslosenversicherung (Schaubild 7.1)

Auf der Finanzierungsseite des Sozialbudgets werden etwa 845 Mrd. DM durch die Sozialbeiträge der Arbeitnehmer und der Unternehmen erbracht, rund 457 Mrd. DM sind Zuweisungen aus öffentlichen Mitteln, also aus Steuern (Tabelle 7.2).

Sozialbeiträge	845,2
der Versicherten	407,6
der Arbeitgeber	437,2
Zuweisungen aus öffentlichen Mitteln	457,2
Sonstige Einnahmen	41,9
Sozialbudget insgesamt	1344,3

Tabelle 7.2 – Sozialbudget 1999, Finanzierung (Mrd. DM)

Soziale Absicherung ist notwendig

An Begründungen für Systeme der sozialen Sicherung mangelt es nicht. Die zentrale Motivation lautet, dass die Systeme der sozialen Sicherung den Einzelnen gegen Risiken absichern, mit denen er alleine nicht fertig werden kann. Zu diesen Risiken zählen die Kosten der Behandlung und der Gesundung im Fall der Krankheit, der Ausfall des Arbeitseinkommens bei Krankheit und dessen Verlust aufgrund von Berufsunfähigkeit oder Invalidität oder bei Arbeitslosigkeit, sei es vorübergehend wegen eines Ungleichgewichts am Arbeitsmarkt oder sei es wegen einer dauerhaften Unmöglichkeit, den eigenen Lebensunterhalt aus welchen Gründen auch immer zu verdienen. Unter dem Stichwort Vorsorge ist einzuordnen, dass ein hinreichendes Einkommen dann zur Verfügung steht, wenn die produktive Arbeitsphase im Leben eines Menschen ihr Ende findet und im Alter eine arbeitende Tätigkeit nicht mehr ausgeübt werden kann. Gerade in außenhandelsabhängigen Volkswirtschaften, in denen der Strukturwandel ausgeprägt ist, kann die Sozialversicherung den Menschen den Strukturwandel erleichtern.

Offenbar können Gesellschaften unterschiedliche institutionelle Regelungen entwickeln, mit denen sie dem Einzelnen Risiken abnehmen. Ein Beispiel für eine extreme Absicherung ergäbe sich, wenn man das Rawlssche Fairness-Kriterium zugrunde legen würde, das in der Wissenschaft immer wieder diskutiert wird. Dabei wird eine fiktive Situation unterstellt, in der Menschen sich auf eine Verteilungsregel einigen. In dieser Situation befinden sie sich in Unwissenheit darüber, wie die ökonomischen Verhältnisse aussehen, in die sie im Verlauf ihres Lebens geraten können, genau genommen, in die sie hineingeboren werden. Sie wissen nicht, welches Einkommen sie haben werden, wie ihr Platz in der Gesellschaft aussieht und welcher Generation sie angehören. Im Grunde wissen sie konsequenterweise auch nicht, in welchem Land der Erde sie leben werden. Dann – so lautet die These – akzeptieren sie das Maximin-Kriterium, d.h. eine ungleiche Verteilung, bei der diejenigen, die bei der Verteilung am ungünstigsten wegkommen, den größtmöglichen Vorteil erhalten, also das »Minimum« maximiert wird.

Wenn man davon ausgeht, dass die Individuen nicht wissen können, wie die ökonomische Situation aussieht, in die sie in ihrem Leben möglicherweise geraten, wenn man ihnen also Unwissenheit über ihre Position unterstellt und diese Vorstellung auf die soziale Sicherung anwendet, so haben sie im Sinne des Rawlsschen Fairness-Kriteriums ein Interesse an einer Versicherung, die Einkommensrisiken umfassend und großzügig abdeckt. Ex ante und theoretisch lässt sich auf diese Weise eine großzügig angelegte Versicherung begründen. Die Individuen wären dann auch bereit, für eine solche Versicherung zu zahlen. Die Versicherung würde aus der Sicht der Person in der ungünstigsten Situation beurteilt – eine sicherlich extreme Position, die kaum als praktikabel bezeichnet werden kann, etwa wenn man sowohl alle Länder der Welt als auch alle nachkommenden Generationen in Betracht zieht. Jedenfalls wären bei einer Risikoabsicherung nach dem Rawlsschen Fairness-Kriterium die Sozialkosten exorbitant.

Völlig unbestritten ist, dass es Systeme geben muss, die dem Einzelnen die Risiken abnehmen. Klar ist aber auch, dass die Risikoabsicherung sich auf die Inanspruchnahme der sozialen Sicherung auswirkt. Je großzügiger die soziale Absicherung ausgestattet ist, desto intensiver wird sie in Anspruch genommen und desto höher sind also auch die Kosten, die dabei anfallen.

Jede Versicherung muss mit dem Problem der moralischen Versuchung, dem Moral Hazard, fertig werden. Darunter versteht man das Verhalten der Versicherten, dass sie mehr Versicherungsleistungen in Anspruch nehmen, als den Beiträgen entspricht, auch dass sie einen höheren Schaden reklamieren oder nichts unternehmen, um den Schaden zu begrenzen oder zu vermeiden. Dieses Problem der moralischen Versuchung tritt in besonderer Weise bei Versicherungen auf, die das Verhalten der Versicherten im Versicherungsfall nicht kontrollieren können. Dies wiederum ist bei den Versicherungen der Fall, bei denen die Risiken nur unscharf definiert sind und neben der Vorsorge gegen das Risiko andere Aspekte wie die Umverteilung eine dominierende Rolle spielen. Dies gilt in besonderer Weise für die gesetzlichen Sozialversicherungen. Solche Versicherungen können über Gebühr in Anspruch genommen werden, und zwar dann, wenn man sich darauf verlässt, dass für die Wechselfälle des Lebens vom Staat hinreichend vorgesorgt wird. Dann treten Fehlanreize auf, und die Kosten für die Versicherung schnellen in die Höhe.

Ziehen wir ein Zwischenfazit. Eine soziale Sicherung ist notwendig, aber in der jetzigen Form können die Systeme der sozialen Sicherung nicht aufrecht erhalten werden. Die Frage lautet, wie der Sozialstaat umgebaut werden kann.

Eine andere Finanzierungsquelle?

Die Systeme der sozialen Sicherung durch die Erhöhung der Mehrwertsteuer oder anderer indirekter Steuern zu finanzieren, geht am Kern des Problems, nämlich die übermäßige Inanspruchnahme und zu hohe Kosten der Sozialversicherung,vorbei.

Ich muss deshalb vor der Vorstellung warnen, die Finanzierung der sozialen Sicherung an Öko- oder Energiesteuern zu koppeln. Zum einen ist zu fragen, ob es für ein Land richtig ist, die Finanzierung seiner sozialen Sicherung durch die Besteuerung eines Faktors anzustreben, den es selbst kaum hat und den es importieren muss. Für die Erdölländer kann dieser Ansatz eine Versuchung sein, das durch die Besteuerung angezeigte Potential an Zahlungsbereitschaft selbst abzuschöpfen. Zum anderen spiele man gedanklich durch, was bei einer dritten Ölkrise geschähe, wenn Energieimporte drastisch reduziert werden müssten. Die für die Sozialversicherung zur Verfügung stehenden Steuereinnahmen würden dann stark zurückgehen. Die Ölkrise würde durch eine Finanzierungskrise in den Systemen der sozialen Absicherung verschärft, und dies in einer Situation, in der man diese Systeme etwa aufgrund der dann steigenden Arbeitslosigkeit besonders braucht. Man müsste anderswo die Steuern erhöhen, um die Sozialversicherung halten zu können, und dies in einer Situation, in der die Verteuerung des Erdöls wie eine gewaltige Bremse für die Wirtschaft wirkt und die Grenzproduktivität des bestehenden Kapitalstocks reduziert. Auch muss man damit rechnen, dass der Finanzierungsbedarf der Systeme der sozialen Sicherung eine Eigendynamik bei den Öko- und Energiesteuern entwickelt, so dass die Steuern nicht aus umweltpolitischen Gründen und zu Zwecken der Ressourcenschonung erhöht werden, sondern um die Finanzierung der sozialen Sicherung möglich zu machen. Schließlich eignen sich Lenkungssteuern, deren Einnahmen zurückgehen, wenn die Steuern das Verhalten wirksam beeinflussen, für den Umweltbereich, nicht jedoch für die Finanzierung der Systeme der sozialen Sicherung.

In unserem jetzigen System stellt kein Mechanismus sicher, dass die Sozialpolitik die ihr zugrunde liegenden langfristigen Finanzierungsbedingungen und deren negativen Auswirkungen berücksichtigt. Ein Ansatz besteht darin, die in den Systemen der sozialen Sicherung enthaltene, aber verdeckte Verschuldung des Staates in einer intertemporalen Finanzierungsrestriktion ausdrücklich offen zu legen, also explizit zu machen. In einer Generationenbilanz würden die Belastungen der Zukunft aufgeführt. Bei der jetzigen Rentenreform ist dies nicht geschehen. Eine Dokumentation über die zukünftigen Belastungen ist nicht vorgelegt worden. Es sind lediglich – mehr im Stillen – Simulationsrechnungen durchgeführt worden, mit denen gezeigt werden soll, dass die Beiträge nicht über 22 Prozent steigen werden und das Leistungsniveau nicht unter 67 Prozent abgesenkt werden muss (siehe Kapitel 9). Solche Rechnungen verstehen nur wenige Experten, die explizite Belastung der zukünftigen Generationen wird damit nicht deutlich gemacht.

Der Ausweis der Belastungen für die Zukunft würde allerdings an dem jetzigen System noch nichts ändern. Er stellt lediglich eine Informationsbasis dar. Wesentlich wichtiger für die Umgestaltung der sozialen Sicherung sind deshalb andere Ansätze.

Äquivalenz zwischen Leistung und Beitrag

Idealerweise besteht bei einer Versicherung ein Zusammenhang zwischen der Versicherungsleistung und der zu zahlenden Prämie. So wird bei einer Feuerversicherung für ein Haus der Feuerschaden abgedeckt, das sind im Wesentlichen die Wiederherstellungskosten. Die Prämien differieren nach diesen Kosten. Wären diese Kosten für verschiedene Häuser gleich, so würde man für alle diese Häuser die gleiche Prämie zahlen. Die Prämien differieren auch, wenn die Risiken für die versicherten Objekte unterschiedlich sind. Dies gilt bei gewerblichen Feuerversicherungen. Bei solchen Versicherungen honorieren die Versicherungsträger auch die Anstrengungen des Versicherungsnehmers, Schadensfälle zu vermeiden und das Risiko, dass ein Schaden auftritt, geringer zu halten, durch niedrige Prämien. Bei der Kfz-Versicherung haben wir uns daran gewöhnt, dass die

Prämien entsprechend den zu erwartenden Risiken (z.B. in der Stadt oder auf dem Land, Fahrpraxis) unterschiedlich sind.

Die Arbeitslosenversicherung ist nicht nach den Risiken der Einzelnen, arbeitslos zu werden, differenziert. Wer beispielsweise durch eigene Ausbildung die Wahrscheinlichkeit verringert, arbeitslos zu werden, bekommt keinen Rabatt. Die Arbeitslosenversicherung honoriert also nicht die Anstrengungen des Einzelnen, das Risiko seiner Arbeitslosigkeit niedrig zu halten. Sie enthält insofern ein Umverteilungselement, als die mit geringerem Risiko Behafteten für die Risikointensiveren mitzahlen; auch insoweit tritt ein Problem des Moral Hazard auf. Nun könnte man sich die Ausgestaltung der Leistung auch so vorstellen, dass das Arbeitslosengeld für alle einheitlich ist und nicht in Abhängigkeit vom vergangenen Einkommen gezahlt wird. Dies ist jedoch nicht der Fall. Vielmehr ist die Leistung in Abhängigkeit vom bisherigen Einkommen differenziert. Das gilt zwar auch für die Prämien, die auf das Lohneinkommen bezogen sind. Insgesamt enthält diese Versicherung aber einkommensmäßige Umverteilungswirkungen.

Bei der Krankenversicherung findet eine Risikoteilung zwischen den verschiedenen Risiken statt. Personen mit geringerem Krankheitsrisiko zahlen für andere mit. Die Prämien nach Krankheitsrisiken unterschiedlich zu gestalten, ist in der gesetzlichen Krankenversicherung gar nicht erlaubt oder aber nur in dem Sinne möglich, dass die Beiträge lediglich nach dem Alter differenziert sein dürfen. Da die Beiträge bei der gesetzlichen Krankenversicherung nach dem Arbeitseinkommen bemessen werden, enthält das System nicht nur eine Risikoteilung, sondern starke Elemente der Umverteilung.

Während die Invaliditätsversicherung ebenfalls eine Absicherung gegen Risiken enthält, ist die Alterssicherung im Grunde eine Vorsorge- oder Sparform. Bei einer streng kapitalgedeckten Altersvorsorge besteht strikte Äquivalenz. Man erhält im Alter das im Arbeitsleben angesparte und verzinste Kapital als Auszahlung. Ist die Vorsorge als laufende Rente ausgestaltet, treten Versicherungselemente hinzu. Dabei kann sich derjenige in einem Versicherungspool – je nach Ausgestaltung – besser stellen, der länger lebt: Er erhält, wenn er das Glück hat, älter als andere zu werden, auch länger eine monatliche Rente, muss also vergleichsweise wenig ansparen. Während bei einer kapitalgedeckten Alterssicherung eine Äquivalenz besteht, ist dies im Umlagesystem nur rudimentär und sehr begrenzt der Fall. Es gibt eine Rangordnungsäquivalenz in dem Sinn, dass derjenige, der relativ mehr in seinem Leben eingezahlt hat als ein anderer, später auch eine relativ höhere Leistung erhält. Das Umlagesystem beinhaltet eine erhebliche Umverteilung, von den Einzahlern heute zu den Rentnern heute, von der heutigen Generation auf die zukünftige – wenn Lasten auf die Zukunft verlagert werden –, von denen mit höheren Einkommen zu denen mit niedrigerem, von denen ohne Kinder zu denen mit Kindern, von den Steuerzahlern zu den Rentenempfängern. Zudem wirken sich zahlreiche Sonderregelungen verteilungsmäßig aus.

Keine Äquivalenz kann es sinnvollerweise bei der Sozialhilfe geben, die steuerfinanziert ist. Die Sozialhilfe wird gezahlt, um Menschen, die aus eigener Kraft kein Einkommen erzielen können, ein Leben zu ermöglichen, das der Würde des Menschen entspricht.

Geht man von dem Gedanken aus, dass Versicherungsleistungen und Beiträge des Versicherten möglichst äquivalent sein sollten, so ist zu fragen, wie dies zu erreichen ist.

Was sind große, was kleine Risiken?

Um die Aspekte der Risikoteilung zwischen verschiedenen Versicherten und der Umverteilung von Einkommen zu trennen, lautet eine zentrale Frage für die Ausgestaltung der sozialen Sicherung: Was sind für den Einzelnen große Risiken, die er nicht selbst tragen kann, sondern die ihm die Gesellschaft abnehmen muss? Und was sind für den Einzelnen kleine Risiken, die er aus eigener Leistungsfähigkeit, auch aus seinen Ersparnissen, selbst schultern kann? Ein Beispiel ist der Einkommensausfall am ersten, zweiten und dritten Tag der Arbeitslosigkeit, den man aus eigenen Ersparnissen übernehmen kann. Ein Konsens über das, was große Risiken und kleinere Risiken sind, ist der Weg, die Ausgaben der Systeme der sozialen

Sicherung unter Kontrolle zu halten. Hier muss die Politik einen Konsens finden und in den nächsten Jahren Solidarität neu definieren.

Die Frage nach den großen und den kleinen Risiken zielt auf das Ausmaß der sozialen Sicherung ab. Wenn es gelingt, kleinere Risiken stärker in die Eigenverantwortlichkeit der Einzelnen zu legen, würden die Sozialkosten geringer ausfallen. Dann reduzieren sich aber auch die negativen Effekte auf Beschäftigung und wirtschaftliche Dynamik. Damit geht einher, dass sich dem Einzelnen Entscheidungsspielräume eröffnen; er kann entscheiden, ob er für die kleineren Risiken abgesichert sein will (und dann auch die Prämien dafür zahlen muss) oder ob er auf die Versicherung verzichtet (und sich die Prämien erspart). Daraus entsteht dann ein eigenes Interesse, Leistungen und Ausgaben, unterstützt durch den Wettbewerb der Versicherungsgesellschaften, in ein besseres Verhältnis zu bringen.

Durch den Ausbau des Wohlfahrtsstaats hat die Gesellschaft dem Einzelnen verstärkt Risiken abgenommen. Die Risiken werden von der Allgemeinheit getragen. Eigentlich würde man erwarten, dass eine Gesellschaft, die ihre Mitglieder von Einkommensrisiken freistellt, insgesamt bereit ist, sich eher auf andere Risiken einzulassen, etwa bei technologischen Innovationen. Eher das Gegenteil scheint jedoch zuzutreffen: Die Übernahme der Risiken durch die Allgemeinheit verändert die Verhaltensweisen in Richtung stärkerer Risikoscheue. Eine solche Tendenz wird sich in einer alternden Bevölkerung eher noch verschärfen (siehe Kapitel 10). Daher müssen wir die Frage stellen, ob es nicht an der Zeit ist, eine Kultur des Risikos wieder zu beleben.

Diese Frage gilt es umso mehr zu stellen, als wir es weltweit mit ganz anderen Risiken und nicht zuletzt aufgrund der Bevölkerungszunahme und der damit verbundenen Notwendigkeit, die wirtschaftliche Basis für mehr Menschen zu stärken, auch mit neuen Risiken zu tun haben, sei es mit dem Risiko neuer Technologien wie der Gentechnologie, sei es mit dem Risiko der Klimaerwärmung und deren Folgen – etwa dem Niño-Effekt, Überschwemmungen und dem Anstieg des Meeresspiegels – oder sei es mit den Folgewirkungen der Nutzung der Atomenergie. Hier werden uns in der Zukunft Entscheidungen eines ganz anderen Kalibers abverlangt als die Abgrenzung von großen und kleinen Risiken der sozialen Sicherung. Wenn man das Spektrum der auf uns zukommenden großen Risikoabwägungen in der Zukunft betrachtet, muss einem die deutsche Abneigung, aus der Sozialversicherung die kleineren Risiken herauszunehmen, als äußerst klein kariert erscheinen. Von der politischen Führung ist zu fordern, dass sie diese großen Perspektiven für die Bevölkerung verdeutlicht.

Soziale Absicherung und Umverteilung trennen

Die Umverteilungselemente im System der sozialen Sicherung sind beachtlich. Von den 1,3 Billionen D-Mark werden etwa 460 Milliarden durch Steuern finanziert. Hinzu kommt, dass – über die Steuern hinaus – die Sozialabgaben selbst erhebliche Umverteilungselemente zwischen den Versicherten enthalten. Deshalb hat der Sachverständigenrat[9] vorgeschlagen, die Umverteilung aus dem System der sozialen Sicherung vollständig herauszulösen und sie in einem Steuer-Transfer-System vorzunehmen. In diesem Ansatz decken die einzelnen Zweige der Sozialversicherung die großen Risiken ab; die Sozialversicherung wird dabei möglichst nach dem Prinzip der Äquivalenz zwischen Leistung und Beitrag gestaltet. Die Umverteilung wird in dieser Konzeption außerhalb der Umlagesysteme durch die Besteuerung und durch Transfers vorgenommen. So würden Bezieher niedriger Einkommen Transfers erhalten, damit sie etwa die Krankenversicherung bezahlen können. Die Belange kinderreicher Familien würden ebenfalls durch das Steuer- und Transfersystem verfolgt.

Für diesen Ansatz spricht die Transparenz. Denn die verteilungspolitischen Maßnahmen, die in der Vielzahl der einzelnen Zweige der Sozialversicherung offen und auch verdeckt ergriffen werden, sind in ihrer Gesamtwirkung letzten Endes nicht mehr nachzuvollziehen. Eine Trennung von Versicherung und Umverteilung würde dagegen die Umverteilungselemente nicht verstecken, sondern explizit machen. Die Frage der Verteilung und die rechtlichen Probleme der Gleichstellung würden sich nicht für jedes einzelne System, sondern für das Gesamtsystem der sozialen Sicherung stellen. Aufgrund der besseren Transparenz ließen sich die Instrumente im Steuer-Transfer-System auch zielgenauer einsetzen.

In diesem Zusammenhang ist die Frage zu beantworten, ob es richtig ist, das gesamte System der sozialen Sicherung am Arbeitsverhältnis festzumachen. Faktisch wird damit für die Unternehmen die Arbeit mit einer Steuer belegt. Dadurch dass die Abgabe für die soziale Absicherung aus dem Einkommen der Arbeitnehmer finanziert würde, das einmalig um die von den Unternehmen gezahlten Beiträge angehoben werden müsste, ließe sich eine größere Eigenverantwortlichkeit für die soziale Absicherung erreichen. Ein Teil des negativen Besteuerungseffektes auf die Beschäftigung könnte vermieden werden, wenn auf diese Weise stärkere Mechanismen zur Kostenkontrolle des Systems der sozialen Sicherung entstünden.

Familienpolitik aus den einzelnen Umlagesystemen heraushalten

Folgt man dagegen dem Urteil des Bundesverfassungsgerichts vom 3. April 2001 in Bezug auf die Pflegeversicherung, nach dem kinderreiche Familien durch geringere Beiträge zu entlasten sind, so stellt sich schnell die Frage, ob dieser Gedanke auch in den anderen Sparten der Sozialversicherung zu berücksichtigen ist. Dann aber wäre die Wirkung einer Vielzahl unterschiedlicher Maßnahmen nicht mehr überschaubar. Deshalb gerät die Politik bei der Ausgestaltung dieser Instrumente in ein völlig undurchsichtiges Gestrüpp. Letztlich weiß niemand mehr, in welchem Umfang insgesamt gefördert wird. Wenn Familien mit Kindern unterstützt werden sollen, so ist die Politik gut beraten, dies über Einkommenstransfers zu tun. Zu warnen ist auch vor Ideen wie denjenigen, die Mehrwertsteuersätze für Güter, die Familien mit mehreren Kindern intensiv nachfragen, zu senken, und zwar für die Volkswirtschaft insgesamt, oder auch Preise – etwa im öffentlichen Nahverkehr, bei der Bahn oder für

Flugreisen – zugunsten von Familien mit mehreren Kindern niedriger zu halten. Dies würde zu nicht mehr überschaubaren Preis- und Allokationsverzerrungen führen.

Legt man einen äquivalenzorientierten Ansatz der sozialen Sicherung, der durch einen Steuer-Transfer-Mechanismus ergänzt wird, *nicht* zugrunde, so ist man gezwungen, sowohl verteilungspolitische als auch familienpolitische Vorstellungen in jedem Zweig der sozialen Sicherung einzubeziehen. Dabei gewinnen Aspekte der Gleichbehandlung Bedeutung; dies aber zieht die Notwendigkeit nach sich, in jedem Einzelsystem die Restriktion zu beachten, und führt im Endeffekt dazu, dass die Summe der Einzelrestriktionen stärker bindet als die Berücksichtigung familienpolitischer Ziele in einem konsistent konzipierten Steuer- Transfer-Mechanismus.

Sollen kinderreiche Familien mehr Leistungen erhalten? Sollen sie geringere Beiträge zahlen? Oder beides? Bei den Antworten auf diese Fragen muss man sich von einer Position der moralischen Entrüstung lösen. Aus einer gefühlsmäßig moralischen Sicht und aus der menschlichen Perspektive, helfen zu wollen, lassen sich Unterstützungen für Familien mit Kindern ohne weiteres begründen, ähnlich wie übrigens die Beihilfen für den Bergmann, der in 1500 Meter Tiefe die Steinkohle aus einem ein Meter dicken Flöz mit dem Presslufthammer herausschlägt oder auch wie die Hilfen für den Landmann, der im Schweiße seines Angesichts die karge Scholle des Westerwaldes bearbeitet. Wer wollte nichts für die Kinder, den Bergmann und den Landmann tun?

Gehen wir rational an diese Frage heran, so müssen wir fragen, welches Ziel erreicht werden soll, welche Alternativkosten damit verbunden sind und ob die Instrumente das Ziel erreichen.

In welchem Ausmaß Familien mit Kindern gefördert werden sollen ist ein Werturteil. Es entspricht der Systematik der Besteuerung nach dem Prinzip der Leistungsfähigkeit, dass Familien mit mehreren Kindern eine geringere Leistungsfähigkeit für die Steuerzahlung haben; dies muss bei der Höhe der Besteuerung berücksichtigt werden. Eine weitergehende Frage ist, inwieweit der Staat kinderreichen Familien die Kosten für die Kinder abnehmen muss und für einen materiellen Ausgleich zwischen den Familien sorgen soll. Offenbar setzt sich in der öffentlichen Meinung derzeit die Ansicht durch, Kinder seien ein Kostenfaktor, bei dem der Staat einzuspringen habe. Dass Kinder eine Bereicherung sind, tritt in den Hintergrund. Auch dass Kinder der freiwilligen Entscheidung der Familien entsprechen, scheint vergessen. Aber akzeptieren wir den Gedanken, dass kinderreichen Familien aus einer Wertentscheidung heraus geholfen werden soll. Dann wären Transfers das geeignete Instrument, Familien mit Kindern beizustehen. Diese Transfers würden bei den jungen Familien ankommen, die Kinder aufziehen, und nicht bei Rentnern, die früher in ihrem Lebenszyklus einmal Kinder hatten. Hätte man solche Transfers, so wäre das Urteil des Bundesverfassungsgerichts vom 3. April in dem Sinne gegenstandslos, als kinderreiche Familien keine Beitragsrabatte brauchten, da sie Transfers erhielten. Analoges gilt für die Krankenversicherung.

Entscheidet man sich für eine Kinderkomponente in den einzelnen Versicherungen, so stellt sich die Frage, ob dies auf der Leistungs- oder der Beitragsseite geschehen soll. Bei der Arbeitslosenversicherung mag man argumentieren, dass das Arbeitslosengeld den Familienstand berücksichtigen soll, was allerdings bei einem Transferansatz nicht notwendig wäre. Bei der Krankenversicherung sind Familienangehörige und Kinder mitversichert. Bei der Pflegeversicherung ist es wohl kaum sinnvoll, die Pflegeleistung nach der Kinderzahl zu differenzieren.

Ist das Urteil des Bundesverfassungsgerichts auch bezüglich der Alterssicherung anzuwenden? Das Gericht hat eine Überprüfung empfohlen. Dem liegt die These zugrunde, dass das Umlagesystem Kinder braucht, da es ohne Kinder nicht funktioniert. Das ist richtig; allerdings geht mir die Analogie der Sozialversicherung zu der bäuerlichen Großfamilie in der vorbismarckschen, vorindustriellen Zeit doch ein gutes Stück zu weit. Nicht nur das Umlagesystem braucht Kinder, auch für die Volkswirtschaft insgesamt hat eine abnehmende Bevölkerung gravierende Konsequenzen, so einen niedrigeren Wachstumspfad aufgrund eines schrumpfenden Arbeitsangebots und damit weniger Steuereinnahmen (siehe Kapitel 10). Die geringere Kinderzahl ist also nicht nur ein Problem des Umlagesystems.

Die Begründung für die Familienförderung darin zu sehen, dass Familien mit Kindern für die Finanzierung der Sozialsysteme in der Zukunft sorgen, wirft die Frage auf, ob dann nicht andere Zusammenhänge, die die Finanzierung später erleichtern, ebenfalls berücksichtigt werden müssten. So hat eine Investition in Humankapital später einen Anstieg der Arbeitsproduktivität zur Folge; dies bedeutet eine breitere Basis für die Beiträge der Sozialversicherung. Sollen also Investitionen in das Humankapital auch gefördert werden? Man kommt mit diesen Argumentationen schnell zu einer beachtlichen Ausdehnung der Staatstätigkeit. Und: Aus ökonomischer Sicht gibt es Ähnlichkeiten zwischen einem Umlagesystem, das die Pflegeversicherung finanziert, und Ausgaben des Staates, die über Schulden finanziert werden, zu deren Bedienung alle – sozusagen per Steuerumlage – herangezogen werden. Wenn man wie das Bundesverfassungsgericht argumentiert, muss man auch die Frage aufwerfen, inwieweit die Schuldenfinanzierung verfassungskonform ist.

Will man das Problem einer abnehmenden Bevölkerung angehen, so sind Instrumente zu finden, die darauf hinwirken, dass sich das generative Verhalten der Menschen in Deutschland ändert (während man weltweit die Bevölkerungsexplosion eindämmen will). Wenn, dann ist dafür der Steuer-Transfer-Mechanismus das geeignete Instrument. Man darf bezweifeln, ob ein geringerer Beitragssatz für die Pflegeversicherung das richtige Mittel ist, das generative Verhalten zu beeinflussen. Übrigens sind wir inzwischen bei einer funktionalistischen Begründung für Kinder angekommen. Dabei müsste die Familienförderung auch in ein Einwanderungs- und Integrationskonzept einbezogen werden, denn sie kann auch ein Anreiz sein einzuwandern.

Nicht angebracht scheint es, bei der Alterssicherung kinderreichen Familien eine höhere Rentenleistung zuzusprechen als den anderen. Wenn, dann müsste sich die Förderung auf der Beitragsseite zeigen, und zwar in einer Entlastung in der Zeit, in der Familien durch die Kinder »belastet« werden (was durch die Anerkennung von Kindererziehungszeiten in der Rentenversicherung bereits geschieht). Inzwischen gibt es Berechnungen, die darauf hindeuten, dass eine Leistungsdifferenzierung bei der Altersrente zugunsten kinderreicher Familien zu erheblichen Merkwürdigkeiten führen würden. Nach den derzeitigen Regeln können pro Kind, das nach 1991 geboren wurde, bis zu sechs Entgeltpunkte für die Rente gutgeschrieben werden, was einer zusätzlichen monatlichen Rente von 300 DM entspricht. Im Fall des Beschwerdeführers, auf dessen Klage hin das Urteil des Bundesverfassungsgerichts erging, würde dies – ohne Einzahlung von Beiträgen – eine zusätzliche monatliche Rente von 2300 DM ausmachen, mehr als ein Durchschnittsrentner erhält, der dafür in seinem Leben 350 000 DM eingezahlt haben müsste.[10]

Notwendig erscheint auch eine nüchterne Bestandsaufnahme, in welchem Ausmaß kinderreiche Familien derzeit bereits gefördert werden. Dazu zählen das Kindergeld von derzeit 270 DM pro Kind und Monat (insgesamt 61 Milliarden DM pro Jahr), der Kinderfreibetrag, die Kinderkomponente bei der Eigenheimzulage, Bafög und vieles andere mehr. Diese steuerlichen Maßnahmen belaufen sich auf 95 Milliarden DM pro Jahr. Hinzu kommt, dass Familienangehörige in der Kranken- und Pflegeversicherung mitversichert sind, dass Arbeitslosengeld und Arbeitslosenhilfe höher ausfallen und die Förderung der geplanten kapitalgedeckten Zusatzvorsorge nach Kindern differenziert ist.

Das Anspruchseinkommen: Der Kobra-Effekt des Wohlfahrtsstaates

Anlass zur Sorge müssen aber nicht nur die Überbeanspruchung des Systems und die Folgekosten in Form höherer Arbeitslosigkeit bereiten. Die Zusammenhänge sind viel diffiziler.

Dabei geht es um das durch den Sozialstaat bestimmte Anspruchseinkommen, das durch die Leistungen der Systeme der sozialen Sicherung definiert wird, durch das Arbeitslosengeld, die Arbeitslosenhilfe und die Sozialhilfe, und es geht um die Anreizwirkungen, die von diesem Anspruchseinkommen ausgehen. Durch diese Regelungen legt die Politik faktisch ein Mindesteinkommen bei Nicht-Arbeit fest. Dieses gesellschaftlich garantierte Mindesteinkommen hat Auswirkungen auf das Arbeitsangebotsverhalten, aber auch auf den Lohnfindungsprozess. Davon gehen Fehlanreize aus. In Bezug auf den Arbeitsmarkt haben wir dies bereits im vorigen Kapitel gesehen.

Die Sozialhilfe wird bei Bedürftigkeit als Hilfe zum Lebensunterhalt gezahlt. Sie soll Menschen, die aus eigener Kraft ihren Lebensunterhalt nicht bestreiten können, ein Leben in Würde ermöglichen. Die Sozialhilfe setzt sich aus einem Regelsatz für die Hilfe zum Lebensunterhalt, differenziert nach Einzelpersonen und Haushaltsangehörigen, Mehrbedarfszuschlägen für bestimmte Personengruppen, Miet- und Heizkostenerstattungen bis zu einer Obergrenze, Weihnachtsbeihilfen und einmaligen Zahlungen für die Beschaffung von Hausrat und dergleichen zusammen. Die Sozialhilfe ist nach dem Bedarfsprinzip gestaltet; ihre Höhe differiert stark nach der Haushaltssituation.

Die Sozialhilfe wird in Deutschland an 2,8 Millionen Personen in etwa 1,5 Millionen Haushalten gezahlt (Jahresende 1999). Etwa 19 000 Personen erhielten laufende Hilfe in Altersheimen und anderen Einrichtungen, 526 000 wurden in Einrichtungen durch Hilfe in besonderen Lebenslagen unterstützt. 430 000 Asylbewerber erhielten Leistungen nach dem Asylbewerberleistungsgesetz. 3,4 Prozent der Bevölkerung beziehen Sozialhilfe; der Ausländeranteil an der Sozialhilfe liegt mit 22,4 Prozent deutlich höher als der Anteil der Ausländer an der Bevölkerung. Die höchste Sozialhilfequote erreichen die Stadtstaaten, so Bremen mit 9,9 Prozent der Bevölkerung oder Hamburg mit 7,5. Die niedrigste Quote hat Bayern mit 1,9 Prozent. Im Saarland (5,0) und in Schleswig- Holstein (4,4) liegen die Quoten für ein Flächenland hoch.

Unbestritten ist, dass eine Gesellschaft eine solche Regelung braucht. Die folgende Diskussion bezieht sich auch nicht auf diejenigen Sozialhilfeempfänger, die dem Arbeitsmarkt wegen Alter oder Krankheit nicht zur Verfügung stehen können. Bei den Arbeitsfähigen stellt sich allerdings die Frage, welche Anreizeffekte von der

Sozialhilfe ausgehen. Aussagen darüber, inwieweit sich das Transfereinkommen aus Sozialhilfe vom Nettoarbeitsentgelt abhebt, lassen sich in Modellrechnungen für typische Haushalte gewinnen. Dabei darauf abzustellen, ob das in § 22 Bundessozialhilfegesetz geforderte Abstandsgebot in dem Sinne eingehalten wird, dass das Transfereinkommen im Absolutbetrag einen vergleichbaren Nettoverdienst aus Arbeit nicht erreicht, ist aus ökonomischer Sicht nicht die relevante Fragestellung. Für die Beurteilung von Anreizwirkungen ist es vielmehr wichtig, wie hoch die Sozialhilfe relativ zum Nettoarbeitsentgelt ist.

Empirische Untersuchungen kommen zu dem Ergebnis, dass ein Drei-Personen-Haushalt, in dem der Ehemann allein das Einkommen verdient, in der Sozialhilfe etwa 70 Prozent des Nettoarbeitsentgelts (einschließlich Kindergeld) der Leistungsgruppe 3 – der untersten Lohngruppe – der Industrie erreicht (Tabelle 7.3). Bei Familien mit mehr als vier Kindern übersteigt die Sozialhilfe das erzielbare Nettoarbeitsentgelt absolut. In anderen Bereichen, wo nicht so gut verdient wird, liegt die Relation höher als 70 Prozent. So sind die Bruttoverdienste in einer Reihe von Dienstleistungsberufen, etwa bei Lageristen oder Gebäudereinigern, deutlich niedriger als in der Industrie. Hier dürfte die Relation näher bei 100 und der Abstand damit nahe null sein. Bei Arbeitslosigkeit erhält der Erwerbstätige, wenn das Arbeitslosengeld oder die Arbeitslosenhilfe sehr niedrig sind, ergänzende Sozialhilfe, wenn er bedürftig ist. Das verfügbare Einkommen ist dann immer höher als die Sozialhilfe. Allein stehende Sozialhilfeempfänger – etwa 40 Prozent der betroffenen Haushalte – erreichen einen Sozialhilfeanspruch (einschließlich einmaliger Leistungen und Wohnkostenerstattungen) von etwa 43 Prozent des Nettoarbeitsentgelts.

Regelsatz[a]	1360 DM
Zusätzliches Kindergeld	20 DM
Einmalige Leistungen[b]	259 DM
Wohnung und Heizung[c]	890 DM
Summe	*2529 DM*
Bruttoeinkommen[e]	4585 DM
Lohnsteuer	279 DM
Sozialversicherungsbeiträge	938 DM
Kindergeld	270 DM
Nettoeinkommen[d]	*3638 DM*
Abstand (vH)	*69,5*

Tabelle 7. 3 – Abstand zwischen Sozialhilfe und Arbeitseinkommen (Arbeiter in der Industrie) 2001, früheres Bundesgebiet

[a]Leistungsgruppe 3, Alleinverdiener, verheiratet, 1 Kind (8 Jahre), 245 vH des Regelsatzes – [b]17,35 vH des Regelsatzes – [c]Geschätzt – [d]Bruttoeinkommen abzüglich Steuer und Sozialabgaben, ohne Kirchensteuer. Kindergeld als negative Steuer. Ohne Wohngeld und ohne einmaligen Heizkostenzuschuss. – [e]Einschließlich unregelmäßig gezahlter Lohnbestandsteile.

Von 1970 bis Mitte der neunziger Jahre hat sich der Abstand zwischen Sozialhilfe und Nettoverdienst in der Industrie deutlich verringert, bei Verheirateten mit einem Kind um etwa 15 Prozentpunkte[11]. Seitdem wird der Abstand wieder etwas größer. Dies hängt mit zwei Faktoren zusammen: Zum einen sorgt das inzwischen erhöhte Kindergeld (der Beschäftigten) dafür, dass sich der Abstand verringert. Zum anderen ist die Steuer- und Beitragsbelastung gesunken. Die Besteuerungsgrenze, ab der die Lohnsteuer einsetzt, wurde nach oben verschoben, so dass geringes Einkommen, das auf dem Markt verdient wird, nicht der Steuer unterliegt. Die Belastung durch Sozialversicherungsbeiträge wurde gesenkt; die (kompensierende) Anhebung der Mineralölsteuer geht in die Abstandsberechnungen nicht ein.

Wenn auch der relative Abstand in den letzten Jahren etwas geringer geworden ist, so sitzen die Sozialhilfeempfänger in dem Sinn in einer Falle, dass die Anreize, auf dem Arbeitsmarkt zusätzliches Einkommen dazuzuverdienen, gering sind. Denn das zusätzlich verdiente Einkommen ist faktisch mit einem hohen Steuersatz – bis zu 100 Prozent – belegt, da zusätzliches Nettoarbeitseinkommen auf die Sozialhilfe angerechnet wird. Außerdem lässt sich das Einkommen in der Schattenwirtschaft aufbessern. Zudem: Die Leistungen der Sozialhilfe werden automatisch angehoben, wenn der Bedarf größer wird. Das gilt etwa, wenn die Mieten oder die Heizkosten steigen. Die Sozialhilfe muss bei Wohnung und Heizung innerhalb von Obergrenzen die Kosten so, wie sie anfallen, übernehmen. Es ist kein Geheimnis, dass Wohnungsunternehmen nicht ungern an Sozialhilfeempfänger vermieten; die Miete wird von der Kommune bezahlt, Unsicherheit über die Mietzahlung gibt es damit nicht. Der beschäftigte Arbeitnehmer muss dagegen sehen, wie er mit seinem Arbeitseinkommen klar kommt, wenn auch das Wohngeld hier hilft. Die Anreize sind also so gesetzt, dass ein Wechsel zum Arbeitsmarkt nicht attraktiv ist. Das ist der Kobra-Effekt des Wohlfahrtsstaates.

Anreize für den Weg aus der Armutsfalle

Es gibt zwei verschiedene Ansätze, dieses Problem anzugehen. Entweder betrachtet man das Anspruchseinkommen, das durch unser Sozialsystem definiert ist, als Datum und versucht, die dadurch verursachten Fehlanreize zu korrigieren. Oder man reduziert das Anspruchsniveau.

Es ist vorgeschlagen worden, das Steuersystem anders zu konzipieren und eine negative Einkommensteuer einzuführen. Nach dieser Vorstellung soll der Bürger wie im jetzigen System eine Einkommensteuer zahlen, und zwar dann, wenn das Einkommen eine bestimmte Höhe überschreitet. Bleibt das Einkommen unter dieser Marke, so zahlt der Staat einen Transfer, die Steuerzahlung fließt sozusagen in die andere Richtung. Deshalb spricht man von einer negativen Einkommensteuer, die auch als »Bürgergeld« bezeichnet wird. Je niedriger das eigene Einkommen, desto größer wären diese Transfers.

Man sollte sich allerdings keinen Illusionen hingeben – die finanziellen Belastungen wären erheblich. Bei einem Anrechnungssatz von 50 Prozent und bei einem Existenzminimum von derzeit 28 188 DM im Fall eines Zwei-Personen-Haushalts beliefe sich der Grundfreibetrag bereits auf 56 376 DM, bei einer Familie mit einem Kind würde er mit 76 248 DM das durchschnittliche Einkommen eines Facharbeiters in der Industrie (früheres Bundesgebiet) weit übersteigen. Damit ergibt sich ein umfangreicher Übergangsbereich, in dem Transfers gezahlt werden müssten. Detaillierte Berechnungen, denen das Steuersystem vor der Steuerreform zugrunde liegt, kommen zu dem Ergebnis, dass sich in Westdeutschland etwa zehn Millionen Arbeitnehmer im Übergangsbereich befinden[12] – nahezu ein Drittel der Arbeitnehmerschaft, das eine negative Einkommensteuer erhielte. Allein die genannte Größenordnung macht deutlich, dass das Anrechnungsmodell, das auf den ersten Blick so einleuchtend klingt und von manchem Politiker und von den Anhängern einer negativen Einkommensteuer favorisiert wird, nicht finanzierbar wäre.

Bedenkt man, dass Ende 1999 lediglich 1,57 Millionen Sozialhilfeempfänger, die in Haushalten lebten, im erwerbsfähigen Alter von 18 bis 60 Jahren waren und dass auch diese nicht alle arbeitsfähig waren, so verletzt das Anrechnungsmodell das Erfordernis der Verhältnismäßigkeit. Man sollte Fehlanreize, die für etwa eine Million Personen bestehen, nicht dadurch korrigieren, dass neue und insgesamt gravierendere Fehlanreize für (in Deutschland insgesamt) mehr als zehn Millionen Arbeitnehmer zusätzlich etabliert werden.

Denn das große Fragezeichen einer negativen Einkommensteuer ist, welche Verhaltensänderungen sich langfristig einstellen. So ist zu erwarten, dass eine solche Regelung unerwünschte Auswirkungen auf das gesamtwirtschaftliche Arbeitsangebot hätte. Zwar würde für die bisherigen Sozialhilfeempfänger der Anreiz erhöht, Arbeit anzubieten. Anders ist dies jedoch bei dem Personenkreis, der nunmehr im Übergangsbereich zusätzlich Sozialhilfe in Anspruch nehmen kann. Diese Personen erhielten neben ihrem Arbeitseinkommen einen staatlichen Transfer, und wenn Freizeit positiv bewertet wird, nähme das Arbeitsangebot tendenziell ab, etwa weil sich Teilzeitarbeit dann eher rechnet. Da es sich um eine beachtliche Anzahl von Personen handelt, ist dieser Effekt nicht zu vernachlässigen. Insgesamt könnte das Arbeitsangebot in der Volkswirtschaft abnehmen, was zumal in einer alternden Gesellschaft wirtschaftspolitisch kaum erwünscht sein dürfte.

Die Tarifparteien hätten bei einer negativen Einkommenssteuer eine geringere Veranlassung, die Auswirkung der Lohnabschlüsse auf die Arbeitslosigkeit in Betracht zu ziehen – jeder wäre ja durch das »Bürgergeld« abgesichert. Der Einzelne würde darin bestärkt, dass er einen Anspruch an den Staat hat. Das Anspruchsdenken würde gewissermaßen institutionalisiert. Man stelle sich eine junge Generation vor, die mit dem Anspruch auf ein »Bürgergeld« groß wird. Die politische Ökonomie der Verteilung würde institutionell gestärkt. Das »Bürgergeld« würde die Verteilungsdebatte in einer Variablen fokussieren, die im politischen Prozess bestimmt wird. Die Parteien müssten sich, wenn sie Wahlen gewinnen wollen, darin überbieten, das »Bürgergeld« zu erhöhen. Muss dieses Transfereinkommen nicht die falschen Anreize setzen? Betrachtet man andere Komposita der deutschen Sprache, so stellen Begriffe wie Bürgerstolz – ein Bürger, der stolz auf das von ihm Erreichte ist, beispielsweise ein herausragendes Bauwerk in einer Gemeinde – oder Bürgerrecht, Bürgerpflicht und Bürgerschaft auf die verfassungsmäßigen Freiheitsrechte und die Pflichten des Einzelnen ab. Der Begriff »Bürgergeld« verdreht diese liberale Tradition.

Derzeit laufen eine Reihe von Modellversuchen, die – zeitlich befristet und regional begrenzt – bessere Übergangsbedingungen ausprobieren sollen. Dabei wird beispielsweise dem Sozialhilfeempfänger ein großer Teil des Markteinkommens belassen oder dem Unternehmen ein Lohnzuschuss gezahlt, wenn der Sozialhilfeempfänger durch eigene Initiative oder unter Mithilfe kommunaler Netzwerke auf einen Job des ersten Arbeitsmarktes wechselt. Allerdings läuft dies auf eine Ungleichbehandlung derjenigen hinaus, die keine Sozialhilfe empfangen; denn sie würden beispielsweise einen niedrigeren Lohn erhalten oder hätten – unter sonst gleichen Bedingungen – schlechtere wirtschaftliche Chancen. Damit käme es zu einer Spaltung des Arbeitsmarktes. Bisher sind mit diesen Ansätzen aber keine nennenswerten Effekte erzielt worden.

Das Anspruchsniveau verringern

Das Anspruchsniveau zu senken, erweist sich als schwieriger Weg. Dabei ist zu unterscheiden, ob es sich um Maßnahmen handelt, die alle Sozialhilfeempfänger betreffen, oder um Maßnahmen, die sich auf diejenigen beziehen, die arbeitsfähig sind.

Allgemein wirkende Maßnahmen würden darauf abzielen, den Abstand nicht noch enger werden zu lassen. Die Tendenz, dass sich der Abstand verringert, sollte in der Tat korrigiert werden. Ein Weg dazu ist, die Besteuerungsgrenze für niedrige Einkommen nach oben zu verschieben, so dass ein niedriges Markteinkommen nicht versteuert wird (und netto dem Arbeitnehmer mehr verbleibt). Allerdings ist dieser Weg schon deshalb schwierig, weil es ja nicht allein um die Lohn- und Einkommenssteuer geht, sondern auch um die Sozialabgaben, die mit alternder Bevölkerung ansteigen werden. Ein anderer Ansatz ist, den Anstieg der Sozialhilfe zu begrenzen. Deshalb ist es richtig, dass die Anhebung des Regelsatzes inzwischen beschränkt ist; sie soll den Anstieg des durchschnittlichen Nettolohns nicht überschreiten. Dabei geht es um eine obere Schranke; keinesfalls sollte es eine automatische Anpassung durch Indexierung geben, mit der man beim Arbeitsmarkt insgesamt ungünstige Erfahrungen gemacht hat. Innerhalb der Grenzen lässt sich das Bedarfsprinzip anwenden, nach dem sich die Anhebung des Regelsatzes am Preisindex derjenigen Güter orientieren sollte, über die ein Sozialhilfeempfänger verfügen muss, damit eine Lebensführung möglich ist, die der Würde des Menschen entspricht (Bedarfsmengenschema oder Warenkorbmodell).

Wenn es um die Korrektur der Fehlanreize geht, sollten die Alten und die Kranken nicht zur Debatte stehen. Deshalb muss die Reform der Sozialhilfe an den Arbeitsfähigen ansetzen. Grundsätzlich gilt hier, dass wer Hilfe von der Gesellschaft erhält, danach trachten muss, sich von dieser Hilfe unabhängig zu machen. Allerdings führt dieser moralische Appell nicht weiter. Nach den rechtlichen Vorschriften kann der Regelsatz um 25 Prozent gekürzt werden, wenn eine nachgewiesene Arbeit verweigert wird. Bei wiederholter Verweigerung kann die Sozialhilfe gestrichen werden. Einzelne Kommunen haben Sozialhilfeempfängern im arbeitsfähigen Alter einen Arbeitsplatz angeboten; dabei haben Empfänger in nennenswertem Umfang auf die Sozialhilfe verzichtet. Schon das Anschreiben, dass ein Arbeitsplatz zur Verfügung steht, ist hilfreich. Ich habe mit manchem Bürgermeister und manchem Landrat gesprochen, die sich aktiv in diesen Bereich eingeschaltet haben.

Das Problem dieses Ansatzes liegt aber darin, dass in den großen Städten die Verhältnisse anonym und nicht überschaubar sind. Auch zeigt sich – wie im Übrigen beim Arbeitslosengeld und bei der Arbeitslosenhilfe –, dass der »Nachweis eines Arbeitsplatzes« in unserem Rechtssystem kaum justiziabel ist, etwa wenn der Sozialhilfeempfänger bei einem potentiellen privaten Arbeitgeber deutliches Desinteresse an einem Arbeitsplatz dokumentiert. Allerdings dürfte dieses Ausweichverhalten bei Nachweis einer Stelle für Sozialhilfeempfänger im öffentlich-kommunalen Bereich schwerer fallen als bei einem Arbeitsplatz für Arbeitslose in der Privatwirtschaft.

Deswegen bietet es sich an, die Sozialhilfe für arbeitsfähige Sozialhilfeempfänger generell um einen bestimmten Prozentsatz zu senken, so dass die Kommunen aus der Nachweispflicht eines Arbeitsplatzes entlassen werden können und der einzelne Sozialhilfeempfänger selbst aktiv suchen muss. Dadurch würden die gegen die negative Einkommenssteuer geäußerten Bedenken an Gewicht verlieren. Dann ließe sich auch auf den Erfahrungen der Modellversuche aufbauen. Zu befürchten ist allerdings, dass die Politik zu einer Senkung der Sozialhilfe für die Arbeitsfähigen nicht bereit ist.

8 Im Gesundheitswesen die richtigen Anreize finden

Man ist sehr übel dran,
dass man den Ärzten nicht recht vertraut
und doch ohne sie sich gar nicht zu helfen weiß.
JOHANN WOLFGANG VON GOETHE

In den Ur-Sorgen und den Ur-Ängsten der Menschen spielen das Gut »Gesundheit« und die tägliche Nahrung eine elementare Rolle. Um beide wird gebetet – um das Verschontwerden von der Krankheit ebenso wie um unser täglich' Brot. Beides ist lebenswichtig, unentbehrlich. Man ist bereit, für beide Güter, wenn sie fehlen, viel zu zahlen; die Nachfrage nach ihnen ist unelastisch. Damit endet aber auch zunächst einmal die Vergleichbarkeit dieser beiden Güter aus ökonomischer Perspektive. Brot wird mittlerweile von den Märkten zu einem niedrigen Preis angeboten, aber über das Gesundheitswesen wird permanent in der politischen Öffentlichkeit diskutiert. Ärzte demonstrieren in Berlin, und ein Vorschlag zur Reform löst den nächsten ab.

Die Anreizstrukturen im Gesundheitswesen

Bei dem Gut Gesundheit ist der Einzelne mit dem nicht unerheblichen Risiko behaftet, dass beachtliche Kosten entstehen können, wenn seine Gesundheit wiederhergestellt werden soll. Diese Kosten können sogar sein Vermögen aufzehren. Deshalb ist eine Versicherungslösung notwendig, die dem Einzelnen dieses Risiko – jedenfalls das große – abnimmt. Damit tritt bei der Bereitstellung des Gutes Gesundheit neben die medizinische Leistung die Versiche-

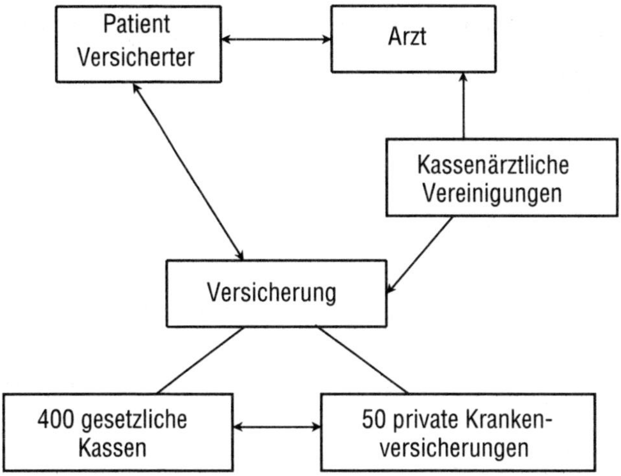

Schaubild 8.1 – Struktur des Gesundheitssystems

rungsleistung. Es geht um das Zusammenspiel von Patient, der zugleich Versicherter ist, Arzt (einschließlich Krankenhaus) und Versicherung. Dabei sind zwei Märkte zu unterscheiden, der Markt für Gesundheitsleistungen und der für die Versicherung. Entsprechend komplex sind die Beziehungen im Gesundheitswesen bei der Leistungserstellung und bei der Versicherung. Die Struktur des Systems ist in Schaubild 8.1 dargestellt. Der Arzt erbringt gegenüber dem Patienten die medizinischen Leistungen, der Patient ist für diese Leistungen bei einer Versicherung versichert, entweder bei einer der etwa 400 gesetzlichen Krankenkassen oder bei einer der 50 privaten Krankenversicherungen. Die Ausgaben dieses Systems belaufen sich auf rund 520 Milliarden D-Mark pro Jahr (Wert für 1997).

Im Gesundheitswesen, ob nun privat oder staatlich organisiert, tritt eine Reihe von Anreizproblemen[13] auf, die in der Literatur intensiv diskutiert werden (Schaubild 8.2):

1. Der Patient bestimmt seine Nachfrage nach medizinischen Leistungen, ohne dass ihm die Kosten dafür eindeutig zugewiesen werden. Deshalb können die Patienten versucht sein, Leistungen übermäßig in Anspruch zu nehmen. Dieses Moral Hazard auf der Seite des Patienten führt gesamtwirtschaftlich zu einer Übernachfrage nach medizinischen Leistungen und zu hohen Kosten.

2. Der Arzt bestimmt die Nachfrage nach der medizinischen Leistung des Patienten, da die Patienten nicht die notwendige Information darüber haben dürften, was medizinisch geboten ist. Das heißt, der Anbieter beeinflusst die Nachfrage, und zwar sowohl im Interesse seines Patienten, aber auch im eigenen Interesse. Dieses Moral Hazard auf der Seite des Arztes kann die Kosten der Leistungserstellung ebenfalls in die Höhe treiben.

3. Die Krankenhausbedarfsplanung (bei den Bundesländern) folgt nicht allein gesundheitspolitischen Zielen, sondern anderen Erwägungen wie regionalpolitischen Gesichtspunkten.

4. Kassenärztliche Vereinigungen handeln mit den Kassen die Gesamtvergütung der Ärzte aus und bestimmen die Honorarverteilung. Sie sind Interessenvertreter der Ärzte und ähneln damit der Gewerkschaft. Sie beruhen anders als die Gewerkschaften auf Zwangsmitgliedschaft. Ihnen obliegt die Gewährleistung der medizinischen Versorgung.

5. Versicherte können derzeit faktisch die Kassen nur begrenzt wechseln. Vor allem für ältere Versicherte ist dies kaum möglich.

6. Wettbewerb unter den Kassen und Versicherungen kann zur adversen Risikoselektion führen. Die Kassen oder Versicherungen konkurrieren um die guten Risiken, also die jungen Versicherten. Gelingt es einer Kasse, die guten Risiken zu attrahieren, so kann sie die Prämien senken. Entsprechend sammeln sich durch den Wettbewerbsprozess die schlechten Risiken bei den anderen Kassen an; sie

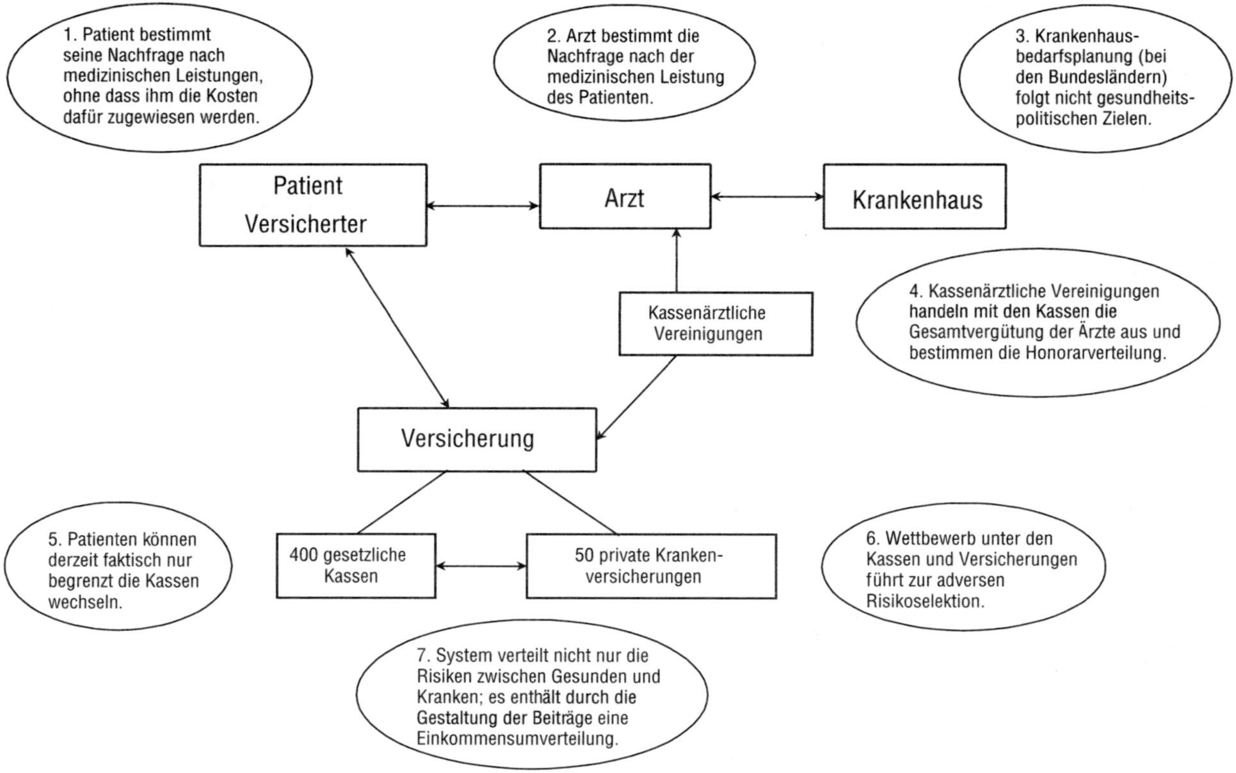

Schaubild 8.2 – Fehlanreize im Gesundheitssystem

müssen die Prämien erhöhen. Dies macht sie für ihre Mitglieder unattraktiver, sie wandern ab. Damit beschleunigt sich der Prozess der adversen Selektion. Der Wettbewerb zwischen den Versicherungen wird verzerrt. Letzten Endes werden die Kassen mit den schlechten Risiken vom Markt verdrängt.

7. Die Regulierung der Krankenversicherung enthält nicht nur in dem Sinne Verteilungsaspekte, dass die Risiken der Einzelnen auf viele Schultern, mit anderen Worten zwischen Gesunden und Kranken verteilt werden. Das System enthält durch die Gestaltung der Beiträge auch Umverteilungsaspekte. Dies verstärkt die Probleme des Moral Hazard.

Administrative Lenkung zur Kostenkontrolle

Wenn in diesem System der Versicherung die Anreize falsch gesetzt sind, kommt es zwangsläufig zu einer Explosion der Gesundheitsausgaben. Sichtbar wird der Anstieg der Kosten an der Zunahme der Beitragssätze von 8,2 (1970) auf 13,6 Prozent (2000). Die Prognose von Prognos, Basel, rechnet bis zum Jahr 2040 mit einem Beitragssatz im Bereich von 15,4 bis 15,9 Prozent; andere Prognosen kommen vor allem wegen der alternden Bevölkerung auf Sätze bis zu 23 Prozent.

Allerdings ist der Anstieg der Gesundheitsausgaben allein kein Indikator dafür, dass es im Gesundheitswesen falsch läuft. Die höhere Lebenserwartung, andere Präferenzen der Menschen mit einer größeren Gewichtung der Gesundheit und eine teurere, aber auch leistungsfähigere Medizintechnik wirken gemeinsam darauf hin, dass die Ausgaben ansteigen. Vielmehr geht es darum, dass eine gute Gesundheitsversorgung effizient bereitgestellt werden muss. Das Gesundheitswesen ist dann ineffizient organisiert, wenn Fehlanreize erkennbar zu einer übermäßigen Kostenentwicklung führen. Dabei ist eine Reform, die die Fehlanreize im System beseitigt, deshalb schwierig, weil nicht hinreichend bekannt ist, wie die Menschen auf institutionelle Veränderungen reagieren. Wie komplex es ist, das

Ziel einer guten Gesundheitsversorgung mit vertretbaren Kosten zu erreichen, zeigt sich daran, dass Systeme in anderen Ländern ebenfalls mit Problemen behaftet sind. In den USA, wo es keinen Kontrahierungszwang der Versicherung gibt, sind etwa 44 Millionen Menschen bzw. 18 Prozent der Bevölkerung überhaupt nicht versichert. In Großbritannien, wo die Pro-Kopf-Ausgaben für Gesundheitsdienstleistungen nur etwa halb so hoch sind wie in den USA, ist das System in dem Sinne ineffizient, dass lange Wartezeiten in Kauf genommen werden müssen, bis beispielsweise eine Operation durchgeführt wird. Hier zeigt die Warteschlange den Nachfrageüberschuss.

Die deutsche Gesundheitspolitik hat bisher versucht, übermäßige Kostensteigerungen durch administrativ-kontrollierende Maßnahmen in den Griff zu bekommen. Dabei wurde nicht vorrangig am Markt der Versicherungsleistungen mit Korrekturen angesetzt, sondern am Markt für Gesundheitsleistungen, und zwar im wesentlichen mit einem bürokratisch-administrativen Ansatz, mit dem die Politik den Anstieg der Kosten für die Bereitstellung medizinischer Leistungen einschränken will. Die Instrumente sind: Zugang für Ärzte auf dem Markt für Gesundheitsleistungen limitieren, die Ausgaben für Arzneimittel plafondieren und die Ausgaben für Honorare der Ärzte deckeln, wobei Budgetvorgaben, die vom einzelnen Arzt nicht überschritten werden dürfen, mit den insgesamt anfallenden Kosten variieren. Die Automatik ähnelt der einstmals in der Agrarpolitik angewandten Erzeugerpreisabgabe.

Damit gewinnt der eingangs gezogene Vergleich mit dem Brot auf einmal doch wieder an Bedeutung. Man stelle sich vor, man würde den Marktzugang für Bäcker staatlich einschränken und den Bäckern ein budgetäres Plansoll dafür vorgeben, wie viel Mehl und andere Zutaten sie bei der Brotproduktion einsetzen und wie viel sie einnehmen dürfen, wobei sie erst mit zeitlicher Verzögerung erfahren, welche Einkünfte sie tatsächlich hatten. All dies erinnert mich sehr an die Beispiele, die ich als Studienanfänger an der Universität Köln unter Hinweis auf die Arbeiten des österreichischen Ökonomen Ludwig von Mises über die langfristige Wirkung von Fehlanreizen in der Zentralplanwirtschaft gehört habe. Die Politik sollte sich darüber klar werden, dass sie mit diesem bürokratisch-lenkenden Ansatz das Gesundheitswesen auf Dauer nicht wird steuern können. Die Erfahrung jedenfalls zeigt, dass solche Eingriffe nur kurzfristig wirken, dass die Ausgaben für das Gesundheitswesen für ein oder zwei Jahre sinken oder stagnieren und dass dann der alte aufsteigende Trend wieder aufgenommen wird. Die Politik sollte eine andere Konzeption entwickeln. Allerdings ist dies aufgrund der Anreizprobleme, die im Gesundheitswesen bestehen, eine höchst komplexe Fragestellung, wie im Folgenden schnell sichtbar wird.

Ein wettbewerblich organisiertes System

Es besteht kein Zweifel, dass das Gesundheitswesen eine Reihe von Fehlsteuerungen enthält und reformbedürftig ist. Zu seiner Reform gibt es zwei Wege: einen Wechsel zu einem wettbewerblich organisierten Gesundheitswesen und eine partielle Korrektur des bestehenden Systems.

In einem wettbewerblich organisierten System werden die verteilungspolitischen Ziele, die in der gesetzlichen Krankenversicherung enthalten sind, von den gesundheitspolitischen Zielen klar getrennt. Für jeden besteht Versicherungspflicht für eine Mindestversicherung. Die Versicherungsprämien orientieren sich ausschließlich am altersspezifischen Krankheitsrisiko oder an den Risiken aller Versicherten einer Kasse, es gilt das Äquivalenzprinzip. Die im derzeitigen System enthaltene Umverteilung wird – mit Ausnahme der Umverteilung im Risiko von Gesunden auf Kranke – auf das staatliche Steuer- und Transfersystem verlagert. Wer die Prämien aus seinem Einkommen nicht zahlen kann, erhält vom Staat einen Zuschuss. Auch der Familienlastenausgleich wird im Steuer- und Transfersystem vorgenommen. Gleichzeitig treten die gesetzlichen und die privaten Krankenkassen in einen effizienzfördernden Wettbewerb im Bereich der Grundversorgung sowie im Bereich der freiwilligen Zusatzversorgung. Langfristig wäre die Finanzierung der Krankenversicherung vom Arbeitsverhältnis zu lösen. Die Bruttolöhne sollten einmalig um den Arbeitgeberanteil erhöht werden, danach aber sollten die Beiträge vom Arbeitnehmer getragen werden. Diese Konzeption setzt voraus, dass folgende Fragen gelöst werden können:

1. Es muss festgelegt werden, was als große Risiken für den Einzelnen zu gelten hat, gegen die er in einer für jeden obligatorischen Mindest- oder Grundversicherung abgesichert sein muss, und was als kleine Risiken, die er aus eigener Leistungsfähigkeit selbst tragen oder gegen die er sich in einer Zusatzversicherung freiwillig absichern kann. Es besteht freie Wahl der Versicherung, auch bei der Mindestabsicherung. Für die Versicherungen besteht Kontrahierungszwang, sie können niemanden ablehnen. Voraussetzung dieses Ansatzes ist, dass die großen Risiken für den entsprechenden Leistungskatalog abgegrenzt werden können, dass heißt, dass entweder sich das medizinisch Gebotene positiv klar umreißen und auch fortschreiben lässt oder aber das Zusätzliche eindeutig definiert werden kann, das aus der Grundversicherung auszuschließen und Gegenstand der Zusatzversicherung ist.

2. Ein wichtiges Element dieses Ansatzes ist die Verringerung der asymmetrischen Information zwischen Patient und Arzt und die Reduktion des Moral Hazard auf der Seite des Patienten. So sind die in Holland praktizierten Behandlungsleitlinien im Rahmen der evidenzbasierten Medizin ein möglicher Ansatz, den Informationsstand des Patienten zu verbessern. Wenn für die 70 häufigsten Krankheiten im Besuchszimmer Informationen ausliegen und Behandlungsleitlinien gegeben sind, so ist der Patient nicht mehr in gleicher Weise vom Wissensvorsprung des Arztes abhängig. Auch die alternative Medizin kann zu einem besseren Selbstverständnis des Patienten führen. Allerdings müssen auch ökonomische Anreize beim Patienten wirksam werden, die sein Kostenbewusstsein anregen. So sollte vom Sachleistungsprinzip abgegangen und zum Erstattungsprinzip übergegangen werden. Richtige Anreize werden auch durch die Rückerstattung von Beiträgen gesetzt, wenn Ver-

sicherungsleistungen nicht in Anspruch genommen werden. Ferner ist an einen Selbstbehalt pro Jahr oder eine Eigenbeteiligung an der Arzt- und Medikamentenrechnung zu denken. Dabei können die Regelungen zwischen Grundversicherung und Zusatzversicherung unterscheiden.

3. Für den Arzt müssen die Anreize so gesetzt werden, dass er aus eigenem Interesse heraus an einer kostengünstigen Versorgung der Patienten interessiert ist. Dies lässt sich nicht über einen administrativ-planerischen Ansatz erreichen. Sicherlich mag hier helfen, von der Einzelleistungsvergütung zu Kopf- und Fallpauschalen überzugehen. Aber grundsätzlich muss man einen Weg finden, den Arzt aus seinem eigenem Interesse heraus für eine effizientere Versorgung zu gewinnen; und man wird dies nur erreichen, wenn man dem einzelnen Arzt einen Teil der Kostenersparnisse belässt, die mit einer Reform des Gesundheitswesens einhergehen. Hier gilt das Wort von Adam Smith, dass es nicht vom Wohlwollen des Bäckers abhängt, dass wir unser täglich' Brot bekommen, sondern von seinem Eigeninteresse.

Im Grunde geht es darum, einen Wettbewerbsprozess zwischen den Ärzten zustande zu bringen, der neben der Qualitätsdimension (wie derzeit) auch die Kostendimension beinhaltet. Dies setzt aber voraus, dass die kassenärztlichen Vereinigungen nicht in der Lage sein dürfen, diesen Wettbewerbsprozess zu unterbinden. Verbandsinteressen oder die Präferenzen schwacher Ärzte dürfen nicht die Chancen leistungs- und wettbewerbsfähiger Ärzte vereiteln. Insgesamt wird man sich intensiver mit der Verbandsinstitution der kassenärztlichen Vereinigungen auseinander setzen müssen.

Ein Weg, verstärkt Wettbewerb zustande zu bringen, ist die integrierte Versorgung (Health Management Organization), bei der Versicherungen ein integriertes Arzt- und Krankenhausnetz anbieten. Wer sich verpflichtet, nur diese der Versicherung zugeordneten Ärzte und Krankenhäuser zu nutzen, erhält seine Mindestversicherung zu einem reduzierten Beitragssatz. Erhebungen aus der Schweiz zeigen, dass die Kosten in integrierten Systemen bis zu 30

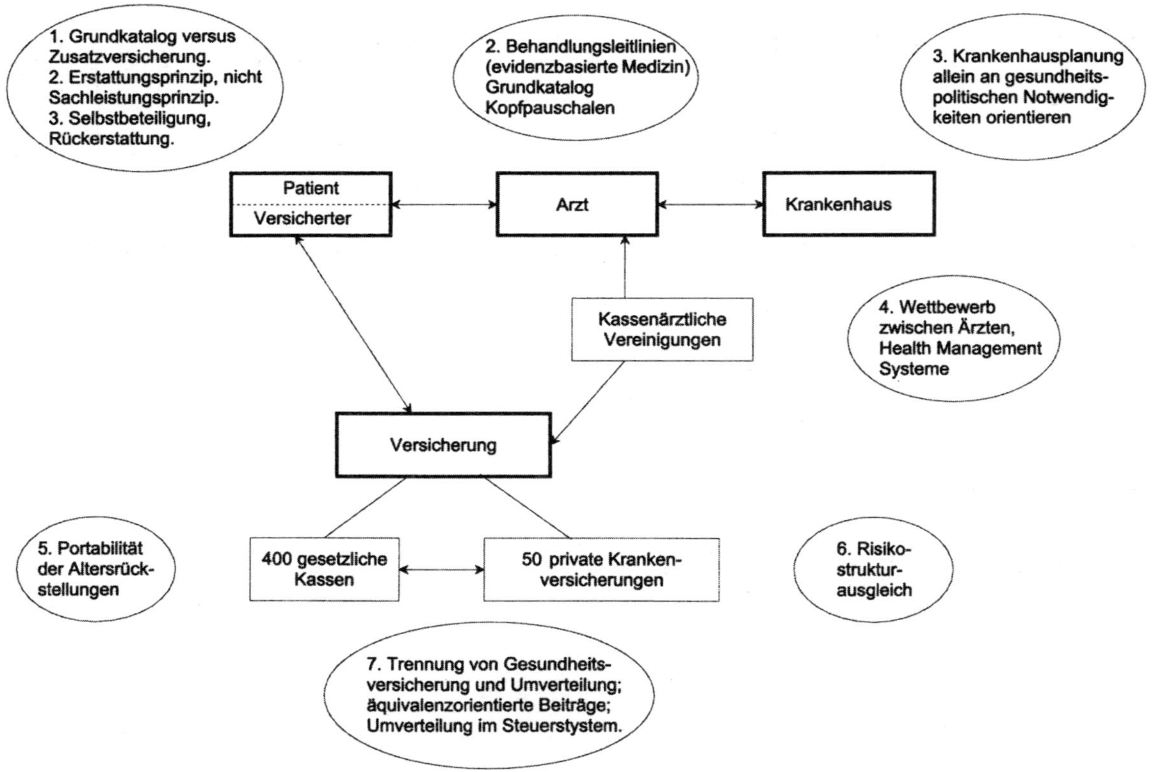

Schaubild 8.3 – Korrektur der Fehlanreize des Gesundheitssystems

Prozent niedriger liegen; allerdings ist nicht auszuschließen, dass an derartigen Modellversuchen eher Personen mit geringerem Risiko teilnehmen. Auch Unternehmen können für ihre Mitarbeiter – wie in den USA üblich – Verträge bei Versicherungen abschließen, die mit einem HMO-System zusammen arbeiten.

Anstelle einer solchen organisatorischen Integration von Versicherung, Arzt und gegebenenfalls Krankenhaus in Health Management Systemen, muss man nach vertraglichen und marktlichen Mechanismen suchen, die die vertikale Integration in anderer Weise leisten. So lässt sich ein geringerer Versicherungsbeitrag für den Fall vorstellen, dass Ärzte die Kostenstandards einer bestimmten Versicherung ex ante akzeptieren und Patienten nur diese Ärzte aufsuchen.

4. Ein besonderes Problem besteht darin, auf welche Weise der Wettbewerb zwischen den Versicherungen zustande gebracht werden kann. Eine Voraussetzung dafür ist, dass der Versicherte in der Lage sein muss, die Versicherung zu wechseln. Dies ist vor allem für ältere Versicherte schwierig, da sie ein höheres Risiko darstellen. Beim Schweizer Modell ist dies insoweit gelöst, als jede einzelne Versicherung von jedem Versicherten, ob Jung oder Alt, die gleiche Prämie (Kopfprämie) verlangt. Besteht Kontrahierungszwang der Versicherung, so kann der Versicherte wechseln. In Deutschland werden die Prämien nach dem Alter differenziert. Insoweit die Versicherungen Alterungsrückstellungen vornehmen, wie dies die privaten Krankenversicherungen machen, müsste der Versicherte die Alterungsrückstellungen beim Kassenwechsel mitnehmen können. Die Portabilität der Alterungsrückstellungen würde also aus der Sicht des Versicherten einen Wechsel möglich machen.

5. Unterstellt einmal, dass das Problem der Portabilität der Alterungsrückstellungen gelöst ist oder dass man ein System wie das Schweizer System findet, bei dem ein Wechsel der Versicherungen möglich ist. Dann stellt sich immer noch die Frage, ob der Wettbewerb zwischen den Versicherungen dazu führt, dass hohe Risiken

sich bei einer Versicherung akkumulieren. Im Grunde möchte man den Wettbewerb zwischen den Versicherungen hinsichtlich der schlechten Risiken ausschließen und ihn auf den Kosten- und Leistungswettbewerb beschränkt sehen, der sich allerdings nicht nur auf die Verwaltungskosten der Versicherungen erstrecken darf, sondern auch auf andere Kostenaspekte wie die Leistungserstellung bei integrierten Systemen beziehen muss. Daher muss man den Kassen das Recht einräumen, auch mit einzelnen Ärzten Leistungsverträge abzuschließen und ihre Leistungen jenseits der Grundversicherung zu differenzieren.

Beim Problem der adversen Selektion soll der Risikostrukturausgleich helfen. Er zielt darauf ab, eine adverse Selektion der Versicherten zu vermeiden oder möglichst gering zu halten. Die Versicherer mit schlechten Risiken bekommen eine Kompensation, die Versicherer mit guten Risiken zahlen. Auf keinen Fall darf dies in der Weise organisiert sein, dass Kassen mit hohen Beitragssätzen direkt durch Kassen mit niedrigeren Beitragssätzen kompensiert werden; denn in diesem Fall handelt es sich um einen Finanzausgleich, der dem Wettbewerbsgedanken zuwiderläuft.

Vielmehr müssten die Transfers an den spezifischen Risiken festgemacht werden. Dies wäre bei einem Hochrisikopool der Fall. Dabei muss jede Kasse einen Sockelbetrag pro Versicherten selbst tragen, beispielsweise 30 000 DM. Alle weiteren Kosten werden zu 70 Prozent von einem Pool ersetzt. Bei Ausgaben von zum Beispiel 130 000 DM erhält die Kasse also einen Zuschuss aus dem Fonds von 70 000 DM. 60 000 DM trägt sie selbst. Alle Kassen zahlen nach einem Schlüssel in den Fonds ein. Bei einer wettbewerblichen Lösung sollte es nicht Aufgabe des Staates sein, den Ausgleich zwischen den Kassen aus Steuern zu finanzieren.

Der Gedanke ist, dass die Versicherer nicht um die guten Versorgungsrisiken konkurrieren, sondern sich im Wettbewerb auf das Angebot von Versicherungsleistungen konzentrieren. Das Problem dieses Ansatzes liegt in zweierlei: Zum einen hängt die Funktionsweise des Risikostrukturausgleichs oder eines Hochrisikopools davon ab, wie die Bedingungen für den Ausgleich, die Sätze für die Kompensation und für den Zuzahlungsschlüssel, konkret definiert sind. Im Detail wird es schwierig sein, die Sätze genau so zu modellieren, dass alle Kassen die gleichen Startbedingungen haben. Zum anderen sind in der Praxis Kostenanstrengungen und Leistungen der Versicherungen einerseits und das Risikoprofil der Versicherten nur schwer zu trennen.

Neben Risikostrukturausgleich und Hochrisikopool wäre eine dritte Möglichkeit, den Wettbewerb der Kassen einfach wirken zu lassen, so dass sowohl kostenineffiziente als auch stark risikobehaftete Kassen und Versicherer aus dem Markt ausscheiden. Für alle Kassen besteht Kontrahierungszwang, so dass sie Versicherte, deren Versicherung aufgelöst wird, aufnehmen müssen. Die Kassen müssen dann die Risiken der potentiellen Neuzugänge von Anfang an in ihr Kalkül aufnehmen.

Ein Blick auf die Größenordnungen

Aufschlussreich ist ein Blick auf die Finanzierungsströme im Gesundheitswesen. Auf der Finanzierungsseite tragen für die Gesamtausgaben des Systems in Höhe von rund 517 Mrd. DM bei: (a) die privaten Haushalte (230 Mrd. DM), (b) die Arbeitgeber (192 Mrd. DM) und (c) der Staat, also die Steuerzahler (95 Mrd. DM, Werte für 1997). Davon gehen 350 Mrd. DM an die diversen Versicherungen (gesetzliche Krankenkassen 240, private 29, Pflege 30, Rente 36, Unfall 15). Das medizinische Leistungssystem selbst erhält 387 Mrd. DM, davon 138 Mrd. für die stationäre und 94 für die ambulante Behandlung. Die privaten Haushalte beziehen direkte Geldleistungen in Höhe von 105 Mrd. DM, insbesondere für die Lohnfortzahlung im Krankheitsfall und Erwerbsunfähigkeitsrenten.[14]

Aufschlussreich ist auch die Aufschlüsselung der Ausgaben der gesetzlichen Krankenkassen, darunter der Ortskrankenkassen, der Betriebskrankenkassen, der Innungskrankenkassen und der Ersatzkassen. Von den Leistungsausgaben von 256 Mrd. DM (1999) entfallen 86 Mrd. DM auf die Behandlung im Krankenhaus, 41 Mrd. DM auf die ärztliche Behandlung, 36 auf Arzneimittel und 21 auf zahnärztliche Behandlung.

Ein nicht unbeträchtlicher Posten bei den Gesundheitskosten ist die Absicherung gegen den Verlust des Einkommens im Krankheitsfall. Für die ersten sechs Wochen krankheitsbedingter Arbeitsunfähigkeit zahlen die Unternehmen 100 Prozent des Bruttolohns – es handelt sich um einen Betrag von rund 50 Mrd. DM pro Jahr. Danach zahlen die gesetzlichen Krankenkassen Krankengeld (70 Prozent des Bruttolohns). Krankengeld ist grundsätzlich unbefristet, allerdings wird bei langer Krankheit Erwerbsunfähigkeit und damit ein Anspruch auf Erwerbsunfähigkeit vermutet. Im Grunde läuft diese Regelung der Devise entgegen, dass es wichtiger ist, eher große Risiken abzusichern als kleine; denn man kann davon ausgehen, dass eine längere Krankheit den Einzelnen stärker trifft. Dies ist kein Plädoyer dafür, das Krankengeld zu erhöhen, sondern den Satz der Lohnfortzahlung zu senken. Man könnte diese Kosten auch verringern, indem an den ersten zwei oder drei Tagen der Krankheit pro Jahr keine Leistung erfolgen würde (Karenztage). Dies wäre von der Leistungsfähigkeit her wohl zumutbar. Es ist vorgeschlagen worden, die Leistungen in den ersten zwei Wochen auf 80 vH des bisherigen Nettolohnes zu begrenzen; die auf diese Weise eingesparten Mittel könnten Arbeitnehmern und Unternehmen in einer Beitragserstattung zurückgegeben werden. Ein weitergehender Vorschlag ist, die bisherigen Ausgaben der Unternehmen für die Lohnfortzahlung – sie machen etwa 5 vH der Lohnsumme aus – einem Sozialsparkonto des einzelnen Arbeitnehmers gutzuschreiben. Der Arbeitnehmer müsste eine Mindestversicherung, etwa in Höhe der Arbeitslosenhilfe, abschließen, aber es bleibt ihm überlassen, sich bis zur vollen Höhe seines bisherigen Lohnes zu versichern. Wer sich mit der Mindestversicherung zufrieden gibt, muss eine geringere Versicherungsprämie zahlen und erhält die Überschüsse seines Sozialsparkontos ausgezahlt; sein Einkommen steigt.

Eine Schritt-für-Schritt-Korrektur

Bei einem Schritt-für-Schritt-Ansatz wird versucht, das bestehende Gesundheitssystem allmählich weiterzuentwickeln und Teilaspekte des wettbewerblich orientierten Ansatzes umzusetzen. So lässt sich der Leistungskatalog durch Bestimmung des Notwendigen positiv begrenzen oder durch eine Negativliste definieren. Mit anderen Worten, es können unter dem Aspekt des kleinen Risikos Leistungen aus der Versicherung ausgeschlossen werden. Beitragsrückerstattung, Selbstbehalt und Beteiligung an der Arztrechnung und den Arzneikosten sind ebenso mögliche Instrumente wie die Verwendung von Behandlungsleitlinien im Rahmen der evidenzbasierten Medizin und der Übergang von der Einzelleistungsvergütung zu Kopf- und Fallpauschalen. Auch der Ausbau der integrierten Versorgung (Health Management Organization) kann bei diesem Ansatz in Angriff genommen werden; ein Risikostrukturausgleich unter den gesetzlichen Kassen kann Element dieses Ansatzes sein.

Allerdings muss man damit rechnen, dass die Einzelschritte das Grundproblem nicht angehen und man sich von einem Wettbewerbskonzept eher entfernt als sich ihm anzunähern. Dies wäre etwa der Fall, wenn man zu einem stärker steuerfinanzierten Gesundheitssystem überginge. Dann wird der Äquivalenzgedanke für die Gestaltung der Beiträge aufgegeben, der sich später nicht wieder einfach einführen lässt. Auch wird es Versuche geben, die gesetzlichen Kassen dadurch stärker abzusichern, dass man sie für zusätzliche Mitglieder, so für die Selbstständigen, zur Pflicht macht.

So gibt es den Vorschlag, die Möglichkeit, zu einer privaten Versicherung zu wechseln, zu streichen. Diese Exit-Option haben bislang Versicherte der gesetzlichen Krankenversicherung, wenn ihr Einkommen die Beitragsbemessungsgrenze übersteigt. Durch die Streichung will man mehr Beitragszahler in den gesetzlichen Krankenversicherungen halten. Den in den gesetzlichen Kassen Versicherten wird damit eine Entscheidungsoption genommen, und die gesetzliche Kasse wird zum Obligatorium für alle. Insoweit bedeutet dieser Reformschritt, dass die Wahlfreiheit der Individuen eingeschränkt wird. Aber nicht nur das: Wenn man berücksichtigt, dass die Erwerbstätigen in ihrem beruflichen Einkommenszyklus zunächst mit einem niedrigen Einkommen beginnen, das dann mit den Berufsjahren ansteigt, würde den privaten Versicherern ein Teil des Marktes entzogen. Durch die Streichung der Exit-Option wird im Versicherungssystem insgesamt die private Komponente zurückgedrängt und der Wettbewerb im Gesamtsystem geschwächt. Die Gesellschaft hat dann weniger Erfahrung darüber, welchen Beitrag ein Privatversicherer zu einer effizienteren Lösung des Gesamtsystems beizutragen vermag. Wichtig ist schließlich auch, dass die Streichung das jetzige System festschreibt und damit von einer grundlegenden äquivalenzorientierten Reform des Gesundheitswesens weiter weg führt. Im Sinne der Pfadabhängigkeit heißt dies: Die Option zu streichen ist ein Schritt in die falsche Richtung.

Aus der gleichen Motivation heraus wird vorgeschlagen, die Bemessungsgrundlage dadurch zu verbreitern, dass die Nichtlohneinkommen in die Bemessungsgrundlage für die Beiträge zur gesetzlichen Krankenversicherung einbezogen werden. Dies bringt etwa 35 Mrd. DM pro Jahr zusätzlich ein. Damit wird die Verteilungskomponente im jetzigen System größer. In Zukunft wird es dadurch schwerer, zu dem langfristig anzustrebenden System mit mehr Äquivalenz überzugehen – nicht zuletzt, weil sich durch die höheren Einnahmen der Reformdruck verringert. Dagegen würde der Wettbewerbsansatz die Prämien sowohl vom Arbeitseinkommen als auch vom sonstigen Einkommen entkoppeln und an die Leistung der Versicherung binden. Wer ein zu geringes Einkommen hat, erhält einen Zuschuss.

Ein Weg in die falsche Richtung ist, einen Mindestbeitrag für die Krankenkassen festzusetzen, um den Wettbewerb auszuschalten. Damit werden leistungsfähige Kassen bestraft, die weniger leistungsfähigen geschützt. Die Kassen haben dann kaum noch einen Anreiz, für mehr Effizienz zu sorgen. Vielmehr müssen sie in Zukunft einkalkulieren, dass sie durch den gesetzlich vorgeschriebenen Mindestbeitrag einen Einnahmeüberschuss erhalten. Da es ihnen gesetzlich verboten ist, diesen Einnahmeüberschuss an die Mitglieder weiterzugeben, müssen sie sich darauf einstellen, dass die Politik sich dieses Überschusses bemächtigt, beispielsweise indem sie ihn umverteilt. Warum sollte dann eine Kasse noch für Effizienz sorgen? Dann kann man doch besser aus den Beiträgen ein repräsentatives Gebäude erstellen oder sonst wie für Ausgaben sorgen. Der Mindestbeitrag ist eine Bankrotterklärung der Politik. Eigentlich sollte man aus der Agrarpolitik wissen, wie ein Mindestpreis wirkt. Auf dem Gütermarkt sorgt er für Fleisch- und Butterberge. Es wird zuviel angeboten, in unserem Fall zuviel und ineffiziente Versicherungsleistung. Da der Mindestbeitrag ein Zwangsbeitrag ist, können die Nachfrager noch nicht einmal ausweichen. Auch im Gesundheitswesen hat die Politik den Kobra-Effekt nicht verstanden.

9 Alterssicherung: Hab' weniger, spare mehr, arbeite länger

Spare nie auf morgen,
was du übermorgen gerade so gut tun kannst.
MARK TWAIN

In den nächsten 30 bis 50 Jahren wird die Bevölkerung in Deutschland zahlenmäßig erheblich abnehmen und zugleich stark altern. Nach der jüngsten – der neunten – koordinierten Bevölkerungsvorausberechnung aus dem Jahr 2000 geht die Bevölkerung Deutschlands in der ungünstigsten Variante von derzeit 82 Millionen um 16 Millionen auf 66 Millionen im Jahr 2040 zurück (siehe Schaubild 9.1). Bei dieser Variante 0 wird eine Nettozuwanderung von Null unterstellt, ferner wird eine gleichbleibende Lebenserwartung angenommen. Bei einer jährlichen Nettozuwanderung von 100 000 Personen dagegen schrumpft die Bevölkerung um zwölf Millionen (Variante 1), bei einer Nettozuwanderung von 200 000 pro Jahr beträgt der Rückgang 7,5 Millionen (Variante 2). Das Durchschnittsalter (Median) der deutschen Bevölkerung nimmt in der Variante 2 von 39,8 Jahre (1999) auf 46,1 Jahre (2025) und 48,6 Jahre (2050), also um etwa neun Jahre zu, in den beiden anderen Varianten entsprechend mehr. Der Altenquotient, die Relation zwischen denen, die 65 und älter sind, zu der Gruppe, die zwischen 20 und unter 65 sind, wird sich in der Variante 1 von derzeit 25,4 auf 56,2 Prozent im Jahr 2040 mehr als verdoppeln.

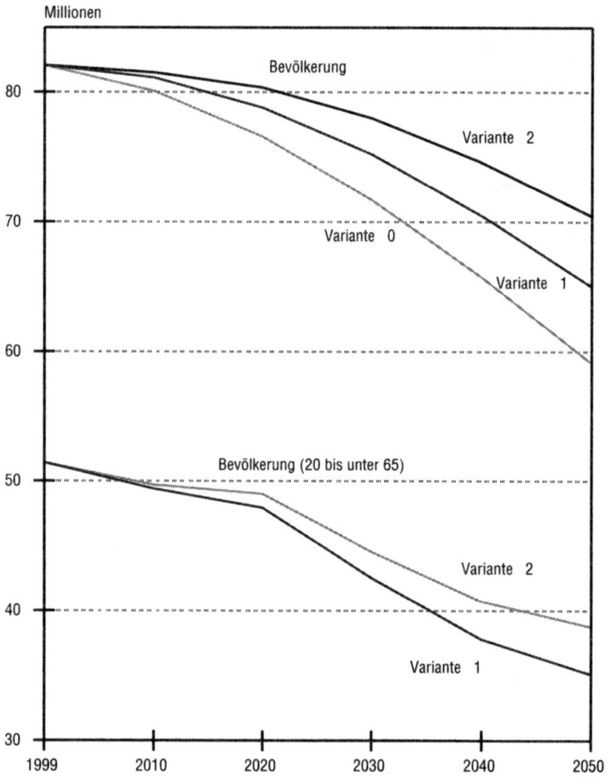

Schaubild 9.1 – Bevölkerung bis 2050

Die Rente ist sicher – auch bei alternder Bevölkerung?

Ähnlich ausgeprägt ist die Entwicklung in anderen Industrieländern, etwa in Italien. Besonders betroffen ist auch Japan. Aber auch in China wird ein deutlicher Alterungsprozess erwartet. Etwas weniger gravierend ist das Problem für Frankreich und Großbritannien, wo nach OECD-Daten die Bevölkerung der Zahl nach in etwa stagnieren wird. Aber auch hier ist eine Alterung zu erwarten.

Die geringe Bevölkerungszahl und das höhere Durchschnittsalter haben zur Konsequenz, dass sich die Finanzierungsbedingungen der Alterssicherung dramatisch verschlechtern: Während in den sechziger Jahren des letzten Jahrhunderts die Rente eines Rentners aus den Beiträgen von drei Arbeitnehmern finanziert wurde, muss im Jahr 2030 die Zahlung an einen Rentner von nur einem Erwerbstätigen, genauer von fast nur einem Erwerbstätigen, getragen werden. Dies stellt die gesetzliche Rentenversicherung vor gewaltige Herausforderungen. Bekanntlich wird das staatliche System der Alterssicherung bei uns im Umlageverfahren betrieben: Wer produktiv tätig, also beschäftigt ist, zahlt in das System ein, und diese Beiträge werden sofort an die Rentner weiter geleitet. Eine eiserne Reserve existiert nicht, sieht man einmal von einer minimalen »Schwankungsreserve« ab, die gerade mal einen Monat ausreicht. Das gesetzliche Rentensystem ist also nur von Monat zu Monat finanziert – von der Hand (des produktiv Tätigen) in den Mund (des Rentners). Das System kann nicht mehr Rente zahlen, als jeden Monat an Beiträgen hereinkommt. Auch wenn die Beitragszahler das Gefühl haben, mit ihren Beiträgen einen Anspruch für die Zukunft erworben zu haben – was rechtlich auch der Fall ist –, so werden diese Ansprüche nicht bilanziert. Die Zukunftsverpflichtungen haben keine Gegenposition. Nur wenn in der Zukunft die junge Generation bereit ist, entsprechend hohe Beiträge zu entrichten, können Renten gezahlt werden. Dies ist der so genannte Generationenvertrag.

Betrachten wir zunächst ein Szenario ohne die Rentenreform des Jahres 2001. In einem solchen Szenario wird bei alternder Bevölkerung der Beitragssatz von 19,1 Prozent des Bruttoarbeitsentgelts (im Jahr 2001) zwangsläufig kräftig ansteigen. So ist nach der Vorausschätzung der Bundesregierung ohne Reform mit einer Zunahme auf 23,6 Prozent im Jahr 2030 zu rechnen. Andere Berechnungen kommen auf wesentlich höhere Beitragssätze im Größenbereich von 25 bis 28 Prozent. Deutschland wird in 30 Jahren nach Berechnungen der OECD etwa 15 Prozent seines Bruttoinlandsprodukts für die Alterssicherung ausgeben. Ähnliches gilt für Frankreich und Italien. In Großbritannien und in den USA wird dieser Prozentsatz nur bei gut einem Drittel bis zur Hälfte des deutschen Wertes liegen.

Ob es mit der Rentenreform des Jahres 2001 gelingt, den Anstieg des Beitragssatzes wie erhofft im Jahr 2030 auf 22 Prozent zu begrenzen, ist fraglich. Denn die Vorausschätzungen hängen entscheidend von den Annahmen ab, die zugrunde gelegt werden. Das gilt zuallererst für die Prämissen über die Bevölkerungsentwicklung. Aber auch andere Annahmen spielen eine wichtige Rolle. So nehmen die Rechnungen der Regierung eine Beschäftigungskonstanz bis 2025 an, obwohl das Erwerbspersonenpotential beachtlich zurückgeht. Dann aber gibt es weniger Beitragszahler. Ferner wird einfach vernachlässigt, dass die Ausgaben für die Krankenversicherung und für die Pflege bei alternder Bevölkerung beachtlich steigen. Die Ergebnisse sind also nicht robust. Tendenziell werden die Ausgaben unterschätzt. Dürfte man beispielsweise eine hohe Zunahme der Arbeitsproduktivität unterstellen, so würde dies eine kräftige Steigerung des Reallohns bedeuten, was selbst auch bei alternder Bevölkerung eine relativ passable Basis für Beitragszahlungen darstellt, so dass die Belastung in absoluter Betrachtung des Nettoeinkommens, das nach der Beitragszahlung verbleibt, eher hinnehmbar ist. Bei nur schwacher Zunahme der Arbeitsproduktivität sieht dies jedoch anders aus.

Aber nicht nur aufgrund der Beiträge für die gesetzliche Alterssicherung werden die Jungen, also die Mitglieder der produktiven Generation, in zwei oder drei Jahrzehnten eine enorme Last zu tragen haben. Denn sie tragen ebenfalls die Bürde, die Beiträge für die anderen Systeme der sozialen Sicherung – wie die gesetzliche Krankenversicherung und die Sozialhilfe für ältere Menschen – zu übernehmen, die in einer alternden Gesellschaft verstärkt beansprucht werden. So weit sie dem staatlichen Umlagesystem der Alterssicherung für ihre eigene Zukunft nicht trauen, müssen sie über die Beitragszahlung hinaus eine eigene Kapitalvorsorge betreiben, also für ihr Alter sparen und deshalb auf Konsum verzichten. Außerdem müssen sie Steuern zahlen, damit die staatlichen Aufgaben erfüllt werden können, während gleichzeitig die Steuerbasis, gemessen jedenfalls an der produktiven Generation, dünner wird.

Neben der Finanzierung der gesetzlichen Rentenversicherung schlummert in den öffentlichen Haushalten noch ein anderes Problem: die Pensionslasten der Beamten. Durch die kameralistische

Buchführung werden diese Belastungen zukünftiger Perioden heute in den öffentlichen Haushalten nicht ausgewiesen.

Es ist offen, ob in Zukunft die junge Generation willens sein wird, den Generationenvertrag einzuhalten, also die Verpflichtungen zu übernehmen, die sie ererbt hat, oder ob sie die Erbschaft ausschlägt. Wenn die Last übermäßig wird, kann man davon jedenfalls nicht ausgehen. Erklärungen wie »Die Rente ist sicher« (von Arbeitsminister Blüm vor der Bundestagswahl 1998) oder »Wir haben uns geeinigt« (von Arbeitsminister Riester nach dem Gespräch mit den Gewerkschaften im Dezember 2000) können dieses Problem nicht aus der Welt schaffen.

Dass das staatliche Umlagesystem in seiner alten Form in Zukunft nicht mehr finanzierbar sein wird, ist die eine Konsequenz der alternden Bevölkerung. Die andere Konsequenz ist, dass die hohen Belastungen einen Keil zwischen den Bruttolohn, den für die Unternehmen relevanten Arbeitskosten, und den Nettolohn, der das Einkommen der Arbeitnehmer darstellt, treiben. Ein solcher Keil bedeutet für die Unternehmen Lohnzusatzkosten, die die Nachfrage nach Arbeitskräften systematisch schwächen. Das derzeitige System ist also auch für die Arbeitslosigkeit, die große wirtschaftspolitische Zielverfehlung, mit verantwortlich.

Die Fehlentwicklungen bei der Alterssicherung sind übrigens im Wesentlichen in den siebziger Jahren entstanden, als zusammen mit einer neuen Wirtschaftspolitik die Staatsquote kräftig auf 50 Prozent ausgedehnt wurde und die Staatsdiener um eine Million zunahmen. Nun, gut 30 Jahre später, werden die Pensionslasten deutlich. Damals konnte sich die Politik in den Augen der Wähler profilieren; sie hat dies auf Kosten der Zukunft getan.

In den siebziger Jahren liegt auch der Ursprung jener Entwicklungen, die es heute notwendig machen, das Rentenniveau abzusenken. Bis Mitte der sechziger Jahre lag das Rentenniveau bei 60 Prozent des Nettolohns, erst in den siebziger Jahren wurde es mit dem Ausbau des Wohlfahrtsstaats auf 70 Prozent heraufgesetzt. Die Ausschüttung des Füllhorns hielt aber nur bis 1992, als die Bruttoanpassung aufgegeben werden musste und die Nettoanpassung eingeführt wurde. Auch nach der gerade verabschiedeten Rentenreform beginnt schon wieder die Diskussion über die nächste Reform.

Niedrigeres Rentenniveau oder: Die Kosten werden nicht genannt

Die Leistungen der Rentenversicherung sind in Zukunft in ihrem heutigen Niveau nicht aufrecht zu erhalten, wenn die Beiträge nicht beträchtlich steigen sollen. Dies ist unbestritten. Die Menschen haben glücklicherweise eine längere Lebenszeit, aber es sind weniger Junge da, die mit produktiver Tätigkeit die Renten der Alten finanzieren können. Die Leistungen der Rentenversicherung relativ zum Lohneinkommen müssen bei objektiver Betrachtung also abgesenkt werden. Die Botschaft an die Jungen heute, also an die Rentner von morgen, ist knallhart; sie lautet: »Hab' weniger, spare mehr, arbeite länger«. Sie müssen sich (»Hab' weniger«) mit einem geringeren Rentenniveau aus dem Umlagesystem zufrieden geben. Das sagen jedenfalls die Daten und die Sachzwänge.

Um die nüchterne Botschaft, dass das Rentenniveau gesenkt werden muss, wird von der Politik allerdings ein großer Bogen gemacht. Niemand scheint bereit zu sein, der Bevölkerung reinen Wein einzuschenken. Man mag die auf uns zukommenden Zwänge nicht klar benennen.

Vergleicht man den Kompromiss der Regierung mit den Gewerkschaften vom Dezember 2000, der der Rentenreform zugrunde liegt, mit den Reformvorstellungen, die vorher herrschten, so ist Verblüffendes geschehen: Nach dem Riester-Vorschlag von vor Dezember 2000 sollte das Rentenniveau des Umlagesystems bis zum Jahr 2030 auf 64 Prozent des Nettolohns abgesenkt werden. Durch eine freiwillige, steuerlich geförderte private Altersvorsorge sollte das Versorgungsniveau von insgesamt 72,6 Prozent erreicht werden, wobei die private Zusatzversorgung im Jahr 2030 ein um 8 Prozentpunkte höheres zusätzliches Rentenniveau bringen wird.

Betrachtet man das Jahr 2030, so ergeben nach dem Dezember-Kompromiss die 8 Prozentpunkte aus der freiwilligen Zusatzversorgung zusammen mit den 67 Prozent aus dem Umlagesystem ein

Rentenniveau von 75 Prozent. Dies ist in der Tat verblüffend. Ist hier Magie am Werke? Die deutsche Gesellschaft altert: Anders als in den sechziger Jahren des letzten Jahrhunderts, als ein Rentner von drei Erwerbstätigen finanziert wurde, muss in 30 Jahren ein Erwerbstätiger einen Rentner finanzieren. Deshalb sagt der gesunde Menschenverstand, dass das Rentenniveau abgesenkt werden muss.

Aber siehe da, welch Wunder: es wird sogar ein höheres Rentenniveau erreicht als derzeit. Eine alternde Gesellschaft passt ihr Rentenniveau an die Alterung an, und als Ergebnis stellt sich im politischen Prozess merkwürdigerweise ein Rentenniveau ein, das höher liegt als bisher. Ja, man hat sich geeinigt, gesellschaftlich relevante Gruppen stimmen zu. Aber ist die Lösung auch auf Dauer finanzierbar? Ist sie tragfähig und nachhaltig, da doch alle theoretischen Modelle und Simulationsrechnungen zeigen, dass das Niveau abgesenkt werden muss? Ist die intertemporale Finanzierungsrestriktion, also der Zwang, dass im Umlagesystem die Rentenzahlungen an die Alten durch die Beiträge der produktiv tätigen Jungen finanziert werden müssen, in dem Kompromiss angemessen berücksichtigt?

Zudem stellt das Jahr 2030 noch nicht das langfristige Gleichgewicht des Rentensystems dar. Dies wird erst erreicht, wenn der Übergang zu dem neuen System vollständig abgeschlossen ist und alle Jahrgangskohorten nach dem neuen System in Rente gehen. Das ist erst im Jahr 2055 der Fall. Dann dürfte übrigens der Beitrag der privaten Zusatzversorgung zum Gesamtniveau deutlich höher liegen als 8 Prozentpunkte.

Und noch etwas fällt bei der aktuellen Debatte auf. Es ist merkwürdig, dass in der deutschen Öffentlichkeit nur über das Rentenniveau diskutiert wird, nicht aber darüber, was es die Volkswirtschaft kostet, dieses Rentenniveau zu erreichen. Die Kosten werden einfach verdrängt.

Alle Untersuchungen zeigen, dass der Übergang von einem Umlagesystem zu einem System mit Kapitaldeckung eine kostengünstigere Alterssicherung ermöglicht, aber für die Übergangsgenerationen – auch bei nur partieller Kapitaldeckung – mit erheblichen

Belastungen verbunden ist. Betrachten wir das neue Rentengesetz. Das Rentenniveau des Umlagesystems soll bis zum Jahr 2030 auf 67 Prozent des Nettolohns sinken. Um ein Gesamtversorgungsniveau von etwa 75 Prozent zu erreichen, müssen vier Prozent des Einkommens privat angelegt werden. Zu berücksichtigen ist die zusätzliche Belastung durch die Ökosteuer, die dazu dient, die staatlichen Zuschüsse in die Rentenversicherung mit zu finanzieren und die in der Endstufe mit 35 Mrd. DM pro Jahr etwa zwei Prozentpunkten gleichkommt. Summa summarum wird damit für die Alterssicherung einschließlich der freiwilligen Komponente ein Beitragssatz von 28 Prozent erreicht. Ferner werden derzeit Bundeszuschüsse aus anderen Steuern als der Ökosteuer von etwa 90 Mrd. DM (im Jahr 2000) an die Rentenversicherung geleistet. Die private Kapitalvorsorge wird mit 21 Mrd. DM pro Jahr vom Staat bezuschusst. Die neue Alterssicherung hat also ihren Preis. Dabei ist unterstellt, dass die Projektionen auch zutreffen.

Betrachtet man die neue Rentenformel (siehe Anhang zu Kapitel 9) unter dem Gesichtspunkt der politischen Ökonomie, so wird ein beachtlicher Schwachpunkt der Rentenreform deutlich: Die Riestersche Rentenformel enthält keinerlei demographische Charakteristika. Die Rente reagiert auf die Beitragssätze und auf die Sätze für die private Vorsorge. Dies sind jedoch letztlich politische Variablen und nicht objektive Gegebenheiten, die die Bedingungen der alternden Gesellschaft in Deutschland widerspiegeln. Damit gibt es für die neue Rentenberechnung auf Dauer keine objektive Basis.

Mehr private Kapitalbildung

Da die heute Jungen nicht davon ausgehen können, dass das Umlagesystem in Zukunft das gleiche Rentenniveau wie derzeit bereitstellen wird, müssen sie selbst für ihr Alter vorsorgen. Sie müssen also Kapital bilden, mit dem sie später ihren Lebensabend bestreiten können. Zusätzlich müssen sie im Rahmen des Umlagesystems die Renten der Alten finanzieren. Aus diesem Grund sind sie doppelt belastet, jedenfalls stärker als die Rentner in der Vergangenheit.

Diese Zusatzbelastung lässt sich nur reduzieren, wenn man die im Vergleich zum Umlagesystem höheren Ertragsraten der privaten Kapitalbildung nutzt und das gesetzliche Umlagesystem zurückführt. Eine private kapitalgedeckte Zusatzversicherung als zweite Säule der Alterssicherung ist deshalb unerlässlich. Deshalb ist die in der Rentenreform vorgesehene private Zusatzversicherung auf freiwilliger Basis ein Schritt in die richtige Richtung, sogar ein wichtiger Schritt in die richtige Richtung. Es sollte zum politischen Grundkonsens aller Parteien zählen, eine private Zusatzversicherung auf freiwilliger Basis vorzusehen.

Eine steuerliche Förderung der freiwilligen kapitalgedeckten Zusatzrente mag dabei unter unseren Bedingungen in Deutschland helfen, allen eine private Vorsorge zu ermöglichen. Dabei werden eingezahlte Beiträge steuerlich freigestellt und die Renten besteuert (nachgelagerte Besteuerung). Wem die steuerliche Abzugsfähigkeit der Beitragszahlungen wegen zu geringer Steuerpflicht nichts nützt, erhält Zuschüsse des Staates, die insgesamt 21 Milliarden DM pro Jahr ausmachen.

Dieser Ansatz bringt neue Regulierungen mit sich, etwa dahingehend, welche Anlageformen der Staat für sicher hält und wie das eigene Haus als eine Altersvorsorge, das in dieses System nicht ganz hereinpasst, obwohl es die klassische Alterssicherung darstellt, zu behandeln ist. Wie weit die Regulierungsdichte dabei geht, zeigt sich dann, wenn ein Pensionär seine Pension im Alter auf Mallorca oder in Florida zu genießen gedenkt. Da dann die nachgelagerte Besteuerung nicht klappt – für den Zulageberechtigten endet die unbeschränkte Steuerpflicht durch die Verlagerung des Wohnsitzes –, will der Finanzminister die Förderung zurückhaben. Sozusagen en passant wird mit diesem Ansatz also die Freiheit des Einzelnen eingeschränkt. Dass diese Regelung keinen Aufschrei in der deutschen Öffentlichkeit hervorgerufen hat, lässt vermuten, dass es mit dem Drang nach individueller Freiheit beim deutschen Michel nicht weit her zu sein scheint.

Grundsätzlich könnte man sich einen anderen Ansatz vorstellen: Eine Gesellschaft könnte auch von der These ausgehen, dass jeder aus seinem Nettoeinkommen, das ihm nach der Steuerzahlung verbleibt, für sein Alter vorsorgen soll. Der Staat muss dann jedem Einzelnen mit seiner Besteuerung genügend Raum lassen, im Rahmen seiner Leistungsfähigkeit für das Alter vorsorgen zu können. Die Einkommensteuersätze sollten also entsprechend niedrig liegen. Dann bleibt es auch dem Einzelnen überlassen, ob er sein Kapital auf dem Sparbuch anlegen will oder in ein Eigenheim steckt, damit er später keine Miete zahlen muss. Es ist dann ebenfalls seine Sache, ob er seinen Lebensabend im Inland oder im Ausland, auch im nichteuropäischen, verbringt. Wer aufgrund niedrigen Einkommens nicht zusätzlich für das Alter ansparen kann, ist durch das Umlagesystem abgesichert. Ferner hilft die Sozialhilfe.

Gegen ein Obligatorium

Von einigen wird ein Obligatorium für die geplante kapitalgedeckte Zusatzversicherung gefordert. Eine solche Pflichtversicherung könnte damit begründet sein, dass Arbeitnehmer es unterlassen würden, für ihr Alter vorzusorgen, wenn eine Pflicht dazu nicht besteht. Sie wären dann im Alter auf Sozialhilfe angewiesen. Dieses Argument spräche bei einem vollständigen Übergang zur Kapitaldeckung in der Tat für eine allgemeine Versicherungspflicht. Wenn jedoch weiterhin eine Grundabsicherung im Rahmen der Gesetzlichen Rentenversicherung besteht, ist eine Pflicht zu einer kapitalgedeckten Zusatzversorgung nicht erforderlich. Eine solche Grundabsicherung wird bei der geplanten Rentenreform trotz der Leistungsreduzierung nicht in Frage gestellt. Außerdem: Mit der nachgelagerten Besteuerung wird im Fall privater Kapitalbildung die effektive Steuerbelastung verringert. Für die Bezieher niedriger Einkommen setzt der Staat durch die nicht unbeträchtliche Förderung der kapitalgedeckten Zusatzversicherung kräftige Anreize zum Aufbau einer über die gesetzliche Rentenversicherung hinausgehenden kapitalgedeckten Absicherung im Alter. Insgesamt darf man damit davon ausgehen, dass die Bürger aus eigener Verantwortlichkeit heraus durch Kapitalbildung für ihr Alter vorsorgen. Da die Grundabsicherung gegeben ist und zugleich Bezieher niedriger Einkommen eine nicht unbeträchtliche steuerliche Förderung ihrer Kapitalbildung erfahren, sollte die derzeit geplante Zusatzversorgung freiwillig sein.

Man kann nur hoffen, dass mit diesem Schritt in die private Altersvorsorge deutlich wird, dass die private kapitalgedeckte Altersvorsorge eine höhere Rendite mit sich bringt als das staatliche Umlagesystem. Für die 25 Jahre ab 1970 lag die reale Rendite auf dem Kapitalmarkt mit 4,7 Prozent deutlich höher als die reale Zunahme der Eckrenten mit 1,9 (die man als eine Art »Rendite« des Umlagesystems interpretieren könnte). Dies zeigt, dass die Alterssicherung durch die Privatvorsorge günstiger zu haben ist; die Absicherung für das Alter ist also mit einem geringeren finanziellen Einsatz zu erreichen. Wenn dies den Bürgern nach und nach deutlich wird, werden sie in Zukunft für weitere Schritte in Richtung Privatvorsorge offen sein.

Was gegen eine steuerfinanzierte Grundsicherung spricht

Wenn die Rentenversicherung auch nur einigermaßen auf Beitragsäquivalenz ausgerichtet sein soll, taugt eine Ausdehnung der Steuerfinanzierung nicht als Basis für eine nachhaltige Lösung der Alterssicherung. Denn eine Steuerfinanzierung würde die heute noch bestehende Verknüpfung zwischen Rente und Beitrag auflösen: die Rente gäbe es dann aus der Sicht des Rentners umsonst. Damit wäre das Interesse, zur Alterssicherung beizutragen, null. Deshalb ist einer steuerfinanzierten Grundsicherung mit großer Skepsis zu begegnen. Es kommt hinzu, dass Steuern allemal negative Produktivitätseffekte haben und damit die Steuerbasis schmälern, aus denen die Zuschüsse zur Rentenversicherung zu finanzieren sind. Der entgegengesetzte Weg ist richtig: Dem Einzelnen sollte ein individuelles Konto auch im Umlagesystem eingerichtet werden; jährlich sollte ihm mitgeteilt werden, welche Ansprüche er bisher angesammelt hat.

Man mag sich ein steuerfinanziertes System für kleinere Länder mit engem sozialen Verbund und enger sozialer Kontrolle wie in Skandinavien vorstellen können, für eine größere Volkswirtschaft wie Deutschland dürften die Bedingungen anders gelagert sein. Vor allem aber verlangt eine steuerfinanzierte Grundsicherung immense politische Kraft, damit eine derartige Absicherung auf das Wesentliche beschränkt bleibt und die Parteien sich nicht darin überbieten, im Rahmen von Wahlgeschenken die Grundsicherung auszudehnen. Wir müssten von dem großzügigen kontinentalen Modell auf den knapp bemessenen angelsächsischen Ansatz übergehen. Zu einem solchen Paradigmawechsel dürfte die Politik aber kaum in der Lage sein.

Die gleichen Bedenken gelten für eine staatlich finanzierte Mindestrente, die zusätzlich zur Sozialhilfe einen weiteren Absicherungsboden in das System der sozialen Sicherung einzieht und die inzwischen mit der Rentenreform Gesetz geworden ist. Sicherlich stellt sich die Frage, wie weit die Absenkung des Rentennivaus im Umlagesystem gehen kann, wenn man bedenkt, dass die Sozialhilfe ein Niveau erreicht, das teilweise nahe bei der Rente liegt, so bei einem Ehepaar (männlicher Alleinverdiener) 59 Prozent des Einkommens der Leistungsgruppe 3 im produzierenden Gewerbe (Ein-Personen-Haushalte, 44 Prozent männlich, 51 Prozent weiblich). Das Problem ist, ob das durch die soziale Sicherung definierte Anspruchseinkommen als Datum zu betrachten oder ob das Anspruchsniveau zu verändern ist. Wir haben dies im vorigen Kapitel diskutiert.

Privatvorsorge nicht durch Tarifvorbehalt an die Tarifparteien binden

Neben der gesetzlichen und der privaten, kapitalgedeckten Altersvorsorge stellt die betriebliche Altersversorgung eine weitere Säule dar. Sie kann unternehmensintern in Form einer Direktzusage bzw. einer Unterstützungskasse organisiert sein oder unternehmensextern als Direktversicherung bzw. Pensionskasse, künftig auch als Pensionsfonds. Bei den Direktzusagen sagt der Arbeitgeber dem Arbeitnehmer eine Versorgungsleistung zu, etwa indem Lohn umgewandelt wird; das Unternehmen bildet dafür Pensionsrückstellungen. Unterstützungskassen sind rechtlich selbständige Einrichtungen, die von Unternehmen (auch mehreren) getragen werden. Bei der Direktversicherung schließt das Unternehmen zugunsten der Arbeitnehmer extern einen Versicherungsvertrag ab. Pensionskassen gewähren im Gegensatz zu Unterstützungskassen einen Rechtsanspruch auf die Leistungen. Neu ist die Regelung der Pensionsfonds als rechtlich selbständige Einrichtung, die eine kapitalgedeckte betriebliche Altersversorgung durchführt. Der Arbeitnehmer hat einen Rechtsanspruch auf Leistung, die Beiträge kommen vom Arbeitgeber.

Neu eingeführt wurde auch der Tarifvorbehalt. Tarifgebundene Arbeitnehmer können demnach nicht individuell über eine Entgeltumwandlung in eine Alterssicherung entscheiden, sondern sind an die Regelungen der Tarifparteien gebunden. Das heißt, dass die Gewerkschaften größeren Einfluss auf die Ausgestaltung der Zusatzvorsorge erhalten. Ob man diese Entscheidung nicht dem Einzelnen hätte überlassen können? Die Gewerkschaften wären gut beraten, dem Fiasko ihrer »Neuen Heimat« – der Pleite der gewerkschaftseigenen Wohnungsbaugesellschaft – nicht ein Finanzanlagendesaster folgen zu lassen. Beim Finanzkapital ist so etwas ungleich leichter zu bewerkstelligen als im handfesten Bausektor.

Die Lebensarbeitszeit verlängern

Die Alterssicherung ist in der Vergangenheit als ein Notstopfen für die Arbeitsmarktpolitik eingesetzt worden. Dabei wurde die Frühverrentung durch eine Reihe unterschiedlicher Maßnahmen begünstigt. Demnach lohnt es sich für den Einzelnen, früher in Rente zu gehen, da der Gegenwartswert seiner Rente deutlich höher liegt als der des Einkommens, das zu erzielen ist, wenn er weiter arbeitet. Ökonomisch heißt dies, dass aus der Sicht des Arbeitnehmers die implizite Steuer auf den Faktor Arbeit in den Jahren vor dem Eintritt in die Rente ansteigt. Mit anderen Worten, er muss draufzahlen, um arbeiten zu können. Warum sollte er dann nicht früher in Rente gehen?

Dies ist eine verfehlte Strategie. Zum einen ist eine pauschale Umverteilung der Arbeitsplätze von Alt auf Jung ein naiver und abstruser Ansatz, wenn man mehr Beschäftigung erreichen will. Zum anderen werden die Finanzierungsprobleme der Alterssicherung verschlimmert. Die Lösung muss lauten, dass die zukünftigen Generationen wieder länger in ihrem Leben arbeiten müssen. Die Politik muss sich dazu durchringen, dem Einzelnen die gesellschaftlichen Kosten seines früheren Ausscheidens aus dem Arbeitsleben klar zu signalisieren. Die implizite Steuer auf den Faktor Arbeit, die anfällt, wenn jemand länger arbeitet, ist zu beseitigen.

Anhang: Ein Gang durch das Brevier der Rentenformeln

1. Die Monatsrente (MR) wird bestimmt[15] durch individuelle Faktoren, nämlich die in den Versicherungsjahren erreichten Endpunkte (EP) und den Zugangsfaktor bei vorzeitiger Rente (ZF), den Rentenartfaktor – Altersrente, Witwenrente – (RF) und den allgemeinen Faktor des aktuellen Rentenwerts (AR), der die Höhe der Rente bestimmt:

$$MR = EP \cdot ZF \cdot RF \cdot AR$$

2. Die neue gesetzliche Regelung sieht vor, dass sich der aktuelle Rentenwert wie folgt bestimmt:

$$AR_t = AR_{t-1} \cdot \frac{BE_{t-1}}{BE_{t-1}} \cdot \frac{90\% - RVB_{t-2} - SHS_{t-2}}{90\% - RVB_{t-2} - SHS_{t-2}}$$

Dabei sind

BE die Bruttolohn- und Gehaltssumme je Arbeitnehmer,

RVB der durchschnittliche Beitragssatz in der Rentenversicherung der Arbeiter und der Angestellten,

SHS der Sonderausgabenhöchstsatz zur zusätzlichen Altersvorsorge.

Die Rentenanpassungen werden nach der modifizierten Nettoanpassung vorgenommen. Dabei geht jetzt der Sonderausgabenhöchstsatz zur zusätzlichen Altersvorsorge ein. Der aktuelle Rentenwert wird also um die private Vorsorge bereinigt, allerdings nur bis diese ihr Maximum erreicht.

Das große Manko ist, dass diese Rentenformel keine demographischen Charakteristika enthält. Sie reagiert auf die Beitragssätze und auf die Sätze für die private Vorsorge. Dies sind jedoch letztlich politische Variablen und nicht objektive Gegebenheiten, die die Bedingungen der alternden Gesellschaft in Deutschland widerspiegeln. Damit gibt es für die neue Rentenberechnung keine objektive Basis.

3. Dagegen sah der Riester-Vorschlag vom November 2000 einen Ausgleichsfaktor bei der Berechnung der Monatsrenten vor. Er hätte sich nur auf die Zugangsrenten ausgewirkt: Ab 2011 wäre demnach ein Abschlag von 0,3 vorgenommen worden, d.h., die Monatsrente wäre mit 0,997 multipliziert worden. Jedes Jahr bis 2030 wäre der Abschlag 0,3 Prozent mehr geworden, bis die Monatsrente mit 0,94 multipliziert worden wäre. Auf diese Weise sollte der sonst zu erwartende Anstieg des Beitrags auf 23,6 Prozent niedriger gehalten werden und 22 Prozent nicht übersteigen.

Dieser Ausgleichsfaktor hätte zu einer Reduzierung der Zugangsrenten, also der Renten der Neurentner und damit der heute Jungen geführt, während die Altrentner verschont geblieben wären. Dies wäre nicht generationengerecht gewesen. Der Ausgleichsfaktor war willkürlich gesetzt und zielte darauf ab, dass die Beiträge nicht allzu stark ansteigen.

4. Dagegen hätte der demographische Faktor die Renten nach dem Alterungsprozess der Bevölkerung reduziert; er war objektiv nachvollziehbar. Dies hätte die Rentner, nicht nur die jungen Leute belastet:

$$AR_t = AR_{t-1} \cdot \frac{BE_{t-1}}{BE_{t-2}} \cdot \frac{NQ_{t-1}}{NQ_{t-2}} \cdot \frac{RQ_{t-2}}{RQ_{t-1}} \cdot \left[\left(\frac{LEB_{t-9}}{LEB_{t-8}} \right) / 2 + 1 \right]$$

Dabei sind

NQ die Nettoquote für das Arbeitsentgelt

RQ die Rentennettoquote

LEB die durchschnittliche Lebenserwartung der 65-Jährigen.

5. Beim Generationenfaktor muss jede Generation (Kohorte), die länger lebt, einen Abschlag hinnehmen.

6. Die richtige Formel wäre gewesen, die demographischen Aspekte in einem Korrekturfaktor α (z.B. kombinierter Demographie- und Generationenfaktor) einzubeziehen:

$$AR_t = AR_{t-1} \cdot \frac{BE_{t-1}}{BE_{t-1}} \cdot \frac{100\% - RVB_{t-2} - SHS_{t-2}}{100\% - RVB_{t-2} - SHS_{t-2}} \cdot \alpha$$

10 Was die alternde Gesellschaft mit sich bringt

Manch guter Ton wird auf einer alten Geige gespielt.
SPRICHWORT

Angesichts der alternden Bevölkerung stehen in der öffentlichen Diskussion die notwendigen Veränderungen des staatlichen Umlagesystems der Alterssicherung im Vordergrund. Aber auch sonst noch werden die Volkswirtschaften der alternden Gesellschaften in vielfältiger Weise anders aussehen. Dies gilt für die Angebotsseite der Volkswirtschaft, es trifft aber auch für die Nachfrageseite zu. In alternden Gesellschaften ist ein anderes Bild der Wachstumsfaktoren zu zeichnen; der Prozess des wirtschaftlichen Wachstums kann erlahmen. Aber auch für die öffentlichen Haushalte und für die politische Ökonomie gelten andere Bedingungen.

Geringeres Arbeitsangebot

Ein unmittelbarer Effekt der stärkeren Alterung ist die mengenmäßige Abnahme des Arbeitsangebots. So wird für Deutschland erwartet, dass es, wenn man von Zuwanderungen absieht und die Erwerbsquote nicht nennenswert ansteigt, im Zeitraum von 2010 bis 2020 mit einer Rate von 0,5 Prozent pro Jahr zurückgeht. In den zwanziger und dreißiger Jahren sind es dann sogar 1,4 Prozent pro Jahr. Dabei bezieht sich die Abnahmerate auf die 20- bis 64-Jährigen (genauer bis unter 65), die das potentielle Arbeitsangebot ausmachen.

Unter sonst gleichen Bedingungen wird der Produktionsfaktor Arbeit knapper, und der Reallohn für den knapperen Produktionsfaktor steigt. Ja die Produktivität pro Stunde oder pro Beschäftigten nimmt sogar zu; denn je weniger von einem Produktionsfaktor gesamtwirtschaftlich eingesetzt wird, desto größer ist das Produktionsergebnis pro eingesetzte Einheit. In relativer Betrachtung ist wegen des knapperen Arbeitsangebots der Faktor Kapital reichlicher vorhanden. Der Realzins, also der Preis für Kapital, sollte daher im Vergleich zum Reallohn sinken. Der relative Faktorpreis verschiebt sich unter sonst gleichen Umständen zugunsten des Faktors Arbeit. Technisch lässt sich dies als Bewegung entlang der Faktorpreisgrenze einer Volkswirtschaft interpretieren, die angibt, wie viel maximal bei gegebener Technologie pro Einheit Arbeit und Kapital gezahlt werden kann.

Hinzu kommt, dass sich auch die Altersstruktur des Arbeitsangebots ändert. Ältere Arbeitnehmer haben Erfahrung akkumuliert, aber ihr Wissen dürfte bei kräftigem technischen Fortschritt, nicht zuletzt in der Informations- und Kommunikationsindustrie, schneller obsolet werden, und für viele wird es nicht einfach sein, sich die erforderlichen neuen Fähigkeiten schnell anzueignen oder sich überhaupt auf neue Technologien einzustellen. Darin kann ein Hemmnis für die Durchsetzung neuen technischen Wissens liegen. Ältere Arbeitnehmer neigen darüber hinaus eher dazu, an ihrem Arbeitsplatz festzuhalten und nicht mehr zu einer neuen Stelle wechseln, so dass in einer alternden Gesellschaft die Mobilität zwischen Unternehmen geringer wird und damit die Anpassungsfähigkeit der Wirtschaft an neue Bedingungen abnimmt. Zwischen den Eignungsprofilen der älteren Arbeitnehmer und den Anforderungsprofilen der Wirtschaft zeichnet sich ein Mismatch, eine Diskrepanz ab. Dieses Problem wird noch dadurch verschärft, dass in den nächsten Jahren das gesetzliche und das effektive Renteneintrittsalter um mehrere Jahre heraufgesetzt werden muss, um die Finanzierung der Alterssysteme sicherzustellen. Sollen die hier diskutierten negativen Wirkungen auf den technischen Fortschritt eingedämmt werden, so ist eine stärkere lebensbegleitende Qualifizierung der älteren Arbeitnehmer notwendig. Der Humankapitalbildung kommt also in Zukunft gerade bei den Älteren eine größere Bedeutung zu. Zudem müssen Formen der Altersteilzeit gefunden werden, mit denen ältere Arbeitnehmer weiter im Berufsleben verbleiben können.

Schwächere Kapitalbildung

Für den Faktor Kapital bringen ältere Gesellschaften tendenziell eine geringere Produktivität, also eine geringere Rendite mit sich. Zum einen ist der bestehende Kapitalstock für weniger Menschen überdimensioniert, so dass er abgeschmolzen werden muss. Dies geschieht, indem Ersatzinvestitionen unterbleiben. Zum anderen werden in einer alternden Gesellschaft aufgrund der schwächeren gesamtwirtschaftlichen Nachfrageentwicklung allgemein die Investitionschancen geringer. Darüber hinaus wird der bestehende Kapitalstock teilweise auch deshalb obsolet, weil sich die gesamtwirtschaftliche Güternachfrage in ihrer Struktur verändert. Dem stehen allerdings auch neue Investitionsgelegenheiten gegenüber. Besonders deutlich wird dies im Immobilienbereich, wo sich die Anforderungen an Größe und Ausstattung der Wohnungen für ältere Menschen verändern; der bestehende Wohnungsbestand entspricht nicht mehr den Wünschen und muss angepasst werden.

Dieser Effekt einer niedrigeren Rendite des Kapitals führt tendenziell zu einer geringeren Kapitalakkumulation; es lohnt sich weniger, Sachkapital zu bilden. Dem wirkt zwar teilweise ein Anstieg der Ersparnisse entgegen; denn die jungen Haushalte werden für ihr Alter mehr zurücklegen müssen. Aber es gibt mehr alte Haushalte, die ihre Ersparnisse auflösen. Insgesamt wird in der Volkswirtschaft weniger gespart. Auch geht die relative Verteuerung des Faktors Arbeit, der knapper wird, mit einer Substitution von Arbeit durch Kapital in kapitalintensiveren Prozessen einher. Per Saldo können diese Effekte der zweiten Runde aber die geringere Rendite in ihrer Wirkung auf die Kapitalbildung nicht kompensieren. Die Kapitalbildung schwächt sich ab, es sei denn, es tauchen durch technischen Fortschritt wie in der neuen Ökonomie neue Investitionschancen auf.

Auch die Konsumnachfrage ändert sich, und zwar dadurch, dass die Haushalte in ihrem Lebenszyklus Vermögen für das Alter aufbauen müssen, also in jungen Jahren weniger konsumieren, um den Konsum über die Lebenszeit zu glätten. Ferner verschiebt sich die Konsumstruktur, und zwar zugunsten derjenigen Produkte, die ältere Menschen vor allem nutzen, nicht zuletzt in Richtung Freizeit und Unterhaltung, Tourismus und Gesundheitsdienstleistungen. Dies sind zumindest teilweise Produkte mit einem geringeren Produktivitätsanstieg, die zudem auch arbeitsintensiv erstellt werden, so dass ein kräftiger Kostenschub wahrscheinlich ist. Auch aufgrund der höheren Arbeitsintensität dieser Produkte steigt der Reallohn relativ zum Realzins.

Der Wachstumsprozess erlahmt

In einer alternden Gesellschaft herrschen andere Bedingungen für wirtschaftliches Wachstum. Gewichtet man die für Deutschland zu erwartenden Abnahmeraten des Arbeitsangebots mit dem Wachstumsbeitrag der Arbeit, der bei 0,7 liegt, so bedeutet dies, für sich betrachtet, eine negative Wachstumsrate des Bruttoinlandsprodukts im Bereich von 0,4 Prozent bis ein Prozent pro Jahr in den drei Jahrzehnten ab 2010. Beispielsweise ergibt sich für den Zeitraum von 2020 bis 2030 eine negative Wachstumsrate von ein Prozent pro Jahr, wenn die Abnahmerate des Arbeitsangebots von 1,4 Prozent pro Jahr mit dem Wachstumsbeitrag der Arbeit von 0,7 multipliziert wird. Die Volkswirtschaft schrumpft also. Zudem kann aus den bereits erörterten Gründen ein zweiter Wachstumsfaktor, die Kapitalbildung, schwächer als bisher ausfallen. Alternde Volkswirtschaften bewegen sich demnach auf einem niedrigeren Wachstumspfad; ihr Produktionspotential – die Angebotsseite der Volkswirtschaft – entwickelt sich schwächer.

Was den dritten Wachstumsfaktor, den technischen Fortschritt, betrifft, so ändern sich auch hier die Bedingungen. Ältere Gesellschaften mögen durch eine größere Risikoaversion gekennzeichnet sein. Wenn diese These zutrifft, würden die Unternehmer mit weniger Wagemut an Innovationen herangehen. Die Politik würde bei ihren Entscheidungen und in den Regulierungen die Einschätzungen der Bürger widerspiegeln, und die Gesellschaft würde sich, etwa bei der Genehmigung neuer Produkte und neuer Produktionsverfahren, reservierter verhalten. Produkt- und Prozessinnovationen würden sich dann möglicherweise weniger leicht durchsetzen lassen. Dies aber heißt: weniger wirtschaftliche Dynamik. Zudem könnte das Nachfrageumfeld für Innovationen, sieht man einmal von den spezifischen Produkten für ältere Menschen wie bei der Medizin ab, ungünstiger sein. Auch die Bereitschaft zur Adoption neuer Produkte könnte sich abschwächen, wenn die älteren Menschen mit der neuen Technologie nicht zu Rande kommen, und zwar weder als Arbeitnehmer noch als Konsumenten. Insgesamt herrscht damit bei der Alterung einer Gesellschaft eine starke Tendenz vor, dass der Prozess des wirtschaftlichen Wachstums von selbst erlahmt.

Diese Aussage ist von der Botschaft her eine Ausprägung der Stagnationsthese, die die Bedingungen dafür benennt, dass in Volkswirtschaften wirtschaftliche Dynamik erlischt, weil wichtige Wachstumsfaktoren wie die Akkumulation von Kapital oder technischer Fortschritt ausfallen. Einer dieser Faktoren ist die Bevölkerung, die die Angebotsseite und die Nachfrageseite einer Volkswirtschaft beeinflusst.

Außenwirtschaftliche Konsequenzen

Eine alternde Gesellschaft hat auch beachtliche außenwirtschaftliche Konsequenzen: Die Verschiebung der Nachfrage in Richtung Freizeit und Gesundheit stellt einen Produktionsanreiz für international nichthandelbare Güter dar. Eine solche Spezialisierung in der Produktion bringt keinen Druck mit sich, im heimischen Markt eine Exportbasis für neue Exportprodukte zu entwickeln. Dies bedeutet eine Exportschwäche. Auch die größere Nachfrage nach touristischen Leistungen im Ausland dürfte eher die Außenhandelsschwäche verschärfen. Per Saldo heißt dies vom Außenhandel her eine ungünstigere Position mit der Folge einer negativen Leistungsbilanz. Technisch gesprochen bringen die neuen Nachfrageverhältnisse eine reale Aufwertung mit sich, d.h., die Preise der nichthandelbaren Güter steigen relativ zu den Preisen der handelbaren Güter, so dass die Exportwirtschaft zurückgedrängt wird. Dies führt zu einer Passivierung der Leistungsbilanz.

Wenn für die Altersvorsorge auch im Ausland Vermögen akkumuliert wurde, lässt sich ein solches Leistungsbilanzdefizit in der Kapitalbilanz spiegelbildlich durch Kapitalimport, also die Auflösung von Auslandsvermögen, finanzieren. Falls jedoch kein Vermögen im Ausland angesammelt wurde, ist eine reale Abwertung der heimischen Währung angezeigt, damit die nichthandelbaren Güter nachfrageseitig zurückgedrängt werden und damit die relative Position der handelbaren Güter verbessert wird. Auf diese Weise lässt sich das Leistungsbilanzdefizit verringern. Da neben Deutschland auch die beiden anderen kontinentaleuropäischen Volkswirtschaften Italien und Frankreich altern, würde dies für den Euro ein Abwertungsszenario in den nächsten Jahrzehnten bedeuten.

Man kann dies auch anders begründen. Weltwirtschaftlich verlagern sich die Kapitalströme in die jungen Volkswirtschaften, dort wird investiert. Diese Länder gewinnen eine größere wirtschaftliche Dynamik und rücken mehr ins weltwirtschaftliche Zentrum. Dagegen tendieren die älteren Gesellschaften eher zur Stagnation; sie verlieren an weltwirtschaftlicher Bedeutung. Dies ist auch ein Problem für Europa.

Die Wirkung auf die öffentlichen Haushalte

Die öffentlichen Budgets werden in vielfältiger Weise betroffen sein: Bei schwächerer wirtschaftlicher Dynamik fallen deutlich niedrigere Steuereinnahmen an. Die produktive Generation der Bevölkerung gibt zudem eine schmalere Steuerbasis ab. Die staatlichen Ausgaben dagegen werden aus einer Reihe von Gründen ansteigen, unter anderem weil die Systeme der sozialen Sicherung wohl stärker beansprucht werden. Dies gilt für die Alterssicherung und die Sozialhilfe für ältere Menschen. Es trifft aber auch für die Krankenversicherung zu, bei der das zunehmende Durchschnittsalter der Bevölkerung die Ausgaben anschwellen lassen wird. Sicherlich hängt die Stärke der Effekte davon ab, wie erfolgreich und nachhaltig das Alterssicherungssystem und das Gesundheitssystem in den nächsten Jahren umgebaut werden. Zudem tickt in den öffentlichen Haushalten die Zeitbombe der Pensionslasten für die Staatsdiener, deren Zahl vor allem in den siebziger Jahren mit dem Ausbau des Wohlfahrtsstaates kräftig ausgedehnt wurde. Staatliche Ausgaben können schließlich auch deshalb ansteigen, weil die Infrastruktur (Schulen, Verkehrssysteme, Verwaltungsgebäude) in Bezug auf die neue Situation überdimensioniert ist und nicht zügig angepasst werden kann; die Kosten lassen sich jedenfalls nicht umgehend zurückfahren.

Ohne Anpassungen auf der Ausgabenseite müsste der Saldo des öffentlichen Budgets im Verhältnis zum Bruttoinlandsprodukt deutlich negativ ausfallen. Wenn die Finanzpolitik nicht besondere Anstrengungen unternimmt, sind also Haushaltsungleichgewichte zu erwarten. Einige Berechnungen laufen darauf hinaus, dass zukünftige Generationen zusätzlich zu den Beiträgen für die staatlichen Umlagesysteme der Alterssicherung eine erhebliche Nettosteuerlast zu tragen haben werden. Man muss deshalb die Frage stellen, ob die öffentlichen Finanzen mit ihren Transfersystemen nachhaltig sein werden, was eine Voraussetzung für monetäre Stabilität ist.

Eine veränderte politische Ökonomie

Offen ist schließlich, wie sich die politische Ökonomie der alternden Gesellschaften verändern wird. Ältere Wähler – die grauen Panther – haben andere Präferenzen, sie könnten risikoscheuer sein und deshalb ein anderes Wählerverhalten an den Tag legen, so dass sich die Grundorientierung der politischen Parteien und auch der Politik insgesamt verschiebt. Dabei mag sich auch von der Politik her das Umfeld für Innovation verschlechtern.

Es ist jetzt an der Zeit, dass die Politik vor allem in den drei großen kontinentaleuropäischen Volkswirtschaften, die von der Alterung besonders betroffen sein werden, in Deutschland, Italien und Frankreich, die Weichen für die notwendigen Anpassungsprozesse stellt, bevor der Prozess des Alterns der Gesellschaft richtig beginnt. Die Politik hat dafür nicht mehr viel Zeit. Dabei geht es nicht nur darum, Bedingungen dafür zu schaffen, dass das Alterssicherungssystem nachhaltig aufrecht zu erhalten ist, wobei die Ansätze von einer expliziten Einwanderungspolitik bis zu einem Umstieg von den staatlichen Umlagesystemen in die private Alterssicherung reichen. Die Krankenversicherung muss tragfähig gemacht werden. Die Finanzpolitik hat die Aufgabe, die Zukunftsbelastungen zurückzuführen. Das heisst auf jeden Fall, dass keine zusätzlichen Staatsschulden angehäuft werden. Ein Defizit von über 40 Milliarden DM, also eine Zunahme der Staatsschuld, wie im Jahr 2001, ist nicht vertretbar, schon gar nicht, wenn die Steuereinnahmen gut laufen. Keine zusätzlichen Schulden zu machen reicht aber nicht. Die Finanzpolitik muss vielmehr darauf aus sein, die Schulden abzubauen. Erforderlich ist aber auch, dass die alternden Volkswirtschaften mit ihren institutionellen Regelungen die bevorstehenden strukturellen Anpassungen leisten können. Dazu bedarf es einer erheblichen Flexibilität der ökonomischen Systeme, nicht zuletzt des Arbeitsmarktes.

Vor allem aber ist es wichtig, Bedingungen herzustellen, die der Wachstumserlahmung alternder Gesellschaften entgegenwirken. Deshalb hat eine wirtschaftspolitische Strategie vorrangig darauf abzustellen, Kräfte der Innovation freizusetzen. Dabei geht es um gute Voraussetzungen für die Unternehmen – bei den Steuern, bei der Infrastruktur und den institutionellen Regelungen. Und es geht um eine hervorragende Qualifizierung der Arbeitnehmer und die richtigen institutionellen Arrangements für die Humankapitalbildung, auch für das berufsbegleitende Lernen. Die entscheidende Grundlage für Innovation ist schließlich die Gestaltung der Forschungs- und Universitätslandschaft. Auf die Fragen, die diese drei Punkte aufwerfen, komme ich in Kapitel 13 zurück.

11 Die Zuwanderung explizit steuern

Der Mann, der den Wind der Veränderung spürt,
sollte keinen Windschutz, sondern eine Windmühle bauen.
Mao Tse-tung

Für eine alternde Gesellschaft wie die deutsche ist die Zuwanderung eines der großen wirtschaftspolitischen Themen. Zuwanderung kann unter einer Vielzahl von Aspekten diskutiert werden. So sind verschiedene Formen der Zuwanderung zu unterscheiden, etwa Wanderungen aus Gründen des politischen Asyls und aus Gründen des wirtschaftlichen Gefälles. Ferner gibt es einen Unterschied zwischen den Wünschen des Zuwandernden und den Interessen des Zuwanderungslandes. Im Folgenden klammere ich die Frage des politischen Asyls weitgehend aus. Dabei gehe ich davon aus, dass die Regelungen für das Asyl im Wesentlichen unabhängig von den allgemeinen Zuwanderungsregelungen gestaltet sind.

Die Erwartungen des Zuwanderers

Der Zuwanderer erwartet, durch seine Wanderung zu einer Verbesserung seiner Situation zu kommen. Dabei kann die entscheidende Dimension die persönliche Freiheit sein, mit der er im Einwanderungsland rechnet, wie dies bei den Auswanderern in die USA im 18. und 19. Jahrhundert der Fall war, die in europäischen Ländern wegen ihrer Religion verfolgt wurden. Dies sind *Freiheits*wanderungen. In aller Regel handelt es sich jedoch um *Einkommens*wanderungen, denen die Erwartung zugrunde liegt, dass sich nach der Wanderung die Einkommenssituation nennenswert verbessern wird. Das Entscheidungskriterium für die Wanderung ist dabei nicht allein das aktuelle Lohn- oder Einkommensgefälle zwischen Einwanderungs- und Auswanderungsland, sondern der vom Migranten erwartete Einkommensstrom über einen langen Zeitraum, und zwar im Vergleich der beiden Länder. Im Grunde geht es um den Gegenwartswert der erwarteten Einkommen für die Zukunft, also um das erwartete Lebenseinkommen. Ist dies im Einwanderungsland deutlich günstiger, so lohnt es sich für den Einwanderer zu wandern. Dabei spielen Erwartungen über zukünftige Entwicklungen und die Unsicherheit darüber eine große Rolle. Würde ein potentieller Wanderer damit rechnen können, dass sich die Unsicherheit hinsichtlich der wirtschaftlichen Lage in seiner Heimat im Laufe der Zeit verringert, so lohnt es sich, mit der Wanderung zuzuwarten. Warten hat in diesem Fall einen positiven Optionswert. Die Wanderungsentscheidung ist also für den Einzelnen, ähnlich wie ein Investitionskalkül, eine Langfristentscheidung, die sich auf einen längeren Zeitraum bezieht.

Ein besonderer Fall von wirtschaftlichen Wanderungen sind die *Armuts*wanderungen, bei denen die Menschen aus purer Not ihr Land verlassen, etwa während der Hungersnöte in Irland nach den verheerenden Missernten bei Kartoffeln im 19. Jahrhundert. Solche Wanderungen sind eine spezielle Ausprägung der *Angebotsdruck*wanderungen, bei denen im Auswanderungsland aus verschiedenen Gründen ein Überschussangebot auf dem Arbeitsmarkt zu verzeichnen ist. Dies kann beispielsweise auch bei starkem Bevölkerungswachstum – relativ zur wirtschaftlichen Entwicklung – auftreten oder aber bei einer sich verschlechternden wirtschaftlichen Lage.

Schließlich gibt es auch Wanderungen zur Ausnutzung sozialer Sicherungssysteme (*Sozialstaats*wanderungen). In diesem Fall steht nicht die Erwerbsabsicht im Vordergrund, sondern das Bemühen, aufgrund einer großzügigeren sozialen Absicherung in ein anderes Land zu gehen. Dabei können die staatlichen Unterstützungsleistungen wie etwa die Sozialhilfe dort deutlich höher liegen als das Arbeitseinkommen im Herkunftsland.

Die Interessen des Einwanderungslandes

Ein allgemeines, weltweit gültiges Recht auf Einwanderung in ein Land kann es nicht geben, denn dann hätte die gesamte Menschheit das (auch vor Gericht einklagbare) Recht, nach Deutschland einwandern zu dürfen. Auch ein analog definiertes Recht auf Asyl wäre nicht realisierbar. Wanderungen setzen immer auch eine Aufnahmemöglichkeit im Einwanderungsland voraus. Die Zuwanderer müssen im Einwanderungsland wirtschaftliche Möglichkeiten vorfinden, die sie nutzen können, sei es, dass sie sich selbständig machen, sei es, dass sie als Arbeitskräfte auf effektive Nachfrage am Arbeitsmarkt treffen. Besonders deutlich wird dies bei den *Nachfragesog*wanderungen, bei denen der Impuls zur Wanderung vom Einwanderungsland ausgeht. Das Einwanderungsland ist in diesen Fällen so dringend auf Arbeitskräfte angewiesen, dass es systematisch im Ausland um sie wirbt, so wie Deutschland in den sechziger Jahren. Damals fand ein kräftiger Wachstumsprozess statt, der mit einer starken Kapitalakkumulation einherging. Das Arbeitsangebot konnte mit diesem Wachstum des Kapitalstocks nicht Schritt halten, so dass sich eine Überschussnachfrage nach Arbeit einstellte.

Aus der Sicht des Einwanderungslandes ist die Einwanderung mit einer Reihe positiver Wirkungen verbunden. Das Arbeitsangebot wird vergrößert; in der Regel sind die Zuwanderer bereit, in Engpässe zu gehen, beispielsweise in die Ballungsgebiete oder in Arbeitsbereiche, die von den Inländern als unattraktiv angesehen werden. Das Wachstum der Volkswirtschaft wird gestärkt, die Steuereinnahmen laufen günstiger, und die Systeme der sozialen Sicherung sind leichter zu finanzieren. Alle Probleme, die eine alternde Bevölkerung mit sich bringt, werden also gemildert. Aber es wäre eine Illusion zu glauben, eine explizite Einwanderungspolitik könne die im vorigen Kapitel diskutierten Probleme einer alternden Bevölkerung lösen; sie können lediglich gemildert werden.

Diesen positiven Effekten steht gegenüber, dass die Nachfrage nach Infrastrukturleistungen steigt, dass der Wettbewerb um Wohnungen intensiver wird und dass in den Städten Integrationsprobleme auftreten, auch in den Schulen, wenn die Klassen heterogen besetzt sind. Ob am Arbeitsmarkt Verdrängungseffekte zu erwarten sind, hängt von einer Reihe von Faktoren ab. So ist dann nicht mit einem Verdrängungseffekt zu rechnen, wenn die Zuwanderer in die oben beschriebenen Engpässe in den Agglomerationen gehen. Auch wenn Zuwanderer qualifiziert sind, kommt es nicht zur Verdrängung. Vielmehr können qualifizierte Zuwanderer wie Computer-Experten zusätzliche Arbeitsplätze mit sich bringen, wenn sie weniger qualifizierte Beschäftigung in komplementärer Weise nach sich ziehen. Insoweit stehen die Länder im Wettbewerb um die Talente.

Wie hoch soll die Zuwanderung sein?

Aus der Sicht der politischen Ökonomie der Zuwanderung[16] gibt es ein Abwägungsproblem, in welcher Relation die Vorteile der Einwanderung und die Kosten für das Land stehen. Die wirtschaftlichen Kosten der Zuwanderung liegen eher in der kurzen Frist, während die Nutzen der Zuwanderung sich langfristig entfalten. Im politischen Entscheidungsprozess, der Kosten und Nutzen abwägen muss, werden langfristige Effekte mit einer hohen Diskontrate abdiskontiert; die Kosten der Zuwanderung erhalten dann ein großes Gewicht. Interpretiert man Wanderung als Möglichkeit, Clubgüter der Einheimischen zu nutzen, so tritt ein möglicher Überfüllungseffekt auf, bevor das Angebot der Clubgüter, auch durch die Leistung der Zuwanderer, erweitert wird. Dies erklärt die Interessenposition derjenigen Generation der Einheimischen, die von der Zuwanderung negativ betroffen werden kann. Die zeitliche Struktur von Kosten und Nutzen deutet auch darauf hin, dass eine stetige oder evolutionäre Form der Zuwanderung, die sich auf längere Zeiträume bezieht, eher auf Akzeptanz stößt als eine Massenwanderung in kurzer Frist.

Aus dem Vergleich von Nutzen und Kosten ergibt sich das von einem Land gewünschte Ausmaß der Einwanderung. Wie hoch die Zuwanderung sein soll, resultiert nicht allein aus einer politischen Entscheidung; es liegt auch ein wirtschaftliches Abwägungsverfah-

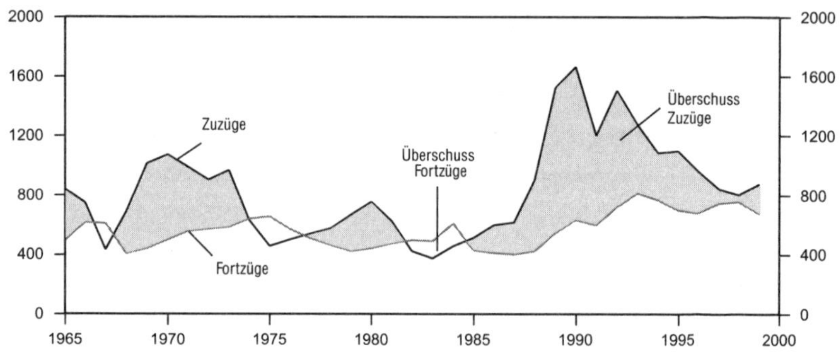

Schaubild 11.1 – Wanderungen über die Grenzen des Bundesgebietes (1000 Personen)

ren zugrunde: Bei friedlichen Wanderungen müssen die Interessen des Einwanderers und des Einwanderungslandes zusammenkommen. Dies ist die zentrale Frage, die in einem Einwanderungsgesetz zu lösen ist.

Von der Einwanderungskomission ist eine Zahl von 20 000 Zuwanderern pro Jahr ins Spiel gebracht worden. Dies wären zwei pro 10 000 der Bevölkerung. Vor dem Hintergrund der Zuwanderung in den letzten vier Jahrzehnten ist dies eine ausgesprochen geringe Zahl. In Deutschland lag die Nettozuwanderung in den siebziger und in den achtziger Jahren bei drei pro Tausend der Bevölkerung, das waren durchschnittlich 180 000 pro Jahr in den siebziger und 170 000 in den achtziger Jahren. In den neunziger Jahren machte die Nettozuwanderung fünf pro Tausend im Jahr aus. Seit Mitte der neunziger Jahre bewegt sie sich bei 2,5 pro Tausend. Spitzen erreichte die Zuwanderung in die alte Bundesrepublik Ende der sechziger und Anfang der siebziger Jahre und danach von 1988 bis 1995. In diesem Zeitraum lag die Nettozuwanderung bei etwa 600 000 Personen pro Jahr (1990: eine Million) oder bei neun pro Tausend der Bevölkerung; ein Gutteil davon war (bis 1990) eine innerdeutsche Wanderung (Schaubild 11.1).

Verglichen mit der Zuwanderungserfahrung anderer Epochen und anderer Länder sind selbst dies niedrige Zuwanderungsquoten.

So lag die Aufnahmequote Westdeutschlands in den Jahren 1945 und 1946 bei 49 und 39 Zuwanderern pro Tausend der Bevölkerung. In den USA erreichte der Anteil der Zuwanderer im 19. Jahrhundert relativ hohe Werte, beispielsweise lag der Wert im Zeitraum 1881 bis 1890 bei 89 Zuwanderern pro Tausend der Bevölkerung, in Australien im gleichen Zeitraum bei 170 pro Tausend. (Dabei handelt es sich um Angaben pro Jahrzehnt und nicht pro Jahr). Mit diesen klassischen Einwanderungsländern ist die deutsche Diskussion also nicht zu vergleichen.

Bei der Diskussion um das Ausmaß der Zuwanderung sollte beachtet werden, dass den Zuzügen eine beachtliche Zahl von Fortzügen gegenübersteht. Ich habe deshalb in der bisherigen Argumentation auf die Nettowanderung abgestellt. So lag die Auswanderung in den neunziger Jahren durchschnittlich pro Jahr bei 700 000. Dies heißt, dass die Zugewanderten zu einem Teil nur temporär bleiben.

Verfahren zur Steuerung der Zuwanderung

Die Zuwanderung sich einfach vollziehen zu lassen, ist wohl kein empfehlenswerter Ansatz; denn dann lägen die Zuwanderung und ihr Ausmaß allein in der Hand des Zuwanderers. Nur seine Präferenzen und seine Bedingungen würden über die Zuwanderung entscheiden, das Zuwanderungsland selbst könnte keinerlei Einfluss ausüben. Folglich wird das Zuwanderungsland die Zuwanderung in irgendeiner Weise regeln müssen, d.h., es müssen Kriterien dafür entwickelt werden, wie viele zuwandern sollen und wer zuwandern darf. Dies bedeutet, eine explizite Zuwanderungspolitik zu betreiben. Im Kern geht es also darum, die Gesamtzahl der pro Jahr zulässigen Einwanderer festzulegen und Kriterien zu definieren, wie diese Gesamtzahl auf die Zuwanderer aufgeteilt wird. Beide Aspekte sind voneinander nicht unabhängig.

Es gibt verschiedene Ansätze dafür, wie die Wünsche der Zuwanderer mit den Interessen des Einwanderungslandes in Einklang gebracht werden können. Wenig sinnvoll ist dabei das Windhundverfahren, bei dem derjenige zuwandern kann, der zuerst kommt. Ein anderer Weg ist, die Zuwanderungsrechte an die Zuwanderer zu versteigern. Dann kommen diejenigen zum Zuge, die die größte Zahlungsbereitschaft haben. Wenn diese Zahlungsbereitschaft die von den Zuwanderern erwarteten Einnahmen wiedergibt und nicht nennenswert von der gegebenen Vermögensverteilung der Migranten im Heimatland bestimmt wird, stellt dieses Verfahren sicher, dass die Befähigten kommen. Der Vorteil dieses Verfahrens ist, dass die Entscheidungen mehr oder weniger automatisch vor sich gehen. Dabei können Mindestkriterien wie bestimmte Qualifikationen verlangt werden. Durch die Versteigerung wird ein Teil des erwarteten Zusatzeinkommens des Migranten weggesteigert, aber den Migranten muss immer noch ein Vorteil bleiben, sonst würden sie nicht kommen. Bei denen, die gerade die Mindestqualifikationen erfüllen, ist der Vorteil am geringsten, im Grenzfall null, die anderen dürfen ein höheres Zusatzeinkommen erwarten.

Ein alternatives Verfahren ist ein Punktsystem, in dem Punkte für bestimmte Qualifikationen wie Schulabschluss, technische Ausbildung, die Länge der zu erwartenden Leistungsphase im Lebensalter, sprachliche Kenntnisse und anderes vergeben werden. Ein solcher Punktekatalog versucht, die Nachfragekurve des Einwanderungslandes abzubilden. Allerdings ist dieses Verfahren wegen diskretionärer, administrativer Entscheidungen kompliziert; Gerichte können eine größere Rolle bei der Überprüfung der Verwaltungsentscheidungen spielen. Das kann dazu führen, dass im Ergebnis eher soziale Kriterien über die Zuwanderung entscheiden; dann erwachsen dem Einwanderungsland aus der Zuwanderung keine Vorteile.

Die Zuwanderungsregeln müssen im Prinzip in eine europäische Dimension eingebettet werden, da innerhalb Europas für die Zugewanderten Freizügigkeit besteht und ab 2004 in einer Reihe von Fragen, die die Reisefreiheit von Personen aus Drittlandstaaten und das Asylrecht betreffen, das Erfordernis der Einstimmigkeit, demgemäß Deutschland ein Veto hat, durch die qualifizierte Mehrheit bei Abstimmungen im Europäischen Rat abgelöst wird. Es nützt relativ wenig, wenn Deutschland die Zuwanderung von außerhalb der EU eingrenzt, aber andere Länder der Europäischen Union eine großzügigere Zuwanderungspolitik praktizieren.

Ein besonderes Problem stellen die *Sozialstaats*wanderungen dar, bei denen das entscheidende Motiv für die Wanderung in dem relativ zum Ausland hohen, vom Staat zur Verfügung gestellten Sozialeinkommen liegt. Auch Asylwanderungen können mit Sozialstaatswanderungen einhergehen, da politische und ökonomische Motive des Zuwandernden nur schwer voneinander zu isolieren sind. Daher ist unsere Vorgehensweise, Asylregelungen und Regelungen für die ökonomisch motivierte Wanderung strikt zu trennen, in der Praxis nicht ganz durchzuhalten. Die Kriterien des Einwanderungsgesetzes können durch das Asylverfahren unterlaufen werden. Hier ist in Deutschland eine erste Korrektur insofern vorgenommen worden, als Asylbewerber bestimmte Leistungen nicht mehr in Anspruch nehmen können.

Bei der bevorstehenden Osterweiterung der Europäischen Union, bei der ja Freizügigkeit besteht und – mit Ausnahme einer Übergangsfrist – keine Höchstgrenzen gegeben sind (siehe Kapitel 5), wird vorgeschlagen, Sozialstaatswanderungen dadurch zu vermeiden, dass die Leistungen der verschiedenen Zweige der Sozialversicherung, etwa der Sozialhilfe, der Arbeitslosenversicherung und auch der Krankenversicherung, erst mit einer zeitlichen Sperre in Anspruch genommen werden können. Denkbar ist, dass im Fall der Versteigerung von Einwanderungsrechten ein Teil der Erlöse den Systemen der sozialen Sicherung fristreduzierend zugute kommt. Oder die Einwanderer müssten noch in ihre Sozialversicherung im Heimatland einzahlen. Dann würden die Zuwanderer jedoch niedrigere Lohnnebenkosten für die Unternehmen haben und es käme zu Verdrängungseffekten auf dem Arbeitsmarkt. Möglich erscheint daher eine zeitliche Sperre bei der Inanspruchnahme von Leistungen, beispielsweise der Arbeitslosenversicherung.

Schließlich besteht die Notwendigkeit, neben der Höchstzahl für diejenigen, die einwandern dürfen, und neben den Verfahren der Einwanderung ein Integrationskonzept zu entwickeln. Dieses muss zunächst einmal die Frage beantworten, wie stark oder wie schwach von der Zielvorstellung her die Einwanderer personell, kulturell und gesellschaftlich in das Bestehende einbezogen werden sollen und welche Vorausetzungen, etwa Sprachkenntnisse, er oder sie mitbringen sollen, um die Integration zu erleichtern. Ferner ist zu klären, mit welchen Instrumenten man dieser Zielvorstellung näher kommen kann.

12 Die Zwänge der ökologischen Nachhaltigkeit

Die ganze Natur ist eigentlich nichts anderes als ein Zusammenhang von Erscheinungen nach Regeln.
IMMANUEL KANT

Die Wirtschaftspolitik hat bei ihrer Konzeption zentrale volkswirtschaftliche Restriktionen als Ausgangsbedingungen und Grundzusammenhänge zu berücksichtigen. Es sind Zwänge, an denen man nicht vorbeikommt. Eine solche Gegebenheit ist in Zukunft die alternde Gesellschaft, eine andere die Importabhängigkeit Deutschlands von energetischen Ressourcen. Auch die Umwelt stellt eine gesamtwirtschaftliche Restriktion dar, die von den einzelwirtschaftlichen Organisationseinheiten, den Haushalten und den Unternehmen, in ihrem Verhalten zu respektieren ist.

Umwelt als knappes Gut

Eine wirtschaftspolitische Konzeption kann heute an dem Umweltproblem nicht mehr vorbeigehen. Die Umwelt ist längst in das ökonomische Gedankengebäude integriert, und zwar als knappes Gut, das für zwei konkurrierende Verwendungen eingesetzt werden kann: als Gut für den Konsum wie die Umweltqualität und als Aufnahmemedium für Schadstoffe, die in Produktion und Konsum entstehen. Wenn Umweltgüter wie die Umweltqualität, der Sauerstoff in der Atemluft oder die Schönheit einer Landschaft für den Konsum verwendet werden, sind sie öffentliche Güter, die von allen in gleicher Menge genutzt werden (und von deren Nutzung niemand ausgeschlossen werden kann). Als Aufnahmemedium für

Schadstoffe ist die Umwelt jedoch ein privates Gut; von dieser Verwendung der Umwelt können Nutzer, nämlich die Emittenten von Schadstoffen, durch eine geeignete Definition der Nutzungsrechte ausgeschlossen werden.

Die Umwelt wurde in der Vergangenheit – also bevor die Umweltgesetzgebung in den siebziger Jahren einsetzte – als Allmende für die Aufnahme von Schadstoffen eingesetzt. Schadstoffe konnten – zugespitzt formuliert – zum Nulltarif an die Umweltmedien abgegeben werden. Die Tragik der Allmende lag darin, dass keine oder zu wenig Anreize im ökonomischen System bestanden, sparsam mit der Umwelt als Aufnahmemedium von Schadstoffen umzugehen. Der Umwelt als Freigut widerfuhr das gleiche Schicksal wie der Allmende im ursprünglichen Sinne, der gemeinsamen Dorfweide im Mittelalter: Sie wurde übernutzt.

Eine weitere Konsequenz des Allmende-Charakters der Umwelt ist, dass die Verursacher nicht alle Kosten tragen, die etwa in der Produktion oder beim Konsum entstehen, dass also auch Kosten bei Dritten anfallen (Beispiel: Waldsterben), dass einzelwirtschaftliche und volkswirtschaftliche Kosten auseinander klaffen. Was bedeutet diese Diskrepanz? Sie bedeutet, dass umweltintensiv produzierte Güter zu preiswert sind (weil sie nicht alle Kosten enthalten), dass zu viele dieser Güter nachgefragt und produziert werden und dass umweltintensive Wirtschaftszweige einen zu hohen Stellenwert in der Volkswirtschaft haben und zu viele Produktionsfaktoren binden: sie erhalten einen künstlichen Schutz. In Begriffen der Volkswirtschaftslehre sagen wir auch: Die Allokation der Produktionsfaktoren ist bei der Nutzung der Umwelt als Allmende zugunsten der umweltintensiveren Wirtschaftszweige verzerrt.

Nutzungsrechte für die Umwelt definieren

Der intellektuellen Integration der Umwelt in das Gedankengebäude der Ökonomie entspricht die wirtschaftspolitische Aufgabe, in der Praxis neue Eigentums- oder Nutzungsrechte an der Umwelt zu definieren. Gedanklich lässt sich dies in zwei Schritte zerlegen: Der eine Schritt ist, dass im politischen Abstimmungsprozess die anzustrebende Umweltqualität bestimmt wird. Dies kann dem Marktprozess deshalb nicht überlassen werden, weil Märkte nur über den effizienten Einsatz privater Güter entscheiden können; dafür können sie die Zahlungsbereitschaft abfragen. Bei öffentlichen Gütern geht das aus dem Grunde nicht, weil von dem einzelnen Nutzer die Zahlungsbereitschaft nicht wie auf einem Markt abgefragt werden und er sich als Freifahrer verhalten kann. Deshalb muss die anzustrebende Umweltqualität im politischen Prozess bestimmt werden. Der zweite Schritt besteht darin, dass für die Abgabe von Emissionen explizit oder implizit Preise eingeführt werden. Das kann über eine Steuerlösung geschehen, lässt sich aber auch durch die Vergabe von Emissionslizenzen regeln, deren Marktpreise die Knappheit der Umwelt anzeigen.

Die Ökosteuer auf eine neue Basis stellen

Ein gravierendes Umweltproblem stellt nach den vorliegenden naturwissenschaftlichen Einschätzungen die globale Klimaerwärmung dar. Der Wirtschaftswissenschaftler muss das von Naturwissenschaftlern betonte Risiko einer globalen Klimaveränderung als Ausgangsbasis seiner Überlegungen zugrunde legen. Tut man dies, so muss die Ökosteuer eine Antwort auf dieses Problem sein. Sie ist dann nicht legitimiert durch die Überlegung, die gesetzliche Rentenversicherung zu finanzieren, und auch nicht durch die Idee, statt Arbeit die Umwelt zu belasten. Ihre Legitimation liegt dann einzig und allein darin, zur Lösung des Klimaproblems beizutragen. Dem wird die Ökosteuer in ihrer jetzigen Form nicht gerecht.

Eine auf das Klimaproblem ausgerichtete ökologische Steuer müsste wie folgt konzipiert sein.[17]

- Anzusetzen ist an der Mengeneinheit CO_2 als Bemessungsgrundlage, da auf diese Weise alle nur erdenklichen Anpassungsprozesse zur Emissionsminderung in Gang kommen, auch solche, die wir derzeit noch nicht kennen.

- In Deutschland besteht die Ökosteuer aus der Erhöhung der Mineralölsteuer und der Einführung einer Stromsteuer. Eine solche Energiesteuer genügt der klimapolitisch orientierten Anforderung an die ökologische Steuer nicht. Dies wird daraus ersichtlich, dass bei dieser Steuer eine Tonne CO_2 bei verschiedenen Energieträgern äußerst unterschiedlich belastet ist, obwohl eine Tonne CO_2 den gleichen Umwelteffekt hat, unabhängig davon, ob sie aus Motorenbenzin oder aus Kohle stammt. Eine Tonne CO_2 aus Motorenbenzin ist mit 471 DM belastet, eine Tonne CO_2 aus Dieselkraftstoff mit 280 DM, eine Tonne aus Heizöl mit 40 DM, aus Strom mit 54 DM und aus Erdgas mit 34 DM. Eine Tonne CO_2 aus Motorenbenzin wird also 14fach so hoch besteuert wie eine Tonne aus Erdgas. Dies ist klimapolitisch völlig unangemessen. Eine Kilowattstunde Strom einfach zu besteuern, ohne zu berücksichtigen, dass bei der Erzeugung von Strom aus verschiedenen Energieträgern in unterschiedlicher Intensität CO_2 entsteht, wird der klimapolitischen Begründung nicht gerecht.
- Da jede Einheit CO_2 mit dem gleichen Steuersatz zu belasten ist, sind aus ökologischer Sicht Bereichsausnahmen nicht zu begründen. Einzelne Energieträger oder wirtschaftliche Bereiche dürfen von einer CO_2-Steuer nicht ausgenommen werden. Der Staat gerät sonst in ein nicht mehr zu durchschauendes Gestrüpp von Ausnahmeregelungen.
- Der Staat sollte nicht Energieträger wie die Kohle mit der einen Hand subventionieren und gleichzeitig Treibhausgase mit der anderen Hand besteuern.

Im Kyoto-Protokoll haben sich 84 Staaten grundsätzlich verpflichtet, die CO_2-Emissionen zu reduzieren, und zwar bis zum Zeitraum 2008 bis2012 um mindestens fünf Prozent. Allerdings ist das Protokoll im Frühjahr 2001 bisher nur von 33 Staaten ratifiziert, davon nur von einem Land derjenigen 39, die Treibhausgase vermeiden *müssen* (Rumänien). Eine Reihe europäischer Regierungen haben jedoch durch öffentliche Erklärungen deutlich gemacht, dass sie die Klimagase zurückdrängen möchten. So hat bereits die Kohl-Regierung erklärt, den CO_2 Ausstoß des Ausgangsniveaus 1990/1995 bis 2008/2012 um 25 Prozent zurückführen zu wollen.

In Europa ließen sich die Reduzierungspflichten im Rahmen eines Glockenkonzepts realisieren. Dabei wären CO_2-Emissionen nur mit Zertifikaten zulässig. Zertifikatspflichtig wären grundsätzlich alle Emittenten von Kohlendioxid, nämlich die inländischen Produzenten fossiler Energieträger; ferner wären die Importeure von Energieressourcen gemäß dem CO_2-Gehalt der importierten Energieressourcen lizenzpflichtig. Die Gesamtmenge der CO_2-Zertifikate würde entsprechend dem Reduzierungsziel zurückgeführt. Die Zertifikate wären handelbar. So käme innerhalb einer europäischen Glocke ein Preismechanismus zustande, der für die CO_2-Emittenten einen Anreiz mit sich bringen würde, Kohlendioxid zu vermeiden. Die Alternative dazu wäre eine Steuer pro Tonne CO_2.

Ein ökologischer Alleingang?

Unter ökologischem Aspekt darf der Beitrag eines Landes zur Lösung des globalen Klimaproblems nicht überschätzt werden. Deutschland trägt 3,8 Prozent zu den weltweiten CO_2-Emissionen bei; die von Deutschland angestrebte Minderung der CO_2-Emissionen um 25 Prozent reduziert die weltweiten energiebedingten CO_2-Emissionen um lediglich etwa ein Prozent. Wichtiger noch ist, dass Unternehmen an andere Standorte ausweichen können, so dass sich an der globalen Menge an Treibhausgasen nichts ändert. Im Sonderfall kann sogar die globale CO_2-Menge zunehmen, wenn an den anderen Standorten schwächere Umweltstandards gelten und die dorthin ausweichenden Unternehmen mit einer höheren Emissionsintensität produzieren als in Deutschland. Eine positive ökologische Wirkung ist nur zu erwarten, wenn ein Land, das einen Alleingang unternimmt, in dem Sinne eine technologische Vorreiterrolle hat, dass die anderen Staaten später mit einem ähnlichen Ansatz folgen. Dann würden sich die neuen Technologien auf andere Länder verbreiten. Wenn die anderen Staaten jedoch nicht nachziehen, läuft die Vorreiterrolle ökologisch ins Leere.

Ein Alleingang geht mit erheblichen wirtschaftlichen Kosten einher, da die umweltintensiv produzierenden Bereiche an Wettbewerbsfähigkeit verlieren und zurückgedrängt werden. Deshalb sollte ein gemeinsamer Ansatz in der Europäischen Union und wenn möglich in den OECD-Ländern angestrebt werden. Eine Ökosteuer sollte überdies konsistent in ein europäisches energiepolitisches Gesamtkonzept für alle Energieträger, auch für die Kernenergie, eingebettet sein. Denn es muss ökonomisch zu beachtlichen Wettbewerbsverzerrungen in der Europäischen Union führen, wenn das eine Land – Deutschland – einen Ausstieg aus der Kernenergie praktiziert, während das andere – Frankreich – seine Abhängigkeit von Ölimporten gerade durch die Kernenergie überwinden will.

Die These von der doppelten Dividende

Ökonomisch bedeutet eine CO_2-Steuer, dass die Nutzung der Umwelt verteuert wird. Dies ist mit volkswirtschaftlichen Kosten verbunden. Sie bestehen darin, dass man Produktionsfaktoren für die Entsorgung und für die Produktion umweltfreundlicherer Güter aufwenden muss; dies hat einen Verzicht auf bisher produzierte Güter zur Folge. Diese volkswirtschaftlichen Kosten sind der Preis für eine höhere Umweltqualität. Sie sind hinzunehmen, wenn sie durch die Verbesserung der Umweltqualität aufgewogen werden. Dieser Aussage liegt eine Nutzen-Kosten-Analyse zugrunde, bei der die Nutzen der Umweltpolitik (verbesserte Umweltqualität) und die Kosten der Umweltpolitik (Verzicht auf Güter) einander gegenübergestellt werden.

In diesem Zusammenhang spielt die These der doppelten Dividende eine Rolle. Demnach ist die oben dargestellte Nutzen-Kosten-Analyse in einem Punkt zu ergänzen, nämlich durch folgende Überlegung: Umweltnutzung zum Nulltarif bedeutet eine Allokationsverzerrung der traditionellen Produktion zugunsten emissionsintensiv produzierter Güter. Verzerrungen sind mit Effizienzverlusten verbunden. Eine ökologische Steuer beseitigt diese Verzerrung und diesen Effizienzverlust, und dies bedeutet für sich betrachtet einen volkswirtschaftlichen Gewinn, der zusätzlich zur Umweltverbesserung anzusetzen ist. In der Nutzen-Kosten-Analyse ist auf der Nutzenseite also ein zusätzlicher Nutzenfaktor anzusetzen, der sich aus der Beseitigung einer Allokationsverzerrung erklärt. Damit – so die Überlegung – gibt es eben eine doppelte Dividende: neben der Verbesserung der Umweltqualität auch die Korrektur einer Verzerrung. Die Kosten dafür, dass die traditionelle Produktion zurückgedrängt wird, sind weiterhin anzusetzen.

Den Zusatznutzen kann man sich auch anders klar machen, und zwar wieder indem man eine Situation ohne und mit Umweltpolitik vergleicht. In der Situation ohne Umweltpolitik, also bei einem Knappheitspreis von null, ist nicht nur die Umwelt übernutzt; das traditionelle Güterbündel, das eine Volkswirtschaft produziert, wird mit verzerrten Güterpreisen bewertet, die die Umweltbeanspruchung der verschiedenen Güter nicht angemessen wiedergeben. Umweltschädigende Güter haben einen zu niedrigen Konsumentenpreis. Mit Umweltpolitik werden die Preise »richtig« ausgewiesen, so dass aus der neuen Güterbewertung (alle Güter werden unter Berücksichtigung ihrer Umweltwirkungen bewertet) ein zusätzlicher Wohlfahrtseffekt erwächst.

In der wirtschaftspolitischen Diskussion wird die Zusatzdividende oft verkürzt auf eine zusätzliche Beschäftigung bezogen, die aus der Umweltpolitik entstehen kann. Ich halte diese Verkürzung für nicht zulässig. Zudem sind für eine Zunahme der Beschäftigung als Folge der Umweltpolitik eine Reihe von Bedingungen erforderlich. Denn zunächst einmal bedeutet Umweltpolitik, dass die emissionsintensiven Sektoren zurückgedrängt werden. Es gibt einen negativen Produktivitätseffekt und einen negativen Produktions- und Wachstumseffekt, da eine Umweltsteuer die Verfügbarkeit eines Produktionsfaktors einschränkt. Auch sinkt der Anreiz, Kapitel zu bilden, da die Rendite geringer wird; Kapital kann das Land verlassen. All dies wirkt wie eine kleine Ölkrise (mit dem einzigen Unterschied, dass die Einnahmen nicht bei den Saudis ankommen). Deshalb sinkt die Beschäftigung. Dies gilt auch für die deutsche Ökosteuer.

Dem ist entgegenzuhalten, dass die umweltfreundlichen Sektoren expandieren – dort steigt die Beschäftigung. Zudem wirkt ein Substitutionseffekt zugunsten von Arbeit und weg von der verteuerten Umwelt. Ein weiterer Substitutionseffekt zugunsten von Arbeit entsteht durch die Senkung der Arbeitskosten (wenn die Lohnnebenkosten verringert werden). Es ist aber keineswegs sicher, dass die Beschäftigung in der Volkswirtschaft insgesamt zunimmt. Eine wichtige Bedingung dafür ist, dass die Arbeitskosten im Ergebnis reduziert werden, dass also die Tarifparteien die vom Staat finanzierte Reduktion nicht als Spielraum für Lohnerhöhungen verwenden. Die vorliegenden empirischen Abschätzungen der doppelten Dividende bringen bezüglich der Beschäftigungseffekte eher zurückhaltende Resultate. Es ist nicht zu erwarten, dass die Ökosteuer mit großer Wahrscheinlichkeit positive Beschäftigungswirkungen haben wird.

13 Die Modernisierung der Volkswirtschaft: Wo kommen die Impulse her?

Wir haben diese Woche noch nichts für die Wirtschaft getan – aber es ist ja erst Montagmorgen.
LYNDON BAINES JOHNSON

Die eleganteste wirtschaftspolitische Strategie für jede Volkswirtschaft ist sicherlich, eine höhere Zuwachsrate der Produktivität zustande zu bringen; denn dann erhält man bei gleichem Einsatz der Produktionsfaktoren mehr Output, der Wohlstand mehrt sich. Die Schlüsselfrage lautet: Wie kommt eine Volkswirtschaft zu einer höheren Produktivität? Wie bewerkstelligt sie mehr Innovation? Wie gelangt sie auf einen höheren Wachstumspfad?

Die Politik ist konjunkturfixiert

Wie eine Volkswirtschaft einen höheren Wachstumspfad erreichen kann, sollte eigentlich die entscheidende Frage für die Politik sein. Dagegen scheint im Vordergrund des Interesses zu stehen, wie die Konjunktur läuft, besonders vor der Wahl. Der Horizont liegt bei einem Jahr oder etwas mehr. Ideal dürfte es für den amtierenden Politiker sein, wenn die Konjunktur rechtzeitig vor der Wahl anzieht, also ein Aufschwung spätestens etwa ein Jahr vor der Wahl einsetzt. Dann besteht für ihn die Chance, dass die Wähler den Aufschwung in ihrem Portemonnaie spüren und eine gute Stimmung um sich greift. Kommt die Erholung später, so nützt sie für die Wahl nichts mehr. Setzt der Aufschwung früher ein, so hat dies sicherlich den Vorteil, dass sich das positiv auf die Beschäftigung auswirkt. Aber es gibt auch das Risiko, dass die gute Konjunktur wieder nachlässt. Zudem kann sich der Stimmungseffekt verflüchtigen, selbst wenn die Zuwachsrate des Bruttoinlandsprodukts gleich hoch bleibt. Der Konjunkturmotor fährt zwar mit der gleichen Drehzahl, aber dies ist keine Nachricht – nur höhere Drehzahlen machen Schlagzeile. Für den Politiker kann der Stimmungseffekt deshalb wichtiger als der Beschäftigungseffekt sein.

Allerdings ist es gefährlich, nur auf die Konjunktur zu setzen; denn prognostizieren ist bekanntlich schwer – vor allem, wenn es die Zukunft betrifft. Und ein Konjunkturforscher ist ein Mann, der Ihnen morgen genau sagen wird, warum das, was er gestern prophezeit hat, heute nicht eingetroffen ist. Allzu oft sind Prognosen schief gelaufen, besonders wenn sie über ein Jahr hinausgehen.

Zu den Prognosekünsten gibt es eine schöne Geschichte: Ein alter Trapper bereitete sich im hohen Norden Kanadas auf den Winter vor, hackte fleißig Holz und stapelte es vor seiner Hütte. Vorsichtshalber fragte er einen des Weges kommenden Indianer nach den Aussichten für den Winter; es sei mit der *üblichen* Winterkälte zu rechnen, war die Antwort. Der Trapper stapelte noch etwas mehr Holz und stellte kurz danach die gleiche Frage an den zufällig vorbeikommenden Häuptling. Zu seinem Erstaunen erfuhr er, dass der Häuptling mit einem *ziemlich strengen* Winter rechne. Der Trapper zerkleinerte noch mehr Holz. Bald darauf kam der Oberhäuptling vorbei, und wieder fragte der Trapper nach den Aussichten für den bevorstehenden Winter. Diesmal hörte er, es werde einen *ganz außergewöhnlich kalten und langen* Winter geben. Während der Trapper noch mehr Holz klein machte, fragte er den Oberhäuptling, woher er und seine Stammesmitglieder wüssten, wie kalt der Winter würde; sie müssten doch dafür über einen ganz besonderen Instinkt verfügen. Der Oberhäuptling antwortete, er und seine Stammesgenossen hätten überhaupt keinen besonderen Instinkt, aber – wenn ein so erfahrener Trapper so viel Holz stapele, müsse der bevorstehende Winter schon besonders streng werden.

Abgesehen vom Herdentrieb zeichnet sich die Zunft der Prognostiker, insbesondere der Konjunkturprognostiker, noch durch eine weitere Verhaltensauffälligkeit aus: den edlen Wettstreit von Pessimisten und Optimisten. Bekanntlich ist ein Pessimist ein Mensch, dem es schlecht geht, wenn es ihm gut geht – aus Furcht, dass es ihm schlechter gehen könnte, wenn es ihm besser ginge. Und von Giovanni Guareschi stammt der Satz: »Sobald ein Optimist ein Licht erblickt, das es gar nicht gibt, findet sich ein Pessimist, der es wieder ausbläst.« Wer als Politiker die Stimmungshoheit in diesem Gerangel zwischen Pessimismus und Optimismus hat und für eine positive Grundstimmung sorgen kann, hat gute Karten. Dennoch ist es zu kurzsichtig, vorrangig auf die Konjunktur zu schauen. Der wirtschaftspolitische Horizont muss über den konjunkturellen Tellerrand hinaus gehen.

Die Neue Ökonomie – Eine Chance auch für uns?

Auf einen höheren Wachstumspfad könnten wir dauerhaft durch die Neue Ökonomie kommen. So darf man vermuten, dass die hohe Wachstumsrate des Bruttoinlandsprodukts von vier Prozent pro Jahr in den USA in den sechs Jahren von 1995 bis 2000 – trotz der konjunkturellen Abkühlung im ersten Halbjahr 2001 – jedenfalls zu einem Teil auf die neuen Branchen und den technologischen Quantensprung durch die Informations- und Kommunikationstechnologie zurückgeht, mit der eine neue Technologiewelle, also ein neuer Kondratieff-Zyklus eingeleitet zu sein scheint.

Was ist nun wirklich neu an der Neuen Ökonomie? Neu ist die Technologie, der kombinierte Einsatz des Mikroprozessors, der Software und der Netzwerkmöglichkeiten. Dies ist eine Prozessinnovation. Neu ist aber auch ein neues Gut, das Gut Information – alles was digitalisiert werden kann, also enkodiert als Strom von Bits. Dies ist die Produktinnovation. Die Volkswirtschaft der Neuen Ökonomie – der Netzwerkökonomie, der digitalen Ökonomie, des E-Business und des E-Commerce mit B-to-B und B-to-C, der Internet-Ökonomie, der E-Lance-Ökonomie, der Wissens-Ökonomie, der Informationsgesellschaft – hat eine andere Produktionstechnologie und ein anderes Güterspektrum.

Was bedeutet dies für Produktion und Beschäftigung? Zum einen entsteht ein neuer Wirtschaftszweig, der Informations- und Kommunikationssektor, in dem die neue Technologie produziert wird, und zwar sowohl die »hard ware« als auch die »soft ware«. Zum anderen findet die neue Technologie als Querschnittstechnologie in nahezu allen Bereichen der gesamten Volkswirtschaft Anwendung. Sowohl im Informations- und Kommunikationssektor als auch bei den Anwendern der neuen Technologie werden viele damit beschäftigt sein, die neue Technologie zu erstellen und zu nutzen sowie Informationen zu sammeln, bereitzustellen, weiterzugeben, zu sortieren, zu bewerten, ja uns auch vor der Informationsflut durch Filterung zu schützen. Dadurch entsteht Wertschöpfung.

Diese Querschnittstechnologie revolutioniert die Organisation der Unternehmen, erlaubt wegen der besseren Informationsverarbeitung (weltweit) eine Fragmentierung der Produktion bei günstigerer Steuerbarkeit durch kleine Management-Zentralen, ermöglicht neue Absatzbeziehungen zu den Nachfragern und damit eine schnellere Reaktion auf Kundenwünsche und gestattet eine effizientere Vernetzung mit den Lieferanten. Vor allem aber bringt die neue Technologie neue Produkte wie die Bereitstellung von Informationen mit sich. Das Bestechende an den Produkten der IuK-Industrie ist, dass bei diesen Netzwerkgütern die Nutzer positiv interdependiert sind. Ein zusätzlicher Nutzer erhöht den Wert des Netzwerks für alle anderen. Die Rivalität in der Verwendung ist aufgehoben, das Gesetz vom abnehmenden Ertragszuwachs ist ausgehebelt, jedenfalls solange ein Netzwerk seinen endgültigen Umfang noch nicht erreicht hat und weiterhin technologische Neuerungen anstehen.

Derzeit können wir eine gesamtwirtschaftliche Auswirkung der Neuen Ökonomie für Deutschland allerdings in der Statistik noch nicht erkennen. Ob sie in der Breite möglich sein wird, hängt von einer Vielzahl von Faktoren ab, so von dem Steuersystem, das für das Verhalten der Unternehmen und der qualifizierten Arbeitskräfte relevant ist, aber auch von der Bereitschaft, Risiken zu übernehmen. Anders gewendet, spielt die Einstellung eine Rolle, eher auf Chancen zu verzichten, wenn die damit verbundenen Risiken als zu gravierend eingeschätzt werden. Der Wunsch des Einzelnen, materiell abgesichert zu sein und sich etwa mit einem niedrigeren Einkommen zufrieden zu geben, anstatt auf dem Markt ein höheres Einkommen, beispielsweise durch die Gründung eines Unternehmens, anzustreben, ist für die Frage, ob die Neue Ökonomie sich durchsetzt, ein ebenso wichtiger Faktor wie die gesellschaftliche Akzeptanz einer stärkeren Einkommensdifferenzierung.

Die Weichen für mehr wirtschaftliche Dynamik stellen

Die Wirtschaftspolitik muss sich sicherlich fragen, welche Voraussetzungen zu erfüllen sind, damit die Neue Ökonomie auch bei uns in der Breite wirksam werden kann. Allerdings darf die Frage, wie man die Produktivität steigert, nicht darauf beschränkt werden, dies nur für die Neue Ökonomie tun zu wollen. Das wäre zu eng. Die Produktivitätssteigerung wird in der gesamten Volkswirtschaft gebraucht. Gelingt sie, entsteht mehr Spielraum für Lohnerhöhungen, die Beschäftigungschancen sind größer, die Steuereinnahmen nehmen eine günstigere Entwicklung, die Systeme der sozialen Sicherung lassen sich eher finanzieren und der Wohlstand ist höher.

Wie muss die Wirtschaftspolitik die Weichen stellen, damit langfristig mehr wirtschaftliche Dynamik zustande kommt? Wo kommen die Impulse her? Die grundlegende Antwort lautet: Bei der Innovation muss man auf die Unternehmen und die Unternehmer setzen, die den Schwung bringen, nicht zuletzt auf die jungen und die neuen Unternehmer. Sie setzen im Sinne Schumpeters die neuen Faktorkombinationen durch. Man kann keine Politik gegen die Unternehmer machen. Man braucht sie für das Auffinden neuer Produkte, die sich am Weltmarkt behaupten können, und für die Einführung neuer Produktionsverfahren, die die Kosten senken. In der Tat: Ohne die Unternehmer wird nichts gehen.

Denn der Staat selbst kann die Innovation nicht zu Wege bringen. Eine strategische Technologie- und Industriepolitik, bei der der Staat die Schlüsseltechnologien der Zukunft ausguckt, wäre ein Irrweg. Man muss bezweifeln, dass die Politiker oder die Amtsstuben hinreichendes Wissen über die zukünftige Entwicklung haben. Sie wissen nicht, welche Produkte auf den Märkten der Welt in Zukunft florieren werden und welche Produktionsverfahren sich im weltweiten Wettbewerb behaupten. Der Privatsektor dürfte, jedenfalls in vielen Bereichen, über bessere Informationen verfügen. Wenn der Staat sich seine Informationen im Privatsektor beschaffen muss, dürfte die Information interessen-verzerrt bei ihm ankommen. Daher ist Skepsis bezüglich der Vorstellung des aktivierenden Staates angebracht. Dieser Begriff kann sich als eine verniedlichende Neufassung des alten Interventionismus entpuppen.

Eine interventionistische Technologiepolitik, die diskretionär in die Wirtschaftsstrukturen eingreift, würde zwangsläufig ein Rentensuchen der Unternehmen hervorrufen. Es ist damit zu rechnen, dass die Verluste der vom Staat bevorzugten Branchen später sozialisiert werden, wenn sich die hehren Erwartungen über die technologischen Verheißungen doch nicht realisieren lassen, so dass die Strategie für neue Industrien in eine Subventionierung nichtwettbewerbsfähiger Branchen verkommt. Ressourcen würden aus volkswirtschaftlicher Sicht vergeudet. Der Staat sollte auch nicht die Risiken der Privaten übernehmen, sonst werden die Risiken sozialisiert. Es spricht einiges dafür, bei der Suche nach neuen technologischen Optionen auf die Privaten zu setzen: Die erwarteten Gewinne sind Anreiz für sie, eine neue Sache zu entwickeln, die Privaten müssen aber auch die Risiken einer Fehlentwicklung später tragen.

Der Staat sollte seine Finger von der angewandten Forschung lassen. Lediglich in der Grundlagenforschung fällt ihm eine Aufgabe zu. Dabei muss er die Rahmenbedingungen für eine effiziente Grundlagenforschung gestalten und – soweit neues Wissen ein öffentliches Gut ist – auch zu seiner Finanzierung beitragen. Auch hier können die Politiker und die Amtsstuben nicht die Information haben, welche Linien der Grundlagenforschung erfolgversprechend sind. Dies herauszufinden, muss man dem Wettbewerb der Ideen überlassen. Auf jeden Fall ist der Staat gut beraten, seine Entscheidungen über Forschungslinien in der Grundlagenforschung auf eine solide wissenschaftliche Basis zu stellen.

Die Politik muss alles darauf anlegen, die Innovationskräfte zu stärken. Sie hat die Rahmenbedingungen so zu gestalten, dass sich Innovationen lohnen, dass es sich auszahlt, nach neuem technischen Wissen zu suchen und es umzusetzen. Damit stellt sich die Frage, wie die Politik das Verhalten der Unternehmen positiv beeinflussen kann. Eine wichtige Voraussetzung dafür sind investitionsfreundliche Rahmenbedingungen für den Unternehmenssektor. Dazu zählt das Steuersystem. So hat sich die Steuerreform des Jahres 2000 das Ziel gesetzt, die Sachkapitalbildung zu begünstigen. Die Steuern wurden gesenkt, und zwar im Vergleich zum bislang Geltenden für *alle* Unternehmen, sowohl für die Kapitalgesellschaften als auch für die Personengesellschaften. Gemessen daran ist die Steuerreform ein Schritt in die richtige Richtung gewesen.

Gemessen an dem, was wünschenswert wäre, lässt die Steuerreform allerdings einiges offen: sie favorisiert mit dem niedrigen Steuersatz für einbehaltene (und ausgeschüttete) Gewinne relativ zum Einkommenssteuersatz die bestehenden Unternehmen (und zwar die Kapitalgesellschaften), die die Selbstfinanzierung gut nutzen können – und nicht die neuen Firmen. Die Steuerreform verschafft also eher den Altsektoren einen Vorteil. Die neuen Branchen werden dagegen, jedenfalls relativ zu den alten, benachteiligt. Von den neuen Unternehmen aber muss die Dynamik kommen. Die Steuerreform konstruiert auch einen Unterschied zwischen Unternehme*n* und Unternehme*r*. Die Kapitalgesellschaften können die steuerlichen Regelungen besser nutzen als die mittleren und kleineren Personengesellschaften, die etwa 85 Prozent der deutschen Unternehmen ausmachen, das Rückgrat der deutschen Volkswirtschaft bilden und die überwiegende Zahl der Arbeitsplätze schaffen. Diese Idee, das Unternehme*n* zu begünstigen, aber nicht den Unternehme*r*, ist verfehlt. Denn für die Entfaltung der Wachstumskräfte ist man auf die Leistungsbereitschaft der Menschen, auch der Unternehmer, zwingend angewiesen. Das Ziel muss also sein, den Keil zwischen den Steuersätzen für Kapitalgesellschaften und Personengesellschaften zu beseitigen.

Schließlich begünstigt die Steuerreform die Bildung von Sachkapital und benachteiligt relativ die Bildung von Humankapital. Wer auf Konsum verzichtet und seine Ersparnis in einem Unternehmen investiert, zahlt für die Erträge des dort gebundenen Kapitals einen niedrigeren Steuersatz. Wer dagegen auf Konsum verzichtet und in sein Humankapital investiert, muss sein Einkommen, das sich aus dem verbesserten Humankapital ergibt, mit einem höheren persönlichen Steuersatz versteuern. Im internationalen Standortwettbewerb um hoch qualifizierte Arbeitnehmer für die Forschungslabors, für die Entwicklung der Hardware und der Software, aber auch für die Attraktivität von Finanzplätzen in Metropolen wie Frankfurt und London wirkt sich ein hoher Einkommensteuersatz negativ aus.

Im Übrigen zeigt ein Vergleich der Spitzensteuersätze, dass andere Länder mit der Steuersenkung wesentlich weiter gehen. Während in Deutschland der Spitzensteuersatz für natürliche Personen im Jahr 2005 bei 42 Prozent (wohl immer noch plus Soli) liegt, haben die USA nach der Reform von Bush einen Spitzensteuersatz von 35 Prozent. Und während wir fast ein halbes Jahrzehnt für eine Steuerreform benötigen, bringen die Amerikaner eine solche Reform in wenigen Monaten zustande.

Impulse können darüber hinaus auch von einem intensiveren Wettbewerb auf den Gütermärkten in Gang gesetzt werden, also durch eine andere Regulierung. Beispielsweise waren wir bei der Entregulierung des Telekommunikationsmarktes in leicht verträumter Anhänglichkeit an die gute alte Post im internationalen Vergleich spät dran. Ohne den Druck aus Brüssel wären wir noch behäbiger gewesen. Unser institutionelles Arrangement, das staatliche Monopol, brachte zu wenig Anreize mit sich, neue Produkte und Technologien zu finden. Große deutsche Unternehmen wie Siemens waren zu dieser Zeit Hoflieferanten der Post und sahen sich kaum einem intensiven Wettbewerb gegenüber. Vieles von dem, was durch den Wettbewerbsprozess an neuen technologischen Entwicklungen im Bereich der Informations- und Kommunikationstechnologie zustande kam, wurde andernorts zuwege gebracht, aber nicht bei uns. Zwar haben – um ein Wort Schumpeters zu verwenden – nicht die

Postkutscher darüber befunden, ob die Eisenbahn eingeführt wurde, aber die Postler haben lange darüber mitentschieden, ob in der Kommunikationsbranche ein neuer Weg beschritten werden konnte.

Generell galten Netzwerke wie das Telefonnetz als regulierungsbedürftig. Inzwischen wissen wir, dass diese Netzwerke durchaus mit Wettbewerb kombiniert werden können, und zwar alleine schon deshalb, weil neben dem Festnetz ein Mobilnetz bestehen kann und neue Technologien zusätzliche Netze möglich machen, zwischen denen es Konkurrenz gibt. Durch Durchleitungsrechte lässt sich bei Strom und Erdgas Wettbewerb organisieren. Selbst auf der Schiene ist Konkurrenz zwischen verschiedenen Betreibern möglich. Aber auch andere Regulierungen sind zu überprüfen, um mehr Wettbewerb zu ermöglichen. So haben die Autohersteller ihre Absatzwege segmentiert, so dass die Preise in den Ländern der Europäischen Union unterschiedlich sind, was sich mit einem einheitlichen Binnenmarkt nicht verträgt. Ähnliches gilt für Pharmaprodukte. Indem man den Reimport zulässt, sinken für den Verbraucher die Preise. Und warum sollte es verboten sein, dass Geschäfte länger als 20 Uhr öffnen?

Jetzt muss man aufpassen, keine neuen Hürden zu errichten, vor allem für die Informations- und Kommunikationsindustrie. Bei der ›Gebühren‹genehmigung muss man über die Interessen des Telefonbereichs hinausschauen, denn die Benutzungspreise des Telefons entscheiden mit darüber, ob sich das Internet ausdehnen kann. Und wer die letzte Meile zu den Endverbrauchern im Netz physisch kontrolliert, darf damit nicht andere Anbieter in den neuen Informations- und Kommunikationstechnologien ausschließen und seine monopolähnliche Stellung festzurren. Der Staat darf den neuen Sektor der Informations- und Kommunikationstechnologie nicht mit einem Netz von Steuern überziehen, noch bevor dieser Sektor richtig entstanden ist. In der ersten Jahreshälfte 2001 gewinnt man den Eindruck, dass die Regierung die Idee eines intensiveren Wettbewerbs aufgegeben hat. Das Briefmonopol der Post wird verlängert, Marktanteile für Strom mit Kraft-Wärme-Kopplung sollen festgeschrieben werden, Atomstrom soll nicht hereingelassen werden, gesetzlichen Krankenkassen soll ein Mindestbeitrag verordnet werden. In diesen und in anderen Fällen geht es darum, den Wettbewerb zurückzudrängen.

Passen unsere Institutionen zur Neuen Ökonomie, die durch neue Spielregeln, durch veränderte Verhaltensmuster, ein anderes Lebensgefühl, ja eine andere Kultur gekennzeichnet sein wird? Können wir unsere alten Regelwerke reproduzieren und defensiv verteidigen, wenn sich mit der Neuen Ökonomie umfassende gesellschaftliche Veränderungen abzeichnen? Risiken einzugehen ist ein zentraler Aspekt der Neuen Ökonomie. Auch wenn die Jungen jetzt verstärkt Risiken übernehmen, ja sie sogar suchen: Ist die Gesellschaft bereit, dann auch die höheren Renditen für größere Risiken zu akzeptieren? Oder beginnt wieder die Diskussion über die soziale Schieflage?

Geschwindigkeit ist ein wichtiger Aspekt der Neuen Ökonomie. Organisationen müssen rasch neues Wissen produzieren, neue Produkte hurtig auf den Markt bringen. Sie müssen flexibel agieren und lernfähig sein. Haben wir unsere Entscheidungsprozesse in der Wirtschaft, den Forschungsinstituten und Hochschulen zu langwierig, zu behäbig gestaltet, und wundern wir uns dann, dass wir nicht schnell genug reagieren können? Sind die Chancen längst vergeben, wenn wir uns in den Konsensgremien bewegt haben? Haben wir unsere Entscheidungsverfahren für die traditionelle Industriegesellschaft konsens-optimiert? Und verhindern diese Verfahren nun den Einstieg in die Neue Ökonomie?

Brauchen wir, um Impulse zu bekommen, nicht eine größere Flexibilität am Arbeitsmarkt? Vor allem für die Neue Ökonomie ist Flexibilität am Arbeitsmarkt eine unerlässliche Voraussetzung. Denn die Produktzyklen werden kürzer, schnelles Handeln wird deshalb umso wichtiger. In einem Umfeld, in dem ein Unternehmen mit seinem Produkt den Weltmarkt in wenigen Monaten erobern kann, wie Netscape 80 Prozent des Weltmarkts in acht Wochen, wird Flexibilität immer zentraler. Wenn die Jungen auch mal 80 Stunden pro Woche arbeiten, was soll da die 32-Stunden-Woche? Oder die in Frankreich per Gesetz dekretierte 35-Stunden-Woche? Kann es sich ein großes kontinentaleuropäisches Land wie Frankreich leisten, »flexibilité« zu einem »mot taboo« zu erklären?

Vergleicht man, was an Anpassung am Arbeitsmarkt erforderlich ist, mit dem, was die Politik in Deutschland in dieser Sache unternimmt, so bewegt sie sich eindeutig in die falsche Richtung. Sie verteidigt überkommene Verfahrensweisen und reguliert zurück.

Humankapital ist der Schlüssel

Wo kommen die Impulse her? Vom Humankapital – denn die beste Software sitzt nach wie vor zwischen beiden Ohren. In der Tat kommt der Bildung von Humankapital eine entscheidende Bedeutung bei der Innovation zu. In der Wirtschaftswissenschaft spiegelt sich dies in einem Strang der neuen Wachstumstheorie wider, in der Empirie machen die Informations- und Kommunikationsindustrie die Rolle des Humankapitals deutlich. Die Qualifizierung der Menschen, anders gesagt die Bildung von Humankapital, ist ein entscheidender Hebel für eine höhere Arbeitsproduktivität und eine bessere Wettbewerbsfähigkeit der Unternehmen.

Mit dem dualen System verfügen wir über ein gutes Prinzip, bei dem schulisches Lernen und »training on the job« miteinander verknüpft werden. Das Problem liegt darin, dass sich dieses Ausbildungssystem eher nur behäbig an die neuen Technologien anpasst. Jedenfalls hat es in der Vergangenheit lange gedauert, bis neue Berufsfelder eingeführt wurden.

Eine zentrale Aufgabe ist die Weiterbildung. Dabei geht es um das Sammeln praktischer Erfahrung. Die Weiterbildung sollte sich aber nicht nur im Umlernen anlässlich der Einführung neuer Technologien erschöpfen. Vielmehr müssen die Qualifikationen permanent verbessert werden. Dabei haben die Unternehmen ein Interesse, das bei ihnen vorhandene Humankapital firmen- oder sektorspezifisch zu entwickeln. Dem Arbeitnehmer hingegen muss daran gelegen sein, eine möglichst hohe Basisflexibilität zu erzielen, die seine Arbeitsmarktfähigkeit nicht an ein einzelnes Unternehmen bindet. Daher muss die Weiterqualifizierung besonders im Interesse des einzelnen Arbeitnehmers liegen. Ein Thema, das in der alternden Gesellschaft wichtiger wird, ist die Weiterbildung älterer Menschen.

Kommen die Impulse auch vom deutschen Universitätssystem? Das deutsche Universitätssystem, das im 19. Jahrhundert ausländische Studenten und Wissenschaftler attrahierte und die technologische Basis für die noch heute wichtigsten vier deutschen Exportbereiche Maschinenbau, Automobilbau, Elektrotechnik und Chemie lieferte, lässt mittlerweile stark zu wünschen übrig. Heute werden die zukünftigen Leistungseliten der Welt in den USA ausgebildet. Unser Hochschulsystem wird von der Politik administrativ-planerisch organisiert. Dabei wird auf Sollziffern, Normgrößen und die gegebene Struktur aus der Vergangenheit zurückgegriffen. Die Studienplätze werden in Engpassfächern zentral über die ZVS vergeben, so als ob man die bundesdeutschen Wohnungen über ein Zentralbundeswohnungsvergabeamt verteilen würde. Hochschulgesetze sind stellenweise strikt rückwärts gerichtet.

Die Alternative besteht darin, den Hochschulbereich nach dem Wettbewerbsprinzip zu organisieren, damit das System aus sich selbst heraus innovativ wird und sich auch international wieder behaupten kann; die junge Generation wird dann mit dem Wettbewerb groß. Diesen Schritt wagt die Politik jedoch nicht. Dabei werden allerdings falsch verstandene Verteilungsaspekte geltend gemacht; denn gerade ein offenes, nach Wettbewerbsprinzipen organisiertes Universitätssystem, das der Effizienz verpflichtet ist, wäre ein Garant für vertikale Mobilität in der Gesellschaft und damit für ein breites Spektrum an Chancen. Selbstverständlich darf ein solches System keinen privilegierten Zugang für einzelne Gruppen haben. Wer Innovation will, muss sich des Wettbewerbs bedienen, auch für die Hochschulen. Noch kann sich die Politik nicht vorstellen, dass man einen so wichtigen Bereich der Gesellschaft wie die Hochschulen in einer globalisierten Welt nach dem Wettbewerbsprinzip organisieren muss, wenn eine Volkswirtschaft alle ihre Talente möglichst effizient nutzen, im internationalen Standortwettbewerb vorankommen und Chancen für die Neue Ökonomie aus eigener Kraft eröffnen will. Es wird Zeit, dass sich die Politik in Deutschland mit diesem Gedanken anfreundet.

Verbandsnahe Wirtschaftspolitik und der Status quo

Wenn man erkannt hat, dass in Deutschland vor dem Hintergrund des veränderten Umfelds in der Weltwirtschaft, aber auch aufgrund interner Probleme Dinge geändert werden müssen, stellt sich natürlich die Frage, wie der Politiker diese Veränderungen zuwege bringen kann. Sicherlich muss er mit seiner kommunikativen Kraft für die notwendigen Veränderungen werben. Dabei ist Veränderungsbereitschaft in der Bevölkerung durchaus vorhanden.

Der Versuch, den Konsens für die notwendigen Veränderungen an runden Tischen oder in Bündnissen zu finden, etwa im Bündnis für Arbeit, scheint auf den ersten Blick viel versprechend zu sein. In den Niederlanden ist dies im Abkommen von Wassenaar aus dem Jahr 1982 gelungen. In Deutschland hat Karl Schiller Ähnliches in einer konzertierten Aktion versucht, allerdings ohne dauerhaften Erfolg. Auch in der längst zu den Akten gelegten Planification gab es solche Überlegungen.

Offenbar gibt es Bedingungen dafür, dass solche Bündnisse gelingen können. Das Problem an korporatistischen Entscheidungsformen ist, dass bei dem Versuch, einen gesellschaftlichen Konsens zu finden, das Verbandsinteresse ein großes Gewicht bekommt. Dies aber heißt, dass die Organisationsmacht separater Verbände mit ihrem verbandspolitischen Interesse zu einem bestimmten Zeitpunkt die Weichenstellung für die Zukunft einer ganzen Volkswirtschaft beeinflussen kann. Dies gilt dann, wenn Verbandslösungen Marktprozesse ersetzen und Verbände in der Rahmensetzung für die Märkte ein bedeutendes Wort mitreden, beispielsweise bei der Konzipierung wichtiger wirtschaftspolitischer Gesetze dem Politiker die Feder führen. Damit gewinnt der *Status quo* eine erhebliche Bedeutung. Man muss bezweifeln, ob ein korporatistisches Modell wie das Bündnis für Arbeit, das am Status quo hängt, die geeignete institutionelle Form ist, auf die globalen Veränderungen zu reagieren. Der Konflikt mit dem Erfordernis der Modernisierung ist augenscheinlich. Wenn die Wirtschaftspolitik verbandsnah ausgerichtet wird, lässt sich Deutschland nicht modernisieren. Auf jeden Fall wird das deutsche Konsensmodell vom Standortwettbewerb kräftig durchgeschüttelt; denn Wettbewerb heißt Anpassen an neue Bedingungen, ja mehr noch: diese neuen Bedingungen vorausahnen und dabei früh neue Wettbewerbspositionen finden.

Auch wird bei korporatistischen Entscheidungsformen das Parlament ausgeschaltet, da Lösungen weitgehend in Verbandszirkeln vorgekocht werden. Ein Problem für die Demokratie tritt vor allem auf, wenn ein Verband zu einem Bündnisverhalten nur dann bereit ist, wenn eine ihm nahe stehende Partei die Regierung stellt, aber nicht mehr, wenn er mit einer anderen Partei über ein Bündnis verhandeln müsste. Bei einem solchen selektiven Verhalten hebelt ein Verband die Demokratie aus.

Es hat den Anschein, dass Schröders Politik in der zweiten Hälfte der Legislaturperiode starke Elemente einer verbandsnahen Wirtschaftspolitik enthält. Denn der Kanzler rückt sichtbar nahe an die Gewerkschaften heran. Dabei geht es nicht so sehr um ein detailinterventionistisches Grundmuster der Schröderschen Wirtschaftspolitik wie bei Holzmann, beim Heizölzuschuss und der Entfernungspauschale. Was mit der Rücknahme des Gesetzes zur Lohnfortzahlung und vor allem der Aussetzung des bereits beschlossenen demographischen Faktors in der gesetzlichen Rentenversicherung direkt nach der Bundestagswahl begonnen hatte, findet seine Fortsetzung in einer Reihe von gesetzlichen Änderungen. So ist die Einigung mit den Gewerkschaften über das zukünftige Rentenniveau von 67 Prozent des Nettolohns im Umlagesystem (für den Eckrentner) Ausdruck einer verbandsnahen Wirtschaftspolitik. Während bisher ein niedrigeres Rentenniveau von 64 Prozent als nachhaltig eingestuft wurde, muss man befürchten, dass der Kompromiss das Problem der Finanzierung des gesetzlichen Umlagesystems nicht auf Dauer löst. Gesetzlich wurde inzwischen ein Anspruch auf Teilzeitbeschäftigung und Rückkehr auf Vollzeit verankert. Der Arbeitnehmer kann auf Teilzeit gehen und später wieder auf Vollzeit wechseln, wenn eine Stelle frei ist. Zwar gibt dies dem Arbeitnehmer mehr Wahlmöglichkeiten, aber der Arbeitsvertrag wird asymmetrisch zu Lasten der Unternehmen verändert. Die Unternehmen haben einen geringeren Anreiz, Arbeitskräfte einzustellen. Es ist für sie interessanter, Arbeit durch Kapital zu ersetzen oder ins Ausland auszuweichen. Entsprechend vernichtend fällt dann auch das Urteil von Rüdiger Dornbusch vom MIT aus: »If you think of it in terms of economics, what a totally crazy arrangement.«[18]

Auch die Reform des Betriebsverfassungsgesetzes läuft auf mehr Rigidität am Arbeitsmarkt hinaus. Grundsätzlich ist es sinnvoll, dass es in einem Unternehmen mit dem Betriebsrat eine Stelle gibt, an der Probleme angesprochen werden können. Schwierig wird es jedoch dann, wenn die Abstimmung mit dem Betriebsrat nicht gut läuft und sich die Dinge verharzen, beispielsweise wenn der Betriebsrat aus sachfremden Gründen seine Zustimmung zu einer Maßnahme verweigert, um als Koppelungsgeschäft in einer anderen Sache seine Vorstellungen durchzusetzen. Man muss befürchten, dass das geänderte Gesetz in diesen Fällen die Probleme verschärft. Deshalb kann es zu immensen Hemmnissen führen.

Die Änderungen beziehen sich auf drei Punkte, nämlich eine formale Ausdehnung der Mitbestimmung zum Beispiel auf kleinere Betriebe, eine inhaltliche Erweiterung der Mitbestimmung in wirtschaftlichen Fragen und die Ausdehnung auf gesellschaftspolitische Fragen wie Umweltschutz im Betrieb, Gleichstellung der Frauen und Fremdenfeindlichkeit.

Das Gesetz dehnt die Mitbestimmung faktisch auf kleinere Betriebe aus. So ist es möglich, dass eine aktive und gut organisierte Kleinstgruppe den Betriebsrat wählt; ein Quorum ist nicht vorgesehen. Da der Betriebsrat ein kollektives Zwangsorgan ist, der verbindlich für alle Beschäftigten Vereinbarungen mit dem Arbeitgeber treffen kann, ist nicht auszuschließen, dass eine aktive Minderheit die Mehrheit dominiert. Gerade kleinere und mittlere Betriebe sind von der gestärkten Stellung des Betriebsrats in besonderer Weise betroffen. Während Großbetriebe mit ihren Personalabteilungen und formalisierten Entscheidungsverfahren die Mitarbeit des Betriebsrats vermutlich relativ leicht integrieren können, ist dies bei den kleineren und mittleren Betrieben schwieriger. Die gedeihliche Entwicklung dieser Unternehmen hängt allzu oft von der persönlichen Energie des Unternehmers ab, der mit einer technischen Idee, mit seiner organisatorischen Leistung und mit Marktgespür und Verkaufgeschick sein Unternehmen weltweit voranbringt. Wenn es in diesen Betrieben mit dem Betriebsrat »nicht läuft«, wird sehr viel Energie des Unternehmers in Auseinandersetzungen gebunden, die anderweitig besser für das Unternehmen eingesetzt würde. Wenn der Unternehmer in Peking um den nächsten Auftrag kämpft und er des Nachts in seinem Hotelbett an die Probleme der nächsten Sitzung mit seinem Betriebsrat zu Hause denkt, und wenn dann der eine oder andere den Bettel hinwirft, haben Riester und der Kanzler für die Arbeitsplätze wenig erreicht, von denen in Deutschland 75 Prozent von den Betrieben mit weniger als 500 Beschäftigten gestellt werden.

Vor allem die inhaltliche Erweiterung der Mitbestimmung ist ein Knackpunkt. Dabei geht es zum Beispiel um erweiterte Mitbestimmungsrechte bei Tatbeständen wie der Gruppenarbeit und in Fällen, in denen die Qualifizierung derjenigen Arbeitnehmer zur Debatte steht, die aufgrund neuer Arbeitsmittel ihr Humankapital verloren haben. Ferner wird eine Beratungspflicht von Vorschlägen des Betriebsrats eingeführt, während der Entscheidungen ruhen.

Die Auswirkung wird sein, dass Betriebsabläufe komplizierter werden, die Entscheidungsprozesse länger dauern und die deutschen Unternehmen weniger wettbewerbsfähig werden. Es ist vor allem dieser Verlust an Flexibilität, der nicht zu einer Modernisierung der Volkswirtschaft passt. Insgesamt vermisst man bei dieser Gesetzesänderung eine Konzeption, die begründet, warum die Änderungen im Gesetz notwendig sind, was sie also bezwecken sollen. Jedenfalls kann dieses Gesetz nicht beanspruchen, die Entscheidungsprozesse in den Unternehmen moderner und flexibler zu gestalten. Es ist auch nicht richtig, dass dieses Gesetz den veränderten Bedingungen der Arbeitswelt entspricht. Gerade das tut es nicht. Es ist defensiv orientiert. Eher muss man die Motivation darin sehen, dass die

Organisationsmacht der Gewerkschaften gestärkt werden soll. Vor allem hat sich die Gesetzesänderung nicht davon leiten lassen, die strukturellen Starrheiten am Arbeitsmarkt abzubauen. So blieb der § 77, Abs. 3, der dezentrale Abweichungen vom Flächentarifvertrag in den Betrieben nicht erlaubt, gänzlich unberührt. Auch hätte man sich gewünscht, dass die zeitraubenden Einigungsverfahren effizienter gestaltet werden, ferner dass die Betriebe selbst durch das Zusammenwirken von Unternehmensleitung, Betriebsrat und einer qualifizierten Mehrheit der Beschäftigten die Modalitäten der Mitbestimmung abweichend vom Gesetz dezentral bestimmen können. Auch dem stand das Organisationsinteresse der Gewerkschaften entgegen. Stattdessen sieht das Gesetz sogar vor, dass per Tarifvertrag die nicht Tarifgebundenen in der Form der Mitbestimmung festgelegt werden sollen, was verfassungswidrig sein dürfte.

Per Saldo sind all dies Punkte, in denen die anstehenden strukturellen Probleme Deutschlands nicht mit Nachdruck angegangen werden. So laufen die Ansätze dem zentralen Ziel, den Arbeitsmarkt flexibler zu gestalten und dadurch die Arbeitslosigkeit dauerhaft zurückzuführen, zuwider. Der notwendige Umbau der Systeme der sozialen Sicherung kommt nicht voran. Gesamtwirtschaftlich gebotene Reformen werden mit Rücksicht auf partikulare Interessen nicht vollzogen. Daher kollidiert die verbandsnahe Wirtschaftspolitik, die den Kompromiss mit dem Organisationsinteresse sucht, mit den langfristigen volkswirtschaftlichen Notwendigkeiten. Man muss sich fragen, ob Deutschland trotz der Auflösung des Reformstaus im Jahre 2000 bei der Steuerreform derzeit dabei ist, seine Problemlösungskapazität, jedenfalls im internationalen Vergleich, wieder zu verlieren.

Allen wohl und niemand weh: das Pareto-Kriterium

Die Modernisierung einer Volkswirtschaft fällt leicht, wenn es danach allen besser geht; wenn die wirtschaftspolitische Ausgangslage durch das ironischerweise so bezeichnete Dostojewskij-Minimum gekennzeichnet ist, welches besagt, dass jeder so schlecht dran ist, dass es keinem schlechter gehen kann, ohne dass es wenigstens einem besser geht. Das mag zu Zeiten der Währungsreform 1948 so gewesen sein, heute ist dies jedoch keine typische Situation. Heute lautet das Entscheidungsproblem bei wirtschaftspolitischen Maßnahmen: Viele – in der Regel die überwiegende Mehrheit – werden gewinnen, aber einige werden verlieren. Oder: In der Zukunft wird die Situation besser, aber heute müssen die Menschen die Lasten dafür übernehmen. Ökonomen haben für diese Fragestellung das Pareto-Kriterium entwickelt, laut dem es nach einer wirtschaftspolitischen Änderung wenigstens einem besser gehen muss, ohne dass es auch nur einem anderen schlechter geht. Aber dieses Kriterium hilft nicht weiter. Während die Bedingung, dass es wenigstens einem, mehreren oder sogar vielen besser geht, leicht zu erfüllen ist, ist die andere Bedingung, dass keiner verliert, in der Realität kaum zu gewährleisten. Wendet man diesen Ansatz des »Allen wohl und niemand weh« konsequent an, so lässt sich keine gesellschaftliche Änderung mehr vornehmen; denn neben Gewinnern wird es immer Verlierer geben.

Das war auch historisch so. Die Industrialisierung ging zu Lasten des Landadels, die Technisierung zu Lasten der Handweber, wie es Gerhart Hauptmann eindrucksvoll beschrieben hat, die Dampfmaschine zu Lasten der Muskelkraft und der Pferdestärke, die Eisenbahn verdrängte die Postkutsche, Auto und Flugzeug wiederum konkurrieren mit der Eisenbahn, das Fax machte den Fernschreiber obsolet, das mobile Netz geht zu Lasten des Festnetzes und die Satelliten zu Lasten der traditionellen Kommunikationswege.

Die Bedingung, dass die Wohlstandsgewinne ausreichen müssen, die Verlierer effektiv so zu kompensieren, dass sie auf ihrem Ausgangsniveau an Wohlfahrt bleiben können, mag theoretisch interessant sein. Sie dürfte sich jedoch kaum als praktikabel erweisen. Allzu leicht würde die Wirtschaftspolitik rein defensiv. Vielleicht muss man sich hier mit dem Kriterium begnügen, dass die Verlierer aus den Wohlstandsgewinnen der Neuerung potentiell kompensiert werden können und die Innovationsgewinne für die Gesellschaft insgesamt ausreichen, die Anpassungslasten erträglich zu gestalten. Eine

Zementierung des Status quo kann jedoch nicht die Linie für die Wirtschaftspolitik gerade einer offenen Volkswirtschaft mit einer starken Außenhandelsabhängigkeit sein, die sich auf die Veränderungen in den anderen Ländern und in der Weltwirtschaft insgesamt permanent einstellen muss. Es kommt hinzu, dass es eine ganze Reihe wirtschaftspolitischer Maßnahmen gibt, bei denen die Besserstellung von einigen dazu führt, dass die Gesellschaft insgesamt ein geringeres Wohlstandsniveau erreicht. Das gilt für kollektive Verteilungsansätze, bei denen – wenn alle Anpassungsprozesse abgelaufen sind – weniger produziert wird und damit weniger zum Verteilen übrig bleibt.

Neu zurückfallende Länder

Der Status quo spielt in Deutschland nicht nur beim Regelwerk für Arbeit eine Rolle. Er ist auch in anderen Bereichen eine relevante Größe, wo der Anspruch auf den Besitzstand eine bedeutende politische Variable darstellt. Dies gilt für die Bemühungen, den Wettbewerb auf mehr Bereiche auszudehnen, etwa bei der Post oder im Hochschulsystem. Auch beim Finanzausgleich zeigt sich bei dem Kompromiss vom Juni 2001, dass eine nennenswerte Neuerung selbst unter dem Druck des Urteils des Bundesverfassungsgerichts vom 11. November 1999 nicht zustande kommt. Nach den für verfassungswidrig erklärten Regelungen würde durch den Finanzausgleich die Finanzkraft der Bundesländer auf 99,5 Prozent des Bundesdurchschnitts angehoben; dabei rücken Zahlerländer nach dem Ausgleich aufgrund der Bundesergänzungszuweisungen in der Rangordnung sogar von den vorderen auf die hinteren Ränge. Dies ist nicht anreizkompatibel. Von zusätzlichen Steuereinnahmen verblieben den meisten Zahlerländern lediglich zwischen 15 und 30 Prozent. Die westdeutschen Empfängerländer verloren wegen zusätzlicher Steuereinnahmen Transfermittel; Bremen beispielsweise verlor pro 100 DM zusätzliche Steuereinnahmen 98 DM an Transfers. Unter diesen Bedingungen haben weder Zahlerländer noch Empfängerländer Interesse, durch wirtschaftspolitische Maßnahmen ihre Steuerbasis zu pflegen und zu stärken. Das System setzt damit nicht die richtigen Anreize und ist schlicht fehlkonzipiert.

Der Kompromiss der Ministerpräsidenten und des Bundeskanzlers vom Juni 2001 hat dieses System nicht hinreichend in Bezug auf die richtigen Anreize verändert. Es sind nur kleinere Korrekturen vorgenommen worden. So wird für die Geberländer die Abschöpfung auf 72,5 Prozent begrenzt. Von 100 DM Steuereinnahmen muss ihnen also 27,50 DM verbleiben. Neben dieser Deckelung sollen Zunahmen in den Steuereinnahmen eines Lamdes, die im Vergleich zu den anderen Bundesländern überproportional sind, zu zwölf Prozent nicht in den Länderfinanzausgleich einbezogen werden. Ansonsten bleibt alles beim alten. Der Kompromiss wurde nur erreicht, weil der Bundesfinanzminister 2,5 Milliarden zusätzlich in den Ausgleich hineingibt. Die Weichen wurden nicht in Richtung auf einen Wettbewerbsförderalismus gestellt.

In einem Umfeld, in dem sich Deutschland in der Europäischen Union und auch darüber hinaus in einem verschärften Standortwettbewerb um die mobilen Produktionsfaktoren sieht, müsste dieser Anpassungsdruck an die Bundesländer weitergegeben werden, damit dezentral neue Problemlösungen zustande kommen. Durch einen solchen Wettbewerbsföderalismus würde die Effizienz des Gesamtsystems gestärkt. Stattdessen setzen wir derzeit auf einen kooperativen Föderalismus, der die Finanzkraft nahezu vollständig ausgleicht.

Notwendige Anpassungen an das geänderte europäische und internationale Umfeld unterbleiben in diesem Konsenföderalismus, in dem eine Neuerung kaum möglich ist. Die Empfängerländer, deren Finanzkraft angehoben wird, müssen einer Neuregelung, die in Richtung kompetitiver Föderalismus geht, zustimmen. Das werden sie nicht tun. Daher macht sich Immobilismus breit. Vielleicht fällt einem dieses Manko besonders auf, wenn man sich wie ich am Institut für Weltwirtschaft intensiver mit den globalen Veränderungen beschäftigt und auch damit, wie sich andere Länder anpassen und was meine internationalen Kollegen an Innovationen von Deutschland einfordern. Das Beispiel Japan kann uns als Menetekel dienen: Wie schnell ist diese Volkswirtschaft von hohen realen Zuwachsraten im Bruttoinlandsprodukt von fünf Prozent bis Ende der achtziger Jahre auf eine Zunahme des Produktionspotentials von vielleicht einem Prozent gefallen, und zwar auch, weil die Volkswirtschaft nicht flexibel auf die Herausforderungen von außen reagiert und das politische System nicht reformfähig ist. Schon spricht man in Anlehnung an die »Newly Industrializing Countries« von den »Newly Declining Countries«, den neu zurückfallenden Ländern. Damit sind Industrieländer gemeint. Gehört Deutschland demnächst auch dazu?

14 Wie viel Kollektives? – Wie viel individuelle Freiheit?

Der Versuch, den Himmel auf Erden zu verwirklichen, produziert stets die Hölle.
Karl Raimund Popper

Bei den Kwakiutl-Indianern auf Vancouver Island in Kanada gab es das Winter-Potlatch. Wenn ein Jahreskreis zu Ende ging, fand ein Fest mit Gesang, Tanz, Ansprachen und theatralischem Tam-Tam statt. Dabei wurden Güter ausgegeben. An alle seine Gäste und an die Stammesmitglieder verteilte der Häuptling Geschenke, ob geräucherte Fische, das aus dem Eulachon-Fisch gewonnene Öl, Körbe oder Holzlöffel. Die ungleiche Verteilung von Gütern wurde ausgeglichen, die Verteilungsfrage zeremoniell gelöst.

Verteilen: die Ökonomie des Herzens

Bei genauerem Hinsehen ging es bei dem Potlatch-Fest aber nicht allein um Verteilung im engeren Sinn: Das Eulachon-Öl war die Gegengabe dafür, dass dem Häuptling und seinem Familienclan privilegierte Nutzungsrechte an der Natur wie Fangrechte überlassen worden waren. Diese Privilegien wurden in der Potlatch-Zeremonie für die Zukunft neu bestätigt. Die von dem französischen Soziologen Marcel Mauss für archaisch-traditionelle Gesellschaften beobachteten drei Grundsätze des Schenkens, nämlich dass erstens Geschenke gemacht, zweitens Geschenke angenommen und drittens Geschenke erwidert werden müssen, sind für den Potlatch also in besonderer Weise zu interpretieren. Sie gehörten nicht allein zu einem gesellschaftlichen Verteilungsmechanismus, der Ungleichheiten zumindest durch eine Neuverteilung teilweise abbaute, sie waren Element einer Zeremonie, die Macht festigte.

Nun wissen wir nicht genau, wie viel bei der Potlatch-Festivität tatsächlich verteilt wurde, ob also beispielsweise eine totale Gleichverteilung aller Dinge das Ergebnis war. Wie weit auch immer die Verteilung gegangen ist, die eine oder andere archaische Gesellschaft, vor allem wenn sie abgeschottet auf einer Insel lebt und die natürliche Umwelt durch Jagd und Fischfang reichlich Nahrung und Ressourcen spendet, mag mit einem sozialen Mechanismus wie der Potlatch-Verteilung bestehen können. Aber für die komplexen arbeitsteiligen Gesellschaften von heute kann das Verteilen nicht der zentrale Ansatz für das Wirtschaften sein. Die Anreize für den Einzelnen sind dann falsch gesetzt, die Antriebskräfte für das Überleben einer Gesellschaft zu schwach ausgeprägt. Wer kümmert sich darum zu produzieren, wenn er am Jahresende ohnehin so viel bekommt wie alle anderen? Wer baut etwas für die nachfolgende Generation auf, wenn er das Geschaffene abgeben muss und es nicht seinen Kindern vermachen kann? Wer fühlt sich gehalten, mit einer Sache sorgsam umzugehen, wenn sie ihm nicht gehört?

Für die Ökonomen ist all dies ein Anreizproblem. Die dabei auftauchenden Fragen werden an zahlreichen Modellen illustriert. Ein kleines Beispiel ist der Fall der gemeinsamen Restaurant-Rechnung, die von allen mit gleichem Anteil bezahlt wird, wenn eine größere Gruppe gemeinsam essen geht. Wer eigentlich sparsam sein möchte und auf den opulenten Nachtisch verzichten würde, wenn er allein wäre oder für sich und seine Begleiterin alleine bezahlen würde, hat einen Anreiz, wertmäßig mindestens so viel zu verzehren und zu trinken wie alle anderen, denn sonst bekommt er keinen kulinarischen Gegenwert für seinen Beitrag. Wenn er sich opportunistisch verhält, nimmt er sogar mehr zu sich als der Durchschnitt. Per Saldo geht bei einem solchen Verfahren die Restaurant-Rechnung in die Höhe. Dies mag zwar den Restaurantmanager freuen, aber volkswirtschaftlich bedeutet eine gemeinsame Restaurant-Rechnung, dass zu viel ausgegeben wird. Wenn es zu viele dieser Mechanismen in einer Gesellschaft gibt, hält eine Volkswirtschaft ihre Ausgaben nicht unter Kontrolle. Noch schlimmer wird es, wenn jemand seine Ausgaben dadurch finanziert bekommt, dass ein anderer die Rechnung zahlt. Das ist beispielsweise bei der gesetzlichen Krankenversicherung, jedenfalls zum Teil, der Fall. Daher muss sich der Volkswirt fragen, wie Verteilungsmechanismen auf die gesamte Volkswirtschaft wirken.

Die Idee des Teilens hat in der Geschichte der Menschen immer wieder eine Rolle gespielt, im Ur-Christentum, im Kibbuz, in der katholischen Soziallehre und in der evangelischen Sozialethik, bis hin zum Kommunismus, sowohl in seiner abstrakt-theoretischen Marxschen Version als auch im real existierenden Sozialismus unter Stalin und Castro. Die Verteilungsfrage hat auch in der Wirtschaftswissenschaft eine lange Tradition: Von der mittelalterlichen Lehre vom gerechten Preis über Ricardos[19] zentralen Satz im Vorwort zu den *Principles of Political Economy and Taxation* – »Die Gesetze aufzufinden, welche diese Verteilung bestimmen, ist das Hauptproblem der Volkswirtschaftslehre« – bis in die wirtschaftspolitischen Philosophien der Moderne zieht sich das »Equity«-Problem durch Wirtschaftswissenschaft und Wirtschaftspolitik. »Die soziale Frage« – so heißt es bei Eucken – »ist seit Beginn der Industrialisierung mehr und mehr zur Zentralfrage menschlichen Daseins geworden. Sie hat eine eminente geschichtliche Kraft.«[20] Verteilung ist keine abstrakte Kategorie. Sie spricht jeden Einzelnen unmittelbar an. »Das Verteilungsproblem ist für die meisten Menschen das primäre wirtschaftspolitische Problem.«[21]

Das Problem der Verteilung hat zwei Seiten. Die eine ist, dass Individuen freiwillig teilen, wenn sie aus ethischen Gründen dem anderen geben, dass sie wie der Samariter Hilfe leisten oder ihr Vermögen für einen gemeinschaftlichen oder einen anderen guten Zweck stiften, für das kommunale Krankenhaus oder für ein kirchliches Projekt. Anders verhält es sich jedoch, wenn das Teilen in die institutionellen Regelungen eines Landes und in die Politikinstrumente explizit und intensiv per Zwang Eingang findet, wenn das Rahmenwerk eines Landes das Teilen mehr oder weniger zur Grundlage der Wirtschaftspolitik macht, wenn also die Wirtschaftspolitik als eine »Ökonomie des Herzens« daherkommt.

Der Verteilungsgedanke kann sich dabei in unterschiedlicher Intensität in der Wirtschaftspolitik einer Gesellschaft niederschlagen. Die verschiedenen wirtschaftspolitischen Ausprägungen der Verteilungsidee lassen sich auf einem äußerst weit gespannten Kontinuum mit unterschiedlichen Intensitäten der Verteilung anordnen, angefangen mit der kommunistischen Abschaffung des Privateigentums, über eine dominierende Rolle des Staates in zentralen Bereichen der Wirtschaft oder eine Korrektur von Marktprozessen durch eine redistributive Besteuerung bis hin zu einer Besteuerung nach der Leistungsfähigkeit, bei der die Reichen proportional mehr zahlen als die weniger Reichen. Es gibt kaum eine Wirtschaftsordnung, in der Verteilung überhaupt keine Rolle spielt.

Der Konflikt zwischen Verteilung und Freiheit

Eine gleichmäßige Verteilung ist nicht ohne Kosten zu haben – nicht ohne hohe Kosten. Denn es gibt einen Konflikt zwischen den zwei großen, konträren Zielkomplexen einer Gesellschaft: der Gleichheit im Einkommen – der Verteilung – auf der einen Seite und den Entfaltungsmöglichkeiten des Individuums – der persönlichen Freiheit – auf der anderen Seite.

Dies sind die beiden großen normativen Pole, an denen Wirtschaftssysteme festgemacht wurden und werden, und beide Pole lassen ihrerseits eine Vielzahl von unterschiedlichen Aspekten der Bewertung von Wirtschaftsordnungen hervorgehen. Es geht um den Konflikt zwischen dem Kollektiven und dem Individuellen, zwischen gesellschaftlichen Zwängen und dem Bewegungsspielraum des Einzelnen, zwischen der »materiellen Freiheit«, die eine Aussage über die Ausstattung mit Gütern enthält, und der weitergehenden formalen Freiheit, die durch Rechte des Einzelnen oder durch die Abwesenheit von Beschränkungen definiert ist. Es handelt sich um den Widerstreit zwischen Gleichmäßigkeit und Effizienz, zwischen Verteilung und wirtschaftlicher Dynamik, zwischen Ergebnisgleichheit und Chancengleichheit, zwischen Bestandsschutz und Modernisierung, zwischen Absicherung und Risikobereitschaft, zwischen Solidarität und Subsidiarität, zwischen Gesinnungsethik und Verantwortungsethik, zwischen Sozialprinzip und Individualprinzip. Und es dreht sich um den Zwiespalt zwischen Versorgung und Versicherung, zwischen Umlageverfahren und Kapitaldeckungsverfahren, zwischen Allmende und privaten Nutzungsrechten, zwischen Gemeinlastprinzip und Verursacherprinzip, zwischen meritorischem Angebot und privaten Gütern, zwischen einer hohen und einer niedrigen Staatsquote, zwischen Orientierung an einmal erworbenen Positionen und Wettbewerb, zwischen Absicherung und Leistungsanreizen, zwischen Transfers und Leistungsbereitschaft, zwischen Konsumentenschutz und Konsumentensouveränität, zwischen paternalistischer Bevormundung und Eigenverantwortung, zwischen staatlicher Fürsorge und Mündigkeit, zwischen dem Status quo und der Innovation, zwischen einer geschlossenen Gesellschaft und einer offenen Gesellschaft.

Die Vielzahl der Gegensätze macht deutlich, dass die Ausformung einer Wirtschaftsordnung zwischen der Gleichheit einerseits und den Hauptaspekten der Entfaltungsmöglichkeiten des Einzelnen andererseits äußerst facettenreich gestaltet werden kann. Man stelle sich eine Waage vor, die auf beiden Seiten nicht nur jeweils eine einzige Waagschale hat, sondern Stockwerke von Waagschalen. Wenn man das Gewicht auf einem einzelnen Stockwerk der Waagschale verändert, wenn man also an einer Stelle umgestaltet, so neigt sich die Zunge der Gesamtwaage in die eine oder in die andere Richtung: in eine stärker am Kollektiv oder in eine stärker am Individuum orientierte Gesellschaft.

Welches Gewicht auf die Waagschale gelegt werden soll, ist eine Wertfrage, die sich wissenschaftlich nicht beantworten lässt. Aber wie sich die Waage mit den vielen Waagschalen auf beiden Seiten bewegt, wenn die Wertgewichte etwa durch die Politik verändert werden, ist eine Frage, die der Ökonom wissenschaftlich untersuchen kann und über die wir historisch Erfahrung sammeln können. Es handelt sich um die Frage nach den empirischen Zielbeziehungen, den Folgewirkungen sowie den Opportunitätskosten: Wenn ich von dem einen Ziel etwas mehr haben will, muss ich dann auf ein anderes Ziel verzichten? Und in welchem Grade?

Eine Reihe von Trugbildern

Die Frage, inwiefern man bei dem ethisch motivierten Ziel Abstriche machen muss, um in Hinsicht auf das andere Ziel etwas mehr zu erreichen, wird in der Öffentlichkeit von manchen Trugbildern verstellt. Bei diesen Trugbildern handelt es sich um Vorstellungen, die auf den ersten Blick nahezu selbstverständlich erscheinen, die sich aber bei genauerer Analyse nicht halten lassen. Dennoch prägt das eine oder andere Trugbild die öffentliche Diskussion und die Entscheidungen.

Allzu oft leuchtet eine ethisch vorgetragene Position *prima vista* ein. Aber bei genauerem Hinsehen wird gerade das Gegenteil dessen erreicht, was angestrebt ist. Dies ist das Trugbild von der guten Absicht, etwa wenn der Kündigungsschutz, nicht zuletzt durch seine Kombination mit fixem Lohn und fixer Arbeitszeit, zwar die Arbeitsplatzbesitzer schützt, aber letztendlich die Nachfrage nach Arbeitskräften in der gesamten Volkswirtschaft auf die Dauer schwächt und damit im Ergebnis zum Nachteil der Arbeitslosen gerät. Eine Schutzvorschrift verkehrt sich ins Gegenteil. Die Beispiele für die Rache des Gutgemeinten sind Legion.

Bei der Verteilung wird nicht nur der Zielkonflikt zwischen Gleichheit der Verteilung und individueller Freiheit auf der ideellen Ebene gerne verdrängt, sondern auch der Konflikt zwischen gleichmäßigerer Verteilung und Wohlfahrtsverlusten auf der substantiellen Ebene. Dabei wird als stillschweigende Prämisse unterstellt, dass der zu verteilende Kuchen ein Datum, eine gegebene Konstante sei. Dies ist das Trugbild vom gegebenen Kuchen. Der Kuchen ist aber nicht vorgegeben. Die Umverteilung kostet etwas: Als Friedrich der Große sich auf einer Abendgesellschaft wunderte, dass sich die Bürger über die hohen Steuerlasten beschwerten, er jedoch andererseits feststellen müsse, wie wenig Geld in der Staatskasse sei, ließ sein Finanzminister ein Stück Eis kommen, das er über seine Tischnachbarn an den König weiterreichen ließ. Als das Eis bei Seiner Majestät ankam, war es zusammengeschmolzen. »Sehen Sie, Majestät, so ...«.

Der amerikanische Ökonom Arthur Okun hat diese Erfahrung in dem Bild des »leaky bucket« ausgedrückt, also eines Eimers mit Löchern, mit dem von dem Gutverdiener auf den Wenigverdiener umverteilt wird. Bei jeder Umverteilung muss das Geld – um das Bild Okuns zu verwenden – in einem Eimer transportiert werden, von dem Reichen zu den Armen, vom Kapital zur Arbeit, von den steuerzahlenden Sektoren in die subventionierten Bereiche, von den Beschäftigten zu den Arbeitslosen, von den Steuerzahlern zu den Sozialhilfeempfängern –, aber ein Loch ist im Eimer, wie es in einem alten Volkslied heißt. Ressourcen gehen beim Transport verloren.

Das Bild vom Eisstück, das schmilzt, oder vom Eimer der Umverteilung, der ein Loch hat, trifft den Sachverhalt jedoch nicht hinreichend. Denn es dreht sich nicht nur darum, was unterwegs vom Produzierten bei der Umverteilung durch den Staat verloren geht. Wie das Tortenmesser zu führen ist, bevor noch der Kuchen gebakken – wenn das im Zentrum der Debatte steht, werden die Anreize zu produzieren geschwächt. Dann wird weniger Kuchen hergestellt. Je stärker eine Volkswirtschaft auf die Umverteilung fixiert ist – je mehr Eimer eingesetzt werden –, desto mehr kommt abhanden, desto größer sind auch die Effizienz- und Wohlfahrtsverluste. Wenn im Extrem die Verteilungsidee so ausgeprägt ist wie in den ehemaligen kommunistischen Systemen, dass perfekte Ergebnisgleichheit zumindest in theoretischer Absicht angestrebt wird, gilt das Churchill-Zitat: »Capitalism is the unequal sharing of blessings, socialism is the equal sharing of miseries«. Indem man verteilt, wird das, was man verteilen kann, weniger und weniger. Nicht nur die individuelle Freiheit kommt zu Schaden. Die Leistungsfähigkeit einer Volkswirtschaft leidet unter einer gleichmäßigeren Verteilung.

Es ist verfehlt, die Gesellschaft als eine Veranstaltung zu begreifen, bei der die Gewinne des einen die Verluste des anderen sind, bei der es für jeden Gewinner einen Verlierer gibt. Das Bild der Nullsummengesellschaft ist ein Trugschluss. Denn es ist möglich, dass es dem einen – und zwar vielen – besser gehen kann, ohne dass es den anderen schlechter geht. Es gibt Win-Win-Situationen.

Wenn sich allerdings die Dinge einmal verfestigt haben, dann kann sich eine Nullsummengesellschaft einstellen, so im England der sechziger Jahre mit einer beachtlichen Bereitschaft zu einer klassenkämpferischen Verteilungspolitik. Eine lange Phase der wirtschaftlichen Expansion kann sogar die Nullsummengesellschaft programmieren: Mit höherem Wohlstand verschieben sich die Präferenzen der Wirtschaftssubjekte zu mehr Freizeit, mehr Ortsgebundenheit und weniger Mobilität, aber auch zugunsten staatlicher Leistungen und großzügiger institutioneller Regelungen in der sozialen Absicherung. Zwangsläufig spielt in einer solchen Nullsummengesellschaft der politische Prozess eine zentrale Rolle. Dem Auktionator ist von der Politik der Mund ›zugeklebt‹: Er kann die Knappheitspreise nicht mehr ausrufen. Die Preise werden politisch bestimmt. Gruppeninteressen setzen sich bei der Verteilungsfrage stärker durch. Eine gesellschaftliche Gruppe kann ihre Position dann verbessern, wenn sie im politischen Prozess eine für sie günstige Regelung durchdrückt. Ein Wirtschaftszweig kann die Absicherung seines Einkommens, etwa gegen ausländische Konkurrenz, erreichen. Es besteht in einer »rentenabsichernden Gesellschaft« ein Anreiz, den Kuchen gruppenspezifisch für die Verteilung zurechtzulegen. Und es lohnt sich, Ressourcen für die politische Absicherung von Gruppeninteressen – aus gesamtwirtschaftlicher Sicht – zu vergeuden. Diese endogenen Prozesse reduzieren die Produktionszuwächse. Treffen die in goldenen Jahren gebildeten Erwartungen, Konsumgewohnheiten, Ansprüche und Schönwetterregelungen dann auf eine von außen kommende neue Schranke – etwa die Energiekrise –, so beginnt in der Nullsummengesellschaft die Verteilung der mangelnden Zuwächse oder gar der Verluste.

Verteilungsziel nicht als Ethik der Altsassen

Beim Verteilungsziel gibt es eine Reihe von Fehlinterpretationen. Eine davon ist, Ergebnisgleichheit zu fordern, also zu verlangen, dass alle das gleiche Resultat in ihrem Einkommen erzielen. Denn, so Alexander Rüstow: »Gleichheit am Anfang (Startgleichheit) kann man im Namen der Gerechtigkeit fordern, Gleichheit am Ende nur im Namen des Neides. Jedem das Seine, fordert die Gerechtigkeit, jedem das Selbe, der Neid...«. Anstatt Ergebnisgleichheit zu verlangen, kommt es darauf an, die Startchancen möglichst gleich zu gestalten. Allerdings wird der Staat auch beim Start nicht alles für alle gleich machen können. Die Menschen sind von Natur aus mit unterschiedlich guten Voraussetzungen ausgestattet; der eine als Skifahrer, der andere als Künstler oder als Mathematiker. Es kommt darauf an, dass von den staatlichen Rahmenbedingungen her keine expliziten Bevorzugungen angelegt sind.

Interpretiert man das Verteilungsziel vorrangig aus der Sicht der heutigen Generation, so wird für die Zukunft weniger geschaffen. Denn die Verteilung heute erweist sich als eine zentrale Restriktion, die die Handlungsmöglichkeiten von morgen einschränkt. Der Yellowstone Nationalpark in Wyoming konnte zunächst nur von den Wohlhabenden genutzt werden – heute steht er allen offen. Die Kathedrale von Notre Dame wäre nicht zustande gekommen, wenn ein eng auf die jeweilige Generation interpretiertes Verteilungsziel dominiert hätte. Vernachlässigt man aus verteilungspolitischen Gründen die Kapitalbildung und die dafür notwendigen Ersparnisse – weil dies nicht für zumutbar gehalten wird –, so erhält die zukünftige Generation einen geringeren Kapitalstock und damit einen geringeren Wohlstand. Gleiches gilt, wenn man der Zukunft weniger Wissenskapital hinterlässt, weil man die Systeme zur Generierung von neuem Wissen unter Hinweis auf akute Verteilungsfragen ineffizient gestaltet und sich davor scheut, sie nach dem Wettbewerbsprinzip zu organisieren. Steht bei der Besteuerung im Vordergrund, wie heute verteilt wird, so kommt die Zukunft schlechter weg. In all diesen Fällen erhält die zukünftige Generation weniger an Bestandsgrößen, weniger an Kapital der verschiedensten Art.

Es können aber auch höhere Belastungen, also Hypotheken, vererbt werden. Lebt eine Generation über ihre Verhältnisse und häuft sie Staatsschulden an, etwa weil der Sozialkonsum auf Pump finanziert wird, so müssen die Steuerzahler in der nächsten Generation stärker zur Kasse gebeten werden. Besonders deutlich wird dies bei Auslandsschulden, bei denen die späteren Generationen Exportüberschüsse erzielen müssen, also mehr Güter hergeben müssen, als sie vom Ausland empfangen; sie müssen damit auf Konsum verzichten, um die Devisen für die Zinszahlungen und die Tilgung der Schuld zu erwirtschaften. Legt man der heutigen Generation nicht die Last auf, schonend mit der Umwelt umzugehen, so erbt die zukünftige Generation ein schlechteres Umweltkapital. Man tut also gut daran, das Verteilungsziel nicht aus dem Blickwinkel der Altsassen zu interpretieren.

Von sozialer Kälte zu sprechen, wenn Ökonomen darauf hinweisen, dass intertemporale Zwänge zu beachten sind und dass die »Ökonomie des Herzens« später Folgewirkungen hat, die nicht zu verantworten sind, ist nicht angemessen. Man macht dann die Augen vor den Opportunitätskosten einer verteilungszentrierten Politik zu. Vielmehr gilt: Was kurzfristig als ein Ausweg erscheint, kann langfristig erhebliche Schäden mit sich bringen. Und was kurzfristig als ein Zielkonflikt erscheint, muss langfristig kein Konflikt sein, wenn es über mehr Dynamik auf Dauer allen, auf jeden Fall aber den meisten, besser geht.

Eine ähnliche Problematik ergibt sich, wenn man Verteilung aus der Perspektive eines Landes oder einer Region definiert. Wird beispielsweise die Verteilung nur aus der Sicht eines Industrielandes interpretiert, so könnte man bei kurzsichtiger Argumentation versucht sein, die heimischen Märkte gegen die Anbieter aus Schwellenländern abzuschotten. Die Schwellenländer könnten ihre komparativen Vorteile in der weltweiten Arbeitsteilung nicht nutzen. Ihnen würden Chancen genommen. So werden bei uns die Bauern zum Nachteil der dritten Welt geschützt. Die in Europa durch Subventionen anfallenden Überschüsse werden verbilligt auf den Weltmarkt geworfen und zerstören aufgrund der gedrückten Preise die Entwicklungschancen anderer Länder. Ähnliches gilt für eine ganze Reihe von Antidumping-Verfahren, mit denen die Europäische Union und die USA gegen Anbieter der Neuen Industrieländer vorgehen, um heimische Produzenten zu schützen. Was wir an protektionistischen Maßnahmen zum Schutz der Inländer ergreifen, nimmt den Entwicklungs- und Schwellenländern Chancen. Verteilungsfragen aus der Perspektive eines Landes zu analysieren, kann in die Irre führen, denn dann lässt sich manches begründen, was anderen Ländern Chancen nimmt. Analoges gilt für Regionen und Sektoren. Bei einem Konflikt mit Wohlstandsverlusten sollte das Verteilungsziel nicht eng auf räumliche Teilgebilde wie Länder oder Regionen oder Subgruppen einer Gesellschaft, etwa einzelne Branchen, bezogen sein. Auf jeden Fall muss man sich der Missinterpretation des Verteilungsgedankens dann bewusst sein.

Die These der sozialen Schieflage

Immer wieder wird eine grundlegende Legitimierungs- oder Orientierungsbasis für die Wirtschaftspolitik in der Korrektur der »sozialen Schieflage« gesehen. Dabei wird auf das Gefühl einer Schieflage in der Bevölkerung abgezielt, wobei beispielsweise Zunahmeraten bei den Unternehmergewinnen mit den Lohnerhöhungsraten verglichen werden.

Eine Reihe von Daten zeigt jedoch keine nennenswerte Veränderung der Einkommensverteilung in Deutschland. So kommt der Sachverständigenrat auf Grund einer Analyse der Daten des Sozioökonomischen Panels und der Einkommens- und Verbrauchsstichprobe des Statistischen Bundesamtes für die neunziger Jahre zu dem Ergebnis, dass »die Verteilung der Markteinkommen und der Nettoeinkommen [d.h. der Einkommen nach der Umverteilung durch den Staat] im früheren Bundesgebiet nur geringfügig ungleicher geworden« ist. Nicht richtig ist die Behauptung, netto seien die Arbeitseinkommen in den letzten 20 Jahren nicht gestiegen. Zieht man die durchschnittlichen Netto-Wochenverdienste der Facharbeiter im produzierenden Gewerbe in Westdeutschland heran, die vom Bundesministerium für Arbeit veröffentlicht werden, so lagen sie im Jahr 1990 um 40,9 Prozent über dem Niveau von 1980, und 1999 um 16,8 Prozent über dem Niveau von 1990.

In der realen Rechnung sieht dies allerdings etwas anders aus; in den achtziger Jahren gab es bei den Nettoverdiensten einen realen Anstieg von 9,1 Prozent, also etwa ein Prozent pro Jahr; in den neunziger Jahren nahm der reale Nettoverdienst um 4,4 Prozent, also etwa um ein halbes Prozent pro Jahr, ab. Dies ist allerdings nicht verwunderlich. Denn die Politik hat in den neunziger Jahren die Sozialleistungen und damit den Soziallohn erhöht und den Keil zwischen Bruttolohn (Ausgaben der Unternehmen) und Nettolohn (Barlohn der Arbeitnehmer) vergrößert, so dass die Arbeitnehmer weniger Bares in der Tasche hatten. Ist es eine angemessene Situationsanalyse, hier von einer sozialen Schieflage zu sprechen? Führt dieses Bild die Wirtschaftspolitik nicht in die Irre? Deuten die Zahlen doch lediglich darauf hin, dass man nicht gleichzeitig den Soziallohn und den Barlohn erhöhen kann. Wenn man dies vorhat, so steigen die Arbeitskosten, und die Arbeitnehmer zahlen die Zeche mit höherer Arbeitslosigkeit. Hinzu kommt, dass in einer Volkswirtschaft, der plötzlich zehn Millionen Arbeitskräfte durch eine Wiedervereinigung hinzugefügt werden, die Realarbeitseinkommen nicht mehr so stark zunehmen können wie in der Vergangenheit; denn das Arbeitsangebot ist größer geworden.

Aber selbst wenn es eine Schieflage gäbe, ist dann eine stärkere Umverteilung die richtige Antwort auf die weltwirtschaftlichen Veränderungen? Nein, denn die Anreize würden durch eine redistributive Politik so gesetzt, dass die Dynamik in der Wirtschaft nachlassen würde. Die Politik muss bedenken, dass eine stärkere Verteilungsorientierung lähmt und das Niveau des volkswirtschaftlichen Wohlstands insgesamt niedriger ausfallen lässt, bis hin zur Erosion der gesamtwirtschaftlichen Leistungsfähigkeit bei einer forcierten Umverteilung. Sie sollte berücksichtigen, dass sich über mehr wirtschaftliche Dynamik der Spielraum für Verteilung und für Beschäftigung in der Zukunft verbessert. Zudem ist bei diesem Zielkonflikt der Hintergrund der Globalisierung in Betracht zu ziehen. Es nützt wenig, wenn im Innern gleichmäßiger verteilt wird, aber die Wettbewerbsfähigkeit der Volkswirtschaft auf den internationalen Märkten Schaden nimmt. Kann eine derart außenhandelsabhängige Volkswirtschaft wie die deutsche, die ihren Wohlstand aus der internationalen Arbeitsteilung zieht, ihre wirtschaftspolitische Konzeption auf der Umverteilung aufbauen? Ist eine solche Strategie die geeignete Antwort auf den Standortwettbewerb in einer globalisierten Welt um das mobile Kapital und das mobile technische Wissen? Besteht nicht die Gefahr, dass Kapital abwandert und die Produktion leidet?

Vor allem aber brauchen wir bei der Verteilungsdebatte ein realistisches Bild davon, wie hoch die Verteilungsanteile der Produktionsfaktoren am Volkseinkommen sind. In der Öffentlichkeit ist kaum bekannt, dass die Arbeitseinkommensquote in Deutschland bei etwa 80 Prozent des Volkseinkommens liegt.[22] Vier Fünftel des gesamten Einkommens der Volkswirtschaft gehen also an den Faktor Arbeit, darin eingeschlossen die selbständige Arbeit. Stellt man auf die abhängig Beschäftigten ab, so liegt der entsprechende Anteil, die Lohnquote, bei 70 Prozent. Wenn diese Quoten auch in der Zeit schwanken, etwa mit dem Konjunkturverlauf, der Lohnhöhe und der Beschäftigung, so sind die Anteile in den letzten drei Jahrzehnten doch verblüffend konstant. Lediglich ein Fünftel des Volkseinkommens ist Zinseinkommen und Gewinneinkommen. Das Zinseinkommen liegt zwischen drei und fünf Prozent des Volkseinkommens, wobei die privaten Haushalte einen höheren Anteil erhalten, da der Staat wegen seiner hohen Verschuldung ein negatives Zinseinkommen aufweist (etwa drei Prozent). Das Gewinneinkommen als Restgröße schwankt zwischen neun (1980) und 19 Prozent (1997).

Wer verteilen will, muss dies vor dem Hintergrund der genannten Größenordnungen vor allem innerhalb der Arbeitseinkommensquote tun. Das aber bedeutet, dem einen vom Faktor Arbeit etwas wegnehmen, was man dem anderen vom Faktor Arbeit gibt.

Zwischen Kapital und Arbeit umzuverteilen, ist schon von der Größenordnung her limitiert. Zudem ist für die Arbeitnehmer wenig gewonnen, wenn Kapital abwandert und sie weniger reichlich mit Kapital ausgestattet sind, denn dann sinkt ihre Produktivität. Inzwischen hat auch die Querverteilung zugenommen, das heißt, Arbeitnehmer beziehen ebenfalls Kapitaleinkommen, da sie Aktien und andere Wertpapiere besitzen.

Es ist auch nicht richtig, davon auszugehen, dass in den Regionen Deutschlands alles gleich sein kann. So sind die Werte für das Bruttoinlandsprodukt pro Einwohner oder pro Erwerbstätigem in Westdeutschland sehr differenziert. Während Hamburg etwa 160 Prozent des westdeutschen Durchschnitts pro Einwohner erreicht (und Bremen 125 Prozent), liegt das Niveau in einigen Flächenländern, so in Niedersachen, Rheinland-Pfalz und Schleswig-Holstein, bei etwa 85 Prozent. Dies bedeutet: Wir müssen unsere Ansprüche realistisch gestalten, nicht überall ist ein Durchschnitt von 100 Prozent zu erreichen. Deshalb müssen wir eine regionale Differenzierung der Produktionsleistung pro Kopf und damit auch der Einkommen pro Kopf in den Teilgebieten Deutschlands akzeptieren. Jedenfalls kann der Staat diese Unterschiede im Produktionsergebnis nicht aus der Welt schaffen. Er kann bei der Infrastruktur und bei staatlichen Diensten eine Ähnlichkeit der Lebensverhältnisse anstreben, aber beim Bruttoinlandsprodukt pro Kopf oder beim Einkommen pro Kopf müssen wir uns darauf einrichten, dass in einzelnen Regionen – um eine Größenordnung zu nennen – nur ein Niveau von etwa 80 Prozent zu erreichen ist. Auch hier gibt es keine Ergebnisgleichheit. Die Frage, wie viel Ausdifferenzierung wir zu akzeptieren bereit sind, wird ohnehin anders zu beurteilen sein, wenn wir einen größeren Wirtschaftsraum wie die Europäische Union betrachten. Hier muss man eine größere Differenz zulassen als zwischen den Regionen in einer Volkswirtschaft. Noch größere Unterschiede im Einkommen pro Kopf muss man schließlich erlauben, wenn man die gesamte Weltwirtschaft zugrunde legt.

Der dritte Weg – ein Ausweg?

Ob die Ratschläge der Ökonomen, etwa des Sachverständigenrates, viel helfen? Zuweilen habe ich den Eindruck, als ob sich die Politik die Ohren mit Oropax zugestopft hätte. Nun ist es kein Vergnügen für den Wissenschaftler, wenn er in eine Rolle gerät, der Politik mit Worten aus Friedrich von Schillers Wallenstein-Drama zuzurufen: »Dein Weg ist krumm, er ist der meine nicht«. Und krumm ist hier wohl ein zu scharfes Wort, ist doch nach nach einem Bonmot des britischen Premierministers MacMillan »der gerade Weg ... für die Politik meist unpassierbar«. Folglich sucht die Politik nicht nach dem geraden, sicherlich auch nicht nach dem krummen, sondern nach dem dritten Weg. Hinreichend breit muss er sein, so als ob sich wirtschaftspolitische Zielkonflikte in nichts auflösen. Nicht zu beschwerlich darf er sein, damit man ihn bequem beschreiten kann. Und ein bisschen nebulös darf der Begriff sein, damit man vieles darunter verstehen kann.

Dabei hat der »dritte Weg« in den Planwirtschaften sehr ehrenvoll angefangen, etwa mit dem Versuch von Ota Šik in der Tschechoslowakei, eine Synthese von Markt und Plan zuwege zu bringen, um auf diese Weise aus der Planwirtschaft herauszukommen. Gelungen ist es damals nicht, weil der dritte Weg nichts Halbes und nichts Ganzes war. In Westeuropa ist der dann von Anthony Giddens verwendete Begriff von den Sozialdemokraten übernommen worden, um zu signalisieren, dass man nicht ganz kapitalistisch sein möchte. Worin das »Dritte« genau besteht, bleibt offen. Letztlich geht es um einen interventionistischen Ansatz, der »überwiegend darauf gerichtet [ist], sozialpolitisch unerwünschte Auswirkungen des Marktgeschehens durch Regulierungen, Subventionen und Transferzahlungen zu verhindern oder zu sozialisieren«.[23]

Die Politik hat sich inzwischen ein breites Kaleidoskop von Begriffen einfallen lassen, die der Öffentlichkeit nahe legen sollen, dass der Konflikt zwischen dem Kollektiven und der privaten Freiheit gelöst oder doch gar nicht so gravierend ist. Da ist die Rede nicht nur vom dritten Weg, sondern auch von der Neuen Mitte, von der modernen Zivilgesellschaft, von der Bürgergesellschaft, vom Kapitalismus mit Herz, vom mitfühlenden Konservatismus oder von der *Wir*-Gesellschaft. In diesen unterschiedlichen plakativen Begriffen steckt die Gefahr, dass die Politik die wirtschaftspolitischen Zielkonflikte zudeckt. Allzu oft bleiben die Begriffe inhaltsleer, sie sollen für den Wähler in einem einzigen Wort ein gesellschafts- und wirtschaftspolitisches Programm suggerieren.

Allerdings muss man konzedieren, dass die parlamentarische Demokratie durch den Kampf der Parteien um die Mitte gekennzeichnet ist – und das ist gut so, denn dieser Kampf hat eine integrative Funktion für die Gesellschaft insgesamt. Das Wahlsystem muss so gestaltet sein, dass die Parteien ihre Stimmen in der Mitte der Wähler und der Gesellschaft suchen. Das Wahlrecht darf nicht, wie das Verhältniswahlrecht in der Weimarer Zeit, das Verhalten der Parteien so gestalten, dass sie sich an den radikalen Rändern orientieren, die nur darin übereinstimmen, eine Regierung zu vereiteln. Dennoch bleibt die Frage, wie lange sich der Wähler damit zufrieden gibt, dass ihm nur allgemein gehaltene Begriffe vorgesetzt werden.

Die Staatsquote als Nagelprobe

Einen entscheidenden Indikator, wie verteilungsorientiert eine Volkswirtschaft ist, stellt die Höhe der Staatsquote dar. Diese Größe bringt zum Ausdruck, welchen Anteil des Bruttoinlandsprodukts der Staat für seine Zwecke beansprucht. Die Staatsquote in Deutschland liegt derzeit bei knapp 50 Prozent (48,2 im Jahr 2000). Der Staat absorbiert also knapp die Hälfte des jährlichen Produktionsergebnisses für die von ihm definierten Zwecke. 1970 lag diese Quote bei 39,1 Prozent. In den siebziger Jahren ist die Staatsquote beim Ausbau des Wohlfahrtsstaats um elf Prozentpunkte auf rund 50 Prozent angestiegen. Nur vier Prozent der Staatsausgaben sind übrigens Bruttoinvestitionen, über die Hälfte entfällt auf monetäre Sozialleistungen und soziale Sachleistungen. Die anderen Positionen sind Zinszahlungen für die Staatsschuld, Subventionen und Vermögenstransfers. Der Staat erhebt Steuern und Sozialabgaben, um seine

Ausgaben zu finanzieren. Ferner nimmt er eine Nettoneuverschuldung in Kauf. Die Steuerquote liegt bei 24,5 Prozent des Bruttoinlandsprodukts, die Quote der Sozialabgaben bei 18,6 Prozent.

Der Staat konkurriert in realwirtschaftlicher Betrachtung mit den Privaten um die begrenzt vorhandenen Produktionsfaktoren. Er muss – um Leistungen zu erbringen – dem privaten Wirtschaftsbereich Produktionsfaktoren entziehen. Damit entsteht eine Verwendungskonkurrenz zur privaten Produktion und auch zur privaten Kapitalbildung. Arbeit und Kapital, die der Staat beansprucht, können nicht für die Erstellung privater Güter verwendet werden. Die den Privaten entzogenen Produktionsfaktoren bezahlt der Staat mit seinen Einnahmen aus Steuern und Sozialabgaben, die die Kaufkraft der Privaten schmälern.

Die entscheidende Frage lautet, wie viel Raum dem Staat zugebilligt werden soll und wie viel dem privaten Bereich vorbehalten bleibt. Dabei muss man sich Klarheit darüber verschaffen, wo sich der Staat zurückziehen kann. Nicht alles, was der Staat tut, gehört zur »Daseinsvorsorge«. Wenn man 15 Jahre zurückdenkt, so zählte beispielsweise das von dem staatlichen Monopolisten Post zur Verfügung gestellte Telefon noch zur »Daseinsvorsorge«. Die Bereitstellung eines Telefonanschlusses war ein hoheitlicher Akt, und es bedurfte eines Antrags, um ein Telefon zu erhalten. Viele konnten sich gar nicht vorstellen, dass ein Telefonanschluss von Privaten angeboten werden kann. Offenbar kann sich der Staat aus bestimmten Bereichen zurückziehen, ohne dass die Güterversorgung für die Bürger Schaden nehmen muss.

Was wir im vorigen Kapitel unter dem Aspekt der Deregulierung erörtert haben, treffen wir hier wieder unter dem der Privatisierung. Die Frage, in welchen Bereichen sich der Staat zurückziehen kann, stellt sich auch bei den Landesbanken. Dies gilt allein schon wegen der immer wieder auftretenden Pleiten bei Banken in staatlicher Hand, so im Frühsommer 2001 bei der Bankgesellschaft Berlin, bei der nach Presseberichten der Steuerzahler mit sechs Milliarden DM einspringen muss. Auch von Sparkassen wird berichtet, dass kommunale Haushalte zweistellige Millionenbeträge nachschießen mussten, so in Mannheim. Im 19. Jahrhundert war es angebracht, die Ersparnisse des kleinen Mannes durch Gewährsträgerhaft und Anstaltslast durch die Gemeinden abzusichern. Heute muss man fragen, inwieweit dies noch erforderlich ist. Es geht aber auch um die Frage, inwieweit die Banken und Sparkassen in staatlicher Hand oder durch staatliche Absicherung einen künstlichen Wettbewerbsvorteil gegenüber den privaten Banken haben.

Konkret stellt sich die Frage, welchen Freiraum der Staat dem Einzelnen lassen muss. Man kann dies aus der Perspektive des Staates oder aus der Perspektive des Einzelnen angehen. Lässt man sich von einem staatsinterventionistischen Denken leiten, so sieht man allenthalben einen Regelbedarf. Stellt man den Freiraum des Einzelnen, des Individuums, in den Vordergrund, so ergibt sich eine andere Sicht der Dinge: Der Staat soll nur dann einspringen, wenn die Privaten aus eigener Initiative eine Lösung nicht zustande bringen.

Die Vorstellung, dass der Staat mit seinen Aktionen Prozesse in Gang setzt, die für die Zukunft als wichtig erachtet werden, kann nicht ein Freibrief für alle möglichen Aufgaben des Staates sein. Ihm obliegt es, die rechtlichen Rahmenbedingungen richtig zu setzen, damit die Prozesse, auch unter dynamischen Gesichtspunkten, bestens ablaufen können. Was kann er darüber hinaus machen? Er kann für eine gute Verkehrsinfrastruktur sorgen, damit in einer Volkswirtschaft Raumüberwindungskosten niedrig und die Bedingungen für Mobilität gut sind. Er kann die Voraussetzungen für die Ausbildung so gestalten, dass die Arbeitnehmer gut qualifiziert sind und sich neuen technischen Bedingungen anpassen können. Er kann das Hochschulwesen so organisieren, dass eine Volkswirtschaft über ein exzellentes Humankapital verfügt. Und er kann die Grundlagenforschung so ordnen, dass sie in dem Aufspüren neuer Erkenntnisse international leistungsfähig ist und damit von ihr wichtige innovative Impulse ausgehen. Skeptisch muss man sein, wenn der Staat selektiv technologische Linien gezielt entwickeln will. Wir haben dies in Kapitel 13 erörtert.

Die Staatsquote und die dafür erforderliche Finanzierungsseite, die Steuerquote und die Sozialabgabequote, hängen entscheidend von dem politischen Verteilungswillen ab. Je stärker dieser ausgeprägt ist, eine desto höhere Staatsquote wird sich einstellen, desto größer sind aber auch die Zieleinbußen im privaten Sektor und der Verlust an wirtschaftlicher Dynamik.

Formal gibt es in unserer Wirtschaftsordnung keine Grenzen für die Staatsquote. Historisch hat es immer wieder Sondersituationen gegeben, in denen die Staatsquote angestiegen ist (Kriege, Ausbau des Wohlfahrtsstaates, deutsche Vereinigung). Die Staatsquote blieb dann oft auf dem höheren Niveau stehen, ging also aufgrund der politischen Ökonomie der Ausgaben nicht wieder zurück, jedenfalls nicht nennenswert. Da es eine Grenze für die Staatsquote nicht gibt, ist grundsätzlich nicht ausgeschlossen, dass die Staatsquote in einer Marktwirtschaft im Verlaufe der Zeit mehr und mehr steigt, bis man schließlich von einer Marktwirtschaft nicht mehr sprechen kann und eine Staatswirtschaft entstanden ist. Man muss wohl darauf setzen, dass der Wettbewerb der Staaten um das mobile Kapital und das mobile technische Wissen in einer globalisierten Weltwirtschaft eine kontrollierende Kraft für die Staatstätigkeit sein wird; dies gilt etwa für die staatlichen Besteuerungsmöglichkeiten der Unternehmensgewinne, der Kapitaleinkünfte sowie der Einkommen der international mobilen qualifizierten Arbeitskräfte. Allerdings ist nicht auszuschließen, dass sich der Staat neue Steuerquellen eröffnet, etwa bei den immobilen Faktoren.

Ein weiterer Ansatz, für den Staat Schranken zu definieren, liegt darin, an einzelnen Ausgabenarten anzusetzen. So lässt sich bei den Subventionen – nach Berechnung des Instituts für Weltwirtschaft immerhin 300 Mrd. DM pro Jahr – als generelle Regelung eine degressive Staffelung und ein automatisches Auslaufen im Sinne der Sunset-Legislation vorsehen. Ferner ist zu erwägen, die Ausgabenkompetenzen im Sinne des Subsidiaritätsprinzips an die Ebene zu geben, von der man bei der Bereitstellung öffentlicher Güter, etwa aufgrund der räumlichen Nähe zu den Bürgern, die größte Effizienz erwartet. Dies setzt allerdings eindeutige Regelungen der Besteuerungskompetenz voraus, so dass die verschiedenen Ebenen eines föderativen Staates eigenverantwortlich handeln können. Regionale Gebietskörperschaften würden dann in einen verstärkten Wettbewerb bei der Bereitstellung öffentlicher Güter und der dafür notwendigen Steuern treten (»kompetitiver Föderalismus«). Die Zuweisung der Verantwortlichkeiten müsste so vorgenommen werden, dass sich die verschiedenen Ebenen nicht gegenseitig blockieren können. Die Verantwortlichkeiten dürfen sich nicht verwischen.

Schließlich wird man bei der Frage von institutionellen Schranken für den Staat bei der Steuerhoheit ansetzen und dafür im Sinne Hayeks und Buchanans Verfassungsschranken finden müssen. Dabei geht es um Verfahrensregeln, etwa die erforderlichen Mehrheiten für die Durchsetzung von Steuererhöhungen, vor allem aber um Obergrenzen, die den einzelnen Steuerzahler schützen, etwa derart, dass der Staat dem Bürger nicht mehr als die Hälfte des Einkommens eines Jahres nehmen darf. Eine solche Regel, dass nur die Hälfte genommen werden darf, entspricht dem Halbteilungsgrundsatz des Bundesverfassungsgerichts in seinem Urteil vom 22. Juni 1995. Darin heißt es: »Die Vermögensteuer darf zu den übrigen Steuern auf den Ertrag nur hinzutreten, soweit die steuerliche Gesamtbelastung des Sollertrages bei typisierender Betrachtung von Einnahmen, abziehbaren Aufwendungen und sonstigen Entlastungen in der Nähe einer hälftigen Teilung zwischen privater und öffentlicher Hand verbleibt.« Dass der Staat nicht mehr als die Hälfte nehmen darf, ist zwar ein Schutz für den Einzelnen, aber zugleich ein schwacher Trost, stellt dies doch einen starken Eingriff des Staates in den privaten Bereich dar – der sprichwörtliche Zehnte von früher ist längst vergessen, Buchanan nennt in seinen Schriften ein Drittel. Leider können solche Obergrenzen schnell zur Norm werden. Höchstgrenzen für einzelne Steuern, sei es in Form von Steuersätzen oder Steuereinnahmen, können umgangen werden, indem der Staat auf andere Steuerquellen ausweicht.

Die Politik sollte aber nicht nur eine Restriktion beachten, die sich auf das Einkommen eines Jahres bezieht, sie sollte auch Respekt vor dem haben, was sich Menschen in ihrem Leben durch eigene Arbeit und durch sparsames Wirtschaften aufgebaut haben. Zuweilen muss man den Eindruck gewinnen, dass manche Politiker den Respekt vor dem, was sich der einzelne Bürger in seinem Leben erarbeitet hat, vermissen lassen, so als ob sie selbst gar nichts oder kaum etwas angespart haben und damit auch nicht verstehen können, was enteignende steuerliche Eingriffe für den Bürger bedeuten. Der Einzelne muss hier seine Hoffnung wohl auch auf das Bundesverfassungsgericht setzen.

Schließlich ist eine wichtige institutionelle Restriktion für den Staat die Unabhängigkeit der Notenbank. Stabiles Geld bedeutet, dass es der Politik unmöglich wird, den einen oder anderen Zielkonflikt durch ein bisschen mehr Inflation zuzudecken. Damit muss sie selbst ihre verteilungsorientierten Aktionen so einrichten, dass sie nicht über eine laxe Geldpolitik alimentiert werden, sondern durch Besteuerung der Bürger. Damit werden die Kosten von Programmen sichtbar.

Stärker auf Freiheit setzen

Es ist unbestritten, dass es einen Konflikt zwischen dem Kollektiven und der individuellen Freiheit gibt. Wohin sich die Waage eher neigen soll, bleibt dem Einzelnen überlassen. Ich plädiere hier für ein Stück mehr individuelle Freiheit und für einen größeren Bewegungsspielraum des Einzelnen. Bei der Abwägung zwischen dem Kollektiven und dem Individuellen haben wir Deutschen im Vergleich zu anderen Ländern, etwa der Schweiz und auch den USA, ein weniger urwüchsiges Verständnis von der Rolle der individuellen Freiheit und von dem originären Anspruch des Stimmbürgers gegenüber den politischen Instanzen. Historisch spielte bei uns die gemeinschaftliche Lösung oft eine dominierende Rolle, der Konsens – die gesellschaftliche Zustimmung – stand im Zentrum, und viele Teilsysteme der Gesellschaft, darunter die Kirchen, die eher von einer Betreuungsmentalität ausgehen, waren obrigkeitsfreundlich und freiheitskritisch. Das Gemeinwohl hat im letzten Jahrhundert in vielfältiger Weise seine politische Unschuld verloren, ob dies nun in enger Interpretation bei den gemeinwohlorientierten Unternehmen der Gewerkschaft wie bei der »Neuen Heimat« der Fall war oder bei den großen politischen Irrwegen des 20. Jahrhunderts wie dem Kommunismus oder dem Nationalszialismus, die das von ihnen machtpolitisch definierte gemeine Wohl in den Vordergrund schoben und das Individuelle zurückdrängten.

Aus diesen und anderen Erfahrungen heraus, die in diesem Buch beschrieben sind, sollten wir bei wirtschafts- und gesellschaftspolitischen Problemen zuerst einmal nicht an die kollektive Lösung denken, sondern mit Fantasie nach einem freiheitlichen Ansatz suchen, nicht zuerst nach dem Staat rufen, sondern darauf setzen, dass die Einzelnen sich selbst helfen werden. Die Grundfrage sollte also lauten, was der Einzelne, der Familienverbund, das Unternehmen, die Regionen des Landes selbst bewältigen können, und erst wenn hier keine Lösungen möglich sind, sollten wir nach anderen Ansätzen greifen. Dies heißt, dass man zuerst einmal Freiheiten einräumt, Wahlmöglichkeiten lässt und keine Angst vor der Vielfalt hat, also nicht einschränkt.

Bei der Einkommensverteilung beispielsweise darf man auf die vertikale Mobilität der Einzelnen in der Gesellschaft setzen, auch auf ihre vertikale Mobilität in der Einkommenspyramide. Eine statische Ergebnisgleichheit in den Einkommen kann nicht das Leitbild der Wirtschaftspolitik sein. All denen, deren Herz an der Verteilung hängt, sei gesagt, dass es eine beachtliche vertikale Mobilität in der Einkommenspyramide gibt. So weist der Sachverständigenrat auf folgendes Ergebnis hin: Von den Haushalten mit abhängig Beschäftigten, also den Arbeitnehmern, die sich 1995 in Westdeutschland in der untersten relativen Einkommensposition[24] befanden, waren 1998, also drei Jahre später, 35,8 Prozent in der nächsthöheren Position; 18,4 Prozent waren in noch höheren Einkommenspositionen. Es gibt also eine beachtliche vertikale Mobilität. Die Aufgabe einer an Verteilung interessierten Politik muss sein, diese vertikale Mobilität zu fördern und in einer offenen Gesellschaft die Chancen für den vertikalen Aufstieg zu verbessern. Dies verspricht mehr Erfolg als eine *ex-post* Korrektur einer gleichmäßigeren Verteilung.

Daher brauchen wir eine Kultur, in der gilt, dass *selber machen mehr ist.* Wir brauchen eine Kultur, die vor allem mit statischer Unterschiedlichkeit in der Einkommensverteilung umzugehen weiß. Dies gilt nicht nur für die Einkommensverteilung zwischen Personen, sondern auch für die Verteilung zwischen Regionen des Landes. Wir können nicht davon ausgehen, dass alles überall gleich hundert Prozent ist.

Was der eine gewinnt, muss nicht zum Nachteil des anderen gereichen. Eine arbeitsteilige Gesellschaft eröffnet dem Einzelnen Chancen: sie sichert keine Funktion nach Herkommen ab, sie erlaubt vertikale Mobilität, sie will den Markteintritt, den Wettbewerb, sie eröffnet dem Einzelnen Bewegungsspielraum und erschließt ihm Freiräume. Mir erscheint es wichtig, dass unsere Gesellschaft – in den Worten des Philosophen Karl Popper – keine »geschlossene« Gesellschaft ist. Es muss eine »offene Gesellschaft« sein, in der sich »die Individuen persönlichen Entscheidungen gegenübersehen«,[25] in der »die Institutionen... Raum für die persönliche Verantwortlichkeit«[26] lassen und »die die kritischen Fähigkeiten der Menschen in Freiheit setzt«.[27]

15 Fehlanreize vermeiden – Wieder in Marktprozessen denken

Wenn einmal eine Nation zu denken beginnt,
ist es unmöglich sie daran zu hindern.
VOLTAIRE

Die Politik ist allzu oft versucht, kurzfristig orientiert zu handeln und die langfristigen Effekte zu verdrängen. Die nächste Wahl gilt es zu gewinnen, und selbst wenn eine Bundestagswahl erst in drei Jahren ansteht, dominiert kurzfristig eine Landtagswahl, ganz im Sinne des viel zitierten Ausspruchs von Keynes: »In der langen Frist sind wir alle tot.« Treffender dürfte es allerdings Abba Lerner, ein anderer Ökonom, auf den Punkt gebracht haben: »In der langen Frist dominiert das nächste kurzfristige Phänomen.« Von Kohl wird berichtet, er habe nicht den Ludwig-Erhard-Preis der Wirtschaftspolitik angestrebt. Sein Nachfolger denkt sicherlich ähnlich. Eher längerfristige Auswirkungen und Nebenwirkungen, die nicht direkt sichtbar werden und damit auch zunächst einmal kein besonderes öffentliches Interesse erregen, treten in den Hintergrund.

Der Prima-vista-Ansatz oder der Macher als Phoenix aus der Asche

Die Politik greift gerne »ad hoc« ein, sie liebt den »quick fix«. So kann sich der Politiker legitimieren und gegenüber der Öffentlichkeit darstellen. Gehandelt wird, wenn ein Problem erst richtig virulent geworden ist, wenn es also sichtbar brennt. Eine zu große Produktion von Kühen in der Landwirtschaft in Bezug auf die Nachfrage der Konsumenten – die Kühe werden mit Steuergeldern aus dem Markt genommen, nachdem ihre Aufzucht vorher kräftig subventioniert wurde; die deutsche Steinkohle in der Produktion in 1500 Meter Tiefe mit 290 DM pro Tonne teurer als der Weltmarktpreis von etwa 70 oder 80 DM frei Hamburg – wir greifen ein; zu hohe Arbeitslosigkeit – wir reparieren es mit einem staatlich finanzierten Arbeitsmarkt; Holzmann in der Krise – der Kanzler ist da. Dieser Feuerwehransatz bringt beträchtliche Probleme mit sich. Es werden vorrangig Augenblickslösungen gesucht, die ein Problem kurzfristig ruhig stellen. Der Politiker wird zu einem Spontan-Krisenmanager. Konzeptionell lebt er von der Hand in den Mund. Die politische Notfeuerwehr kommt oft nur zu denen, die zu groß sind, als dass man sie scheitern lassen könnte. Hier lässt sich wie im Fall Holzmann eine Hilfsaktion öffentlichkeitswirksam in den Abendnachrichten orchestrieren. Die Gefahr dabei ist, dass hinsichtlich der Frage, wo geholfen wird, die Willkür regiert. Die Kosten für die publikationsträchtige Aktion trägt der Steuerzahler. Wenn der Kanzler den nächsten Holzmann rettet, zittert der Finanzminister. Was durch diese politische Hilfe der Wirtschaft an anderer Stelle an Belastung entsteht, diese Folgewirkung des isolierten Eingriffs, wird gerne verkannt. Die Gefahr ist auch, dass kurzfristige Lösungen finanzielle Lasten für die Zukunft mit sich bringen, da es mit einer einmaligen Hilfe oft nicht getan ist. Zudem gibt es weitere Folgewirkungen. Andere Problemfälle werden beim nächsten Mal auch Hilfe erwarten.

Die Wirtschaftspolitik wird diskretionär, ein wenig sprunghaft wie der Cursor auf dem PC-Bildschirm. Die Ministerpräsidenten der Länder kommen in Zugzwang, in ähnlicher Weise auch Feuerwehr zu spielen. Und das Publikum beginnt, solche Hilfsaktionen für selbstverständlich zu halten. Die Gefahr ist ein interventionistischer Einsatz, der dem Gebot der Stunde folgt und heute so und morgen anders entscheidet. Daher enthält jede diskretionäre Maßnahme den Keim für die nächste Intervention. Der Politiker gerät dann leicht in eine Barbier-von-Sevilla-Wirtschaftspolitik des »Figaro hier – Figaro da«. Bei einer solchen »Politik nach Gutsherrenart« geht eine klare Linie verloren, und zwischen den einzelnen Handlungen der Politik tritt Inkonsistenz auf. Wesentlich wichtiger wäre es, die Wirtschaft von vornherein so zu ordnen, dass ein Feuer erst gar nicht entstehen kann, also die Institutionen so zu gestalten, dass die ökonomischen Prozesse ohne gravierende Probleme ablaufen. Aber bei einer Politik von Tag zu Tag fehlt eine solche Grundorientierung. Wenn auch die großen, mit Eifer verfolgten Visionen allzu leicht in die Irre führen, so sollte eine Grundlinie, der man folgt, schon da sein.

Auch Schröder verfolgt allzu oft eine reaktive und nicht so sehr eine gestaltende Politik: Er reagiert auf Probleme, die sich entwickeln und zuspitzen, dann aber dringend einer Lösung bedürfen. Dabei scheint er seinem Instinkt zu folgen. Die sichtbaren Probleme geben ihm die Chance zu zeigen, dass er die Initiative ergreift und mit diesen Problemen politisch fertig wird. So kann er das »Machen« oder den »Macher« hervorkehren. Beispiele sind Holzmann, die Entfernungspauschale und der Heizkostenzuschuss. Hinzu kommt als eigener Stil des Kanzlers, dass er bei kurzfristigen Entscheidungen wie der über BSE instinktiv die Richtung durch ein schnell gefundenes, allgemeines Stichwort wie »Weg von der industrialisierten Landwirtschaft« bestimmt, ohne allzu konkret zu werden.

Im ersten halben Jahr der Legislaturperiode hatte Schröders Ansatz teilweise noch einen anderen Drall: Auch angesichts der unterschiedlichen wirtschaftspolitischen Philosophien bei ihm und Lafontaine ließ der Kanzler die Probleme intern in der Koalition hochkochen, mit anderen Worten, er ließ den politischen Druck zunehmen. Wenn genügend Dampf im Kessel war, konnte er sich nach Art eines »Managements durch Krise« wie Phoenix aus der Asche präsentieren, mit einer Lösung in der Hand. Zwar dokumentiert dies Durchsetzungsvermögen, aber bei den Marktteilnehmern ruft es in der Zwischenzeit erhebliche Verunsicherung hervor, und dies lähmt. Ein wenig schimmerte dieser Ansatz auch bei der Beratung des Mitbestimmungsgesetzes durch, bei der Riester und Müller einen Schau-Boxkampf veranstalteten und der Kanzler den Ringrichter spielen konnte.

Die heuchlerische Entfernungspauschale und das Problem des Zweitbesten

Ein aktuelles Beispiel für die reaktive Politik ist die Entfernungspauschale. In Gang gesetzt wurde sie, als der Erdölpreis zum Herbst 2000 auf den Weltmärkten anstieg. Als sie im Dezember 2000 im Bundesrat schließlich zum Gesetz wurde, war der Grund für die Entfernungspauschale, die den öffentlichen Haushalt mit etwa einer Milliarde DM pro Jahr belastet, bereits wieder entfallen, denn der Erdölpreis war auf sein altes Niveau abgesunken. Aber einmal davon abgesehen, dass es wegen des gesunkenen Ölpreises gar keinen Grund mehr gab, eine Entfernungspauschale zu verabschieden: Die Pauschale ist – auch von den Grünen – damit begründet worden, dass das Auto gegenüber anderen Verkehrsträgern keine Vorzugsbehandlung erfahren dürfe. Folglich müsse die Pauschale unabhängig vom Verkehrsträger gelten. Auch wer mit dem Kajak auf der Eider zur Arbeit paddelt, mit dem Fahrrad entlang dem Bodenseeuferweg von Staad nach Konstanz radelt – eigentlich im Sinne der Gleichstellung vergnügungssteuerpflichtig – oder sein Büro über einen gesundheitsförderlichen ausgedehnten Dauerlauf erreicht, erhält die Pauschale. Zwar wird die Ungleichbehandlung zwischen den Verkehrsträgern, zwischen Auto und Fahrrad, durch die neue Regelung abgebaut. Aber gleichzeitig führt sie zu einer Zersiedlung der Landschaft. Dies bedeutet in der langen Frist mehr CO_2-Emissionen und damit eine größere Verfehlung des Klimaziels als ohne die Pauschale. Von der langfristigen ökologischen Zielsetzung entfernt man sich weiter. Das wirtschaftspolitische Instrument ist also kontraproduktiv, es wirkt dem Ziel, das man erreichen will, entgegen.

Die Entfernungspauschale ist gut geeignet, das ökonomische Paradigma vom Zweitbesten[28] zu erläutern. Man betrachte folgende Problemstellung: Ein wirtschaftspolitisches Instrument wird im Hinblick auf ein langfristiges Ziel ergriffen. Das Instrument erscheint in einem gegebenen Erklärungskontext – sozusagen auf den ersten Blick – geeignet, dieses Ziel zu erreichen oder ihm näher zu kommen. Ein anderer Erklärungskontext – eine umfassendere Analyse – führt aber zu dem Resultat, dass das Ziel nicht erreicht, sondern letzten Endes erschwert wird. Dabei kann es sich darum handeln, dass man längerfristige Interdependenzen in den Blick nimmt, die man zunächst ausgeblendet hatte (wie die Zersiedlung der Landschaft, die mehr Verkehr und Transport in der Zukunft verursacht, und den CO_2-Ausstoß erhöht). Die Berücksichtigung eines anderen Zusammenhangs führt also vom Optimum weg zum Zweitbesten. Beim Zweitbesten kann es sich aber auch darum handeln, dass eine Maßname nur unter bestimmten Bedingungen wirkt und unter anderen Bedingungskonstellationen kontraproduktiv ist.

Beispiele für die These vom Zweitbesten gibt es viele. So werden aus der These des Marktversagens politische Eingriffe abgeleitet, die das Marktversagen korrigieren sollen. Dies kann jedoch zu Politikversagen führen, das ärger ist als das ursprüngliche Marktversagen, so dass per Saldo die Wohlfahrt einer Volkswirtschaft sinkt. In diesem Zusammenhang kann man auf die These von der Notwendigkeit der internationalen Koordinierung verweisen, die einige beispielsweise bei überschießenden Wechselkursen sehen. Sicherlich sind stabile Wechselkurse gegenüber instabilen Kursen vorzuziehen. Dies gilt noch nicht mal so sehr für die eher kurzfristige Volatilität von Wechselkursen, sondern für Umkehrungen von mittelfristigen (mehrere Jahre dauernden) Trends, auf die sich die Wirtschaft in ihrer Produktion und ihren Investitionen einrichtet. Nicht auszuschließen ist jedoch, dass diese internationale Koordinierung zu ärgeren Fehlentwicklungen führt, wie die japanische Seifenblase des Jahres 1990 zeigt, die auf die weltweite Wechselkurskoordinierung der achtziger Jahre zurückging.

Ein anderes Beispiel ist die Liberalisierung der Kapitalbilanz, die grundsätzlich zu begrüßen ist. Sie empfiehlt sich jedoch nicht, wenn kein geeignetes Regelwerk gegeben ist, das die Solidität des Bankensystems sicherstellt. Dies zeigte sich in Schweden 1992 und bei der Währungskrise in Asien 1997 beispielsweise in Thailand. Die Liberalisierung der Kapitalbilanz kann zu einem übermäßigen Zustrom und deshalb auch einem abrupten Abfluss von kurzfristigem Portfoliokapital führen, der mit einer Flucht aus der Währung und einer

Devisen- und Finanzkrise einhergeht. Ein weiteres Beispiel ist die Besteuerung. Als erstbeste Form der Besteuerung wären Steuern zu erheben, die keine Verzerrungen bei den Haushalten und den Unternehmen mit sich bringen; denn dann treten keine Effizienzverluste durch die Besteuerung auf. Pauschal- oder Kopfsteuern erfüllen diese Bedingung. Solche Steuern sind jedoch nicht akzeptabel, denn sie führen zu stark unterschiedlichen Belastungen der Steuerzahler, was ihre Leistungsfähigkeit betrifft. Margaret Thatcher kann davon ein Lied singen, denn sie hat versucht, lokale Steuern teilweise als Kopfsteuern zu erheben. Entsprechend groß war der Aufschrei. Folglich bringt jede andere, derzeit praktizierte Form der Besteuerung Verzerrungen und damit Effizienzverluste mit sich. Das Bemühen muss sein, diese Effizienzverluste so gering wie möglich zu halten.

Der Ökonom muss einräumen, dass diese Überlegungen vom Zweitbesten zunächst einmal nicht leicht zu vermitteln sind. Sie scheinen sich nicht für die großen Buchstaben der Schlagzeilen in der Bild-Zeitung zu eignen, kaum für einen Essay in *Focus, Spiegel* oder in der *Zeit*. Dafür sind sie zu diffizil. Dem Politiker geht es in der Regel nur an den Kragen, wenn etwas im Erstbesten nicht in Ordnung ist. Aber auch ein permanentes Gekrummere im Zweitbesten findet sich irgendwann in einem Reputationsverlust des Politikers wieder. Es kratzt an seiner Botschaft und seiner Glaubwürdigkeit.

Bei genauerem Hinsehen kann der Politiker an der Idee des Zweitbesten jedoch nicht vorbeigehen. Es geht um die zentrale Frage, unter welchen Bedingungen zunächst richtig erscheinende Ansätze und Maßnahmen den erhofften Erfolg bringen, oder ob sie – wenn eben die Bedingungen nicht stimmen – doch erhebliche Probleme bescheren. Das gilt, wie die japanische Seifenblase zeigt, etwa für die Vorstellung, mit der Geldpolitik könne man die Nachfragelokomotive anheizen. Auch dass die Voraussetzungen für die Liberalisierung der Kapitalbilanz nicht gegeben waren, hat mancher Regierung in Asien das Leben schwer gemacht (und gekostet). Selbst wenn man das extreme Beispiel der kommunistischen Idee von der Abschaffung des Privateigentums einmal unter dem Aspekt betrachtet, mehr Gerechtigkeit in die Welt bringen zu wollen, so fehlten wichtige Bedingungen für die Umsetzung, und am Ende kam ein durch und durch ungerechtes System heraus, bei dem es allen mies ging. Eine der vielen Bedingungen war, dass der gute kommunistische Mensch zu existieren hatte, ganz im Sinne von Erich Kästner: »Edel sei der Mensch, hilfreich und gut. Er muss es aber auch tun.«

Aber auch ansonsten hat es das Zweitbeste in sich, so dass es vielleicht dann doch für die Bild-Zeitung von Interesse sein kann. Betrachten wir etwa die Liberalisierung des Strommarktes in Kalifornien. Wenn in dem Sinne ein Markt eingeführt wird, dass das Angebot und die Nachfrage auf dem Strommarkt zu einem Ausgleich kommen können, aber gleichzeitig eine Art Höchstpreis verordnet wird, indem Preissteigerungen durch einen »price cap« limitiert werden, darf man sich nicht wundern, dass die Unternehmen keinen Anreiz haben, Produktionskapazität vorzuhalten oder entsprechend der zunehmenden Stromnachfrage auszubauen. Kein Wunder also, dass in Silicon Valley wegen Stromausfalls die Computer abgeschaltet werden mussten. Eigentlich hätte man es aus dem Versagen der Planwirtschaft wissen müssen. Dort haben beispielsweise die Höchstpreise für Agrarprodukte dazu geführt, dass zu wenig produziert wurde und ein Mangel an Gütern eingetreten ist. Auch die EU-Agrarmarktordnung ist ein Beispiel für das Problem des Zweitbesten. Denn auch hier hat man nicht den Markt mit Haut und Haaren eingeführt, sondern nur ein bisschen. Und dieses »bisschen« heißt, dass für die wichtigsten Produkte politisch Mindestpreise festgesetzt wurden, die über dem Marktpreis lagen und liegen. Die Folge: Eine etwas merkwürdige Agrarlandschaft mit Milchseen, Butterbergen, Fleischhalden und Zuckergipfeln.

Man kann auch die Subventionierung der Bauwirtschaft in Ostdeutschland als Beispiel anführen. Zunächst erzielte man durch die Bauförderung den erwünschten Effekt: Es wurde gebaut, Baufirmen wurden gegründet, und es entstanden Arbeitsplätze. Aber bald war ein Überangebot von Wohnungen und Büroraum zu verzeichnen, die Bautätigkeit ging zurück, Arbeitskräfte wurden entlassen, die

Überexpansion des Bausektors musste korrigiert werden, und dies zog die ostdeutsche Wachstumsrate nach unten, so dass der Konvergenzprozess zum Erliegen kam.

Auch die Quote für Strom aus Kraft-Wärme-Anlagen gehört in den Bereich des Zweitbesten. Danach soll den Kraft-Wärme-Anlagen eine Vorrangquote von 24 Prozent an der deutschen Stromversorgung eingeräumt werden. Zur Begründung wird angeführt, dass Kraft-Wärme-Kopplungen einen hohen technischen Wirkungsgrad haben. Solche Anlagen würden dem Klimaziel helfen. Hinter dem Vorschlag stehen die ÖTV, die viele Beschäftigte im öffentlichen Dienst organisiert hat, und die kommunalen Versorger, in deren Aufsichtsgremien Politiker aller Parteien sitzen. Eine solche Quote ist aus einer ganzen Reihe von Gründen verfehlt; sie ist noch nicht mal das Zweitbeste.* Einmal davon abgesehen, dass das Argument der Arbeitsplätze fragwürdig ist – beispielsweise wendet sich die IG Bergbau gegen die Quote, weil sie um die Arbeitsplätze im Stein- und Braunkohlenbergbau fürchtet –, so ist zum einen nicht erkennbar, wie der Stromanteil von 24 Prozent eigentlich bestimmt wurde, er ist aus der Luft gegriffen. Im Wettbewerb müssen die Stromerzeuger nach ihren Kosten ihren Anteil an der Gesamtversorgung erringen; der Marktanteil muss sich auf dem gerade liberalisierten Strommarkt ergeben. Zum anderen lässt sich eine solche Quote in der EU nicht durchsetzen, da sie gegen die Freiheit des Warenverkehrs verstößt. Ferner wäre die Frage zu lösen, inwieweit KWK-Strom aus dem Ausland auf die 24 Prozent anzurechnen ist; man wird den ausländischen Produzenten nicht die deutsche Regelung der Koppelung vorschreiben können. Schließlich und vor allem: Ein technischer Wirkungsgrad sagt nichts darüber aus, ob die CO_2-Emissionen steigen, etwa wenn in KWK-Anlagen aufgrund ihrer Bevorzugung verstärkt Stein- und Braunkohle eingesetzt wird. Dann entfernt man sich weiter vom Klimaziel.

* Diese Quote wurde im Frühjahr 2001 vom Kabinett verabschiedet, inzwischen wurde von dem Konzept Abstand genommen. Die Kraft-Wärme-Anlagen erhalten jetzt eine Subvention, die durch Aufschläge auf die Strompreise finanziert wird.

Auch der Arbeitsmarkt bietet eine Fülle von Beispielen aus dem Bereich des Zweitbesten. So würde die bereits angesprochene Maschinensteuer zur Finanzierung der Systeme der sozialen Sicherung die Kapitalbildung bestrafen. Sie würde zur Folge haben, dass es weniger attraktiv ist, Kapital zu bilden, und überdies auch noch Kapital ins Ausland treiben; die Fortschrittsrate der Arbeitsproduktivität würde geringer ausfallen. Dies aber würde die Chancen für Realeinkommen und Beschäftigung vermindern. Eine Maschinensteuer geht zu Lasten der Arbeitnehmer.

Auch die Idee, diejenigen Betriebe, die nicht beschäftigungsintensiv produzieren, mit einer Wertschöpfungsabgabe zur Finanzierung der Bundesanstalt für Arbeit zu belegen, geht in die Irre. Sie ist schon deshalb nicht angebracht, weil es keinen Referenzrahmen für eine Beschäftigungsnorm von Betrieben gibt. Im Übrigen heißt Wertschöpfungssteuer nichts anderes als eine Besteuerung der Faktoreinkommen. Da etwa 80 vH des Volkseinkommens Arbeitseinkommen sind, würde eine solche Steuer, die von Unternehmen zu zahlen wäre, weitgehend einer Steuer auf den Faktor Arbeit gleichkommen. Gegen eine Ausbildungsplatzabgabe gibt es die gleichen Bedenken.

Das erforderliche ordnungspolitische Okay

Früher stellte man die Frage, ob eine wirtschaftspolitische Maßnahme marktkonform sei, ob sie also den Mechanismus auf einem Markt stärkt oder schwächt, beispielsweise einen Markt weiter verkrustet. Diese Frage ist aus der Mode gekommen. Hochmodern sollte aber die Frage sein, wie ein angewandtes Instrument das gesamte Wirtschaftssystem verändert, wie es also ordnungspolitisch zu beurteilen ist. Dabei geht es darum, ob durch ein wirtschaftspolitisches Instrument der Wettbewerbsprozess in der Volkswirtschaft insgesamt und auf Dauer geschwächt wird, ob die Nachhaltigkeit beispielsweise der Staatsfinanzen beeinträchtigt oder ob der private Sektor zugunsten des staatlichen Bereichs zurückgedrängt wird. Die Frage lautet also, ob ein bestimmtes Instrument neben seiner spezifischen Wirkung, deretwegen es ergriffen wurde, das Gesamtsystem der Marktwirtschaft schädigt. Heute wird auch diese Frage nicht mehr gestellt. Die Frage muss aber gestellt und auch beantwortet werden, beispielsweise wenn durch Gesetzesänderungen Märkte zurückgedrängt werden. Oder wenn den Verbänden durch gesetzliche Regelungen wie durch das neue Mitbestimmungsgesetz mehr Macht eingeräumt wird oder auch wenn der Staat durch Subventionen in die Preisbildung eingreift.

Es war ein strategischer Fehler, dem Wirtschaftsministerium die Grundsatzabteilung zu nehmen und sie dem Finanzministerium unter Lafontaine zuzuschlagen. Und es war ein Fehler, dies mit dem Ausscheiden Lafontaines nicht rückgängig zu machen. Damit hat die Bundesregierung ihren marktwirtschaftlichen Kompass verloren. Denn das Wirtschaftsministerium diente als ein Filter, mit dem Maßnahmen auf ihre Vereinbarkeit mit der Marktwirtschaft überprüft werden konnten. Das Bundeskanzleramt kann diese Prüfung auf ordnungspolitische Konsistenz selbst nicht vornehmen, denn mit einer solchen Detailarbeit wäre es hoffnungslos überfordert. Und der Finanzminister beurteilt wirtschaftspolitische Maßnahmen eher nach ihrer Kassenwirksamkeit, ob sie also Einnahmen erwarten lassen oder Ausgaben verursachen; Systemzusammenhänge interessieren ihn nicht oder weniger. Der Hinweis auf Frankreich, das die Wirtschaftspolitik im Finanzministerium ansiedelt, ist hier nicht überzeugend, hat doch Frankreich eine eher etatistische wirtschaftspolitische Philosophie. In den USA und auch in Großbritannien sorgen andere Kräfte dafür, dass die Märkte nicht beeinträchtigt werden.

Kommen wir noch einmal kurz zurück auf die akademische Diskussion des Zweitbesten. Die These des Zweitbesten kann man sich auch an einem anderen Bild klar machen, nämlich wenn man sich fragt, ob sich eine Situation durch ein wirtschaftspolitisches Instrument verbessert. Kann man diese Frage eindeutig mit »Ja« beantworten, so heißt dies, dass es in einem irgendwie definierten Sinne für die meisten besser wird, dass also der Wohlstand steigt. Eine solche Antwort ist schon wichtig, zeigt sie doch, dass es vorwärts und vor allem, dass es aufwärts geht. Dennoch wird mit dieser Aussage lediglich eine Verbesserung der Lage im Vergleich zur Vergangenheit festgestellt, die Frage nach einer besseren Wirtschaftspolitik ist damit noch nicht beantwortet. Nicht auszuschließen ist, dass man nur einen Maulwurfshügel besteigt – auch da geht es aufwärts –, während man eigentlich einen Alpengipfel oder gar den Mount Everest bezwingen müsste. Dies mag nun in der Tat akademisch klingen, aber dennoch verbergen sich dahinter gravierende Probleme: so die Frage, ob man von einem Maulwurfshügel herunter muss und durch ein Tal der Enttäuschungen zu gehen hat, um einen höheren Wohlstandsberg zu erreichen. Die Mittel- und Osteuropäer und auch die Ostdeutschen haben diese Frage beantworten müssen, indem sie durch gravierende Anstrengungen einen völlig neuen Weg einschlagen mussten. Sie haben Erschwernisse auf sich genommen, um eine bessere Zukunft zu haben. Mit einem Ansatz des »Allen wohl und niemand weh'« lassen sich solche historischen Weichenstellungen nicht durchführen. Die Wirtschaftspolitik muss sich in diesen Fällen entscheiden, auch wenn es aufgrund einer Änderung Verlierer gibt.

Die Inkonsistenz in der Zeit

Die Ad-hoc-Mentalität der Wirtschaftspolitik führt allzu leicht zu einem Hin und Her in der Zeit, zu einem »Rin und Raus aus die Kartoffeln«, kurzum zu einer Zeitinkonsistenz. Die kurzfristig motivierten Entscheidungen beeinflussen den langfristigen Weg, denn in der Ökonomie ist vieles pfadabhängig. Unter bestimmten Bedingungen kann ein Instrument, das eigentlich dem Ziel näher kommt, weiter davon wegführen, so wie die Entfernungspauschale. Ein anderes Beispiel ist die Korrektur eines verfehlten wirtschaftspolitischen Ansatzes, die diese Idee länger am Leben erhält. Will man beispielsweise bei der Krankenversicherung mehr Äquivalenz zwischen Leistung und Beiträgen herstellen, so führt ein gesetzlicher Zwang, dass alle Selbständigen mit der Bemessungshöchstgrenze in die gesetzliche Krankenversicherung einzahlen müssen, weiter weg von einer äquivalenzorientierten Lösung. Oder: Eine Vorrangquote für Kraft-Wärme-Anlagen kann dazu führen, dass kohlebetriebene Anlagen länger am Leben gehalten oder sogar verstärkt ausgebaut werden. Dann aber entfernt man sich weiter von dem Ziel, die CO_2-Emissionen aus Gründen des Klimaschutzes zu senken. Auch die Förderung der Steinkohle in Westdeutschland und der Braunkohle in Ostdeutschland führt weiter von dem langfristigen Klimaziel weg. Insoweit ist die Pfadabhängigkeit von Entwicklungen ein wichtiger Aspekt des Zweitbesten.

Die Pfadabhängigkeit gilt für volkswirtschaftliche Größen wie den Kapitalstock, unabhängig davon, ob es sich nun um den Bestand des Sach- oder des Humankapitals handelt, ferner für das Niveau des technischen Wissens und die Verkehrsinfrastruktur sowie die sonstige Infrastruktur. Dies sind alles Bestandsgrößen, die sich nur allmählich verändern. Auch Strukturen wie diejenige der Stromerzeugungsanlagen, aber auch die Sektor- und die Raumstruktur eines Landes zählen zu diesen Bestandsgrößen. Ferner trifft die Pfadabhängigkeit für institutionelle Regelungen zu. Was sich einmal eingebürgert hat, wird als Datum genommen; es ist schwer zu ändern. Die Gesetze werden zunächst einmal als gegeben betrachtet. Alle diese zu einem Zeitpunkt gegebenen Größen bestimmen, wie der konkrete Weg in die Zukunft aussieht.

Zeitinkonsistenz erwächst vor allem daraus, dass sich Stimmungen ändern: Andere Probleme tauchen wie Blasen in der Öffentlichkeit auf, neue Ballons werden von den Medien aufgelassen, ein wirtschaftspolitisches Problem wird von der Scheidung eines Film- oder Sportstars zeitweilig in den Hintergrund gedrängt, Gruppen in einzelnen Parteien finden auf einmal mehr Gehör, Politiker mit manchmal verqueren Vorstellungen dominieren vorübergehend. Es gibt Moden und politische Zyklen.

Gerade in Bereichen, in denen der Staat die Allokationsfunktion zu erfüllen hat, variieren wirtschaftspolitische Konzeptionen und ihre Durchsetzung über längere Zeiträume stark, so dass Fehlallokationen mit der Zeit nicht ausbleiben. So lassen sich in der Verkehrspolitik Interventionsspiralen beobachten. Ein besonders plastisches

Beispiel bildet die Stadtplanung. Von der autogerechten Stadt der frühen fünfziger Jahre, in der jeder Punkt der Stadt mit dem Auto erreichbar sein sollte (und bei der Altstädte im Sinne einer autogerechten Straßenführung abgerissen werden sollten), über die Ring- und Radialsysteme mit großen Ausfallstraßen, denen ganze Häuserreihen geopfert werden sollten, bis zur fußgängergerechten Stadt haben sich die Konzepte in 30 Jahren stark verschoben. Offen bleibt, ob der derzeitige Rückbau von Verkehrswegen und die Verengung von Straßen in der Zukunft nicht neu überdacht und rückgangig gemacht werden.

Auch wenn man die der deutschen Energiepolitik seit 1945 zugrunde liegenden Konzepte Revue passieren lässt, zeigen sich Interventionsspiralen. Nach einem Ausbau der Kohle nach dem Krieg setzte man auf die Atomenergie, die vor allem im Hinblick auf die nur begrenzt vorhandenen deutschen Vorkommen an Primärenergie (wie die nur mit sehr hohen Kosten zu fördernde Kohle) eine gewisse Unabhängigkeit von Erdölimporten herstellen sollte. Vor allem während der Ölkrisen war dies in den Industrieländern eine zentrale strategische Überlegung. Inzwischen ist der Ausstieg aus der Kernenergie in Deutschland beschlossen, wobei offen ist, wie das Energieangebot in der Zukunft sichergestellt werden soll, wenn gleichzeitig die Verpflichtungen zur Reduktion von CO_2 ernst genommen werden, die insbesondere die Wettbewerbsfähigkeit der heimischen Braunkohle und Steinkohle tangieren.

Es ist nicht auszuschließen, dass sich bei einer dritten Ölkrise die energiepolitische Orientierung abermals ändert. Auf dem Welterdölmarkt sieht man nach der starken Weltkonjunktur im Jahr 2000 wieder anziehende Erdölpreise bei konstant bleibendem Welterdölangebot. Eine in der Zukunft zunehmende Nachfrage, nahezu unausweichlich angesichts des erwünschten Aufholprozesses der Schwellenländer und des damit einhergehenden größeren Energieverbrauchs, wird Druck auf die Preise machen. Der Ausstieg aus der Kernenergie des wichtigen Industrielandes Deutschland kann von den erdölanbietenden Ländern strategisch ausgenutzt werden. Wir sollten deshalb aus unserer politischen Fantasie eine dritte Ölkrise nicht ausklammern.

Auch die Bildungsplanung ist ein lehrreiches Beispiel für Schwankungen der Politik. So werden in diesem Bereich sowohl die Nachfrage nach als auch, durch die Ausbildungskapazitäten, das Angebot an Lehrern völlig von staatlichen Instanzen kontrolliert, so dass es eigentlich zu einer Fehlabstimmung von Nachfrage und Angebot sowie Zyklen von Lehrerüberschuss und -mangel nicht kommen sollte.

Ein weiteres Beispiel für die Zeitinkonsistenz politischen Handelns bietet die Alterssicherung. Die Blümsche Rentenreform sah die Berücksichtigung eines demographischen Faktors vor, mit dem die Renten aufgrund der älter werdenden Bevölkerung allmählich abgesenkt werden sollten. Das Rentenniveau sollte auf 64 Prozent (nach heutiger Berechnung etwa 61 Prozent) reduziert werden. Diese bereits beschlossene Rentenreform, die auch Gegenstand der Bundestagswahl 1998 war, wurde von der Regierung Schröder ausgesetzt. Die Riestersche Rentenreform sieht nach dem Dezember-Kompromiss mit den Gewerkschaften im Jahr 2030 ein Gesamtversorgungsniveau von 75 Prozent vor, und zwar 67 Prozent des Nettolohns aus der gesetzlichen Rentenversicherung und etwa acht Prozentpunkte aus der privaten Vorsorge. Hier ist eine alternde Gesellschaft, und man würde erwarten, dass das Rentenniveau reduziert werden muss. Aber siehe da: Als politische Lösung kommt sogar ein höheres Rentenniveau heraus (wie in Kapitel 9 erörtert). Die meisten Experten sind sich in der Einschätzung einig, dass die Begrenzung des Anstiegs der Beiträge auf 22 Prozent nicht sichergestellt ist, so dass diese Lösung nicht nachhaltig ist. Besonders gravierend ist, dass die neue Rentenformel nicht mehr durch demographische Eigenschaften der Bevölkerung, sondern allein durch die Beitragssätze zur Rentenversicherung und zur Privatvorsorge gesteuert wird. Wenn diese steigen, wird der Rentenanstieg geringer. Dies sind aber politisch bestimmte Größen und keine demographischen Bedingungen. Bedenkt man, dass das ausgesetzte Rentenreformgesetz bereits einen demographischen Faktor enthielt, das neue Gesetz jedoch diesen

Aspekt nicht beinhaltet, so kann man den mehrjährigen Prozess der Rentengesetzgebung – sieht man von der Einführung der Privatvorsorge ab – wohl nicht als einen Fortschritt bezeichnen.

Auch Juristen sollten in Gesamtzusammenhängen denken

Aus ökonomischer Sicht ist es notwendig, in Ordnungen, d.h. in Gesamtzusammenhängen zu denken. Dies gilt vor allem dann, wenn zu prüfen ist, ob eine institutionelle Regelung adäquat ist. In der Verästelung des gesamtwirtschaftlichen Gefüges und in der zeitlichen Kette der Interdependenzen treten Wirkungen auf, die in Bezug auf gesamtwirtschaftliche Ziele und auf die ursprüngliche Motivation für die institutionelle Regelung kontraproduktiv sind. Dies kann dadurch geschehen, dass man bei der Konzipierung der institutionellen Regelung solche Zusammenhänge nicht beachtet hat, oder auch dadurch, dass viele Schwejks mit viel Chuzpe ein Verhalten an den Tag legen, das hat niemand erwartet. Der Kobra-Effekt wurde nicht richtig eingeschätzt.

Sowohl bei der Gesetzgebung als auch beim Richterrecht ist das Manko festzustellen, dass diese gesamtwirtschaftlichen und gesamtgesellschaftlichen Folgeeffekte nicht angemessen beachtet werden. Allzu oft geht es bei der Rechtsprechung um einen fairen Interessenausgleich zwischen den Streitparteien, und dieser Ausgleich wird von dem Richter ausschließlich für den Streitfall gesucht, ohne dass die Auswirkungen für das Gesamtsystem bedacht werden. Damit aber schleichen sich gravierende Fehlanreize in das System ein. So mag ein Richterspruch in einem Kündigungsschutzprozess als eine salomonische Lösung zwischen den Streitparteien erscheinen; aber nicht bedacht wird die Signalwirkung für die von dem Fall gar nicht betroffenen Unternehmen, die aus dem Urteil den Schluss ziehen können, bei der nächsten Einstellung vorsichtiger vorzugehen oder gar angesichts der Kündigungsrestriktionen doch lieber nicht einzustellen. Richter handeln unverantwortlich, wenn sie die gesamtgesellschaftlichen Auswirkungen ihrer Urteile nicht bedenken.

Nur einfachste Bilder können transportiert werden

Erschüttert bin ich über den in der Öffentlichkeit, auch in der politischen Öffentlichkeit, zutage tretenden ausgesprochen dürftigen ökonomischen Sachverstand. In unserer Gesellschaft lassen sich anscheinend nur noch einfachste Bilder transportieren. Komplexe Zusammenhänge werden nicht vermittelt. In der öffentlichen Diskussion geht es immer nur um die Effekte der ersten Runde in einer langen Auswirkungskette, lediglich um Primäreffekte, um eine Wirtschaftspolitik auf den ersten Blick, einen Prima-vista-Ansatz. Dabei liegt allzu oft die Vorstellung einer einfachsten Knopfdruckökonomik zugrunde. Wir haben die Arbeitslosigkeit – also verringern wir doch die Arbeitszeit auf 32 Stunden und verteilen das Arbeitsvolumen auf mehr Schultern. Das leuchtet jedem Pástor und jedem Pastoor ein. Und auch Ministerpräsidenten. Warum ist noch niemand auf die Idee gekommen, analog zum Arbeitsvolumen auch das Brotvolumen mengenmäßig auf die Köpfe zu verteilen? Wir haben Arbeitslosigkeit, also machen wir doch zur Beruhigung der Bevölkerung eine europäische Deklaration. Wir haben zu geringes Wachstum, also kurbeln wir doch die gesamtwirtschaftliche Nachfrage an.

Im Gleichlauf mit dieser medial geprägten Simplifizierung der öffentlichen Diskussion hat die Politik das Denken in großen Zusammenhängen ad acta gelegt. Dies gilt in Deutschland für die beiden großen Volksparteien, wenn man die Entwicklung seit den neunziger Jahren betrachtet. Jedenfalls scheinen sie nicht in der Lage oder nicht willens zu sein, die Bevölkerung von langfristigen Zusammenhängen und langfristigen Notwendigkeiten zu überzeugen.

Es gibt aber Opportunitätskosten wirtschaftspolitischer Entscheidungen, die nicht am Eingriffsort, der gerade im Rampenlicht steht, zu beobachten sind, sondern die an anderer Stelle in der Volkswirtschaft auftreten, vor allem solche, die erst in der Zukunft allmählich erkennbar werden. Ähnlich wie ein ökologisches System ist auch eine Volkswirtschaft durch vielfältige und komplexe Wirkungsmechanismen gekennzeichnet. Diese Folgewirkungen sind angemessen mit der gesamten Interdependenzkette zu berücksichtigen, mögliche Rückwirkungen müssen in ihren zahlreichen Verästelungen in einem allgemeinen Gleichgewicht mit bedacht werden, wirtschaftliche Zwänge, die später virulent werden, dürfen heute nicht verdrängt werden. Wo die Konzeption zur Lösung wirtschaftspolitischer Problemstellungen meilenweit reichen muss, darf man sich nicht mit einem wirtschaftspolitischen Dezimeterdenken begnügen.

Die Verantwortung des Politikers

Der Politiker wird sich auf Ortega y Gasset berufen: »Das Gesetz der öffentlichen Meinung ist das allgemeine Gravitationsgesetz der politischen Geschichte«. Er wird geltend machen, dass es nicht anders geht, dass er nur in Schritten voranzukommen vermag und damit die Politik gar nicht anders kann, als zum Kurzfristigen zu tendieren. In der Tat darf sich der Politiker nicht hart äußern. Wenn er immer nur von Zwängen spricht, kann er die Menschen nicht mitnehmen. Aber der moderne erfolgreiche Politiker ist durch die Fähigkeit gekennzeichnet, mit der Bevölkerung zu kommunizieren. Historisch verfügten erfolgreiche politische Führer über diese kommunikative Kraft, so Churchill, de Gaulle und Adenauer. In der neueren Zeit konnten Reagan und Clinton der amerikanischen Öffentlichkeit ihre Positionen geschickt erläutern. Auch Blair und Schröder haben die Fähigkeit, mit der Bevölkerung zu kommunizieren. Ohne diese kommunikative Kraft lassen sich heutzutage keine Wahlen mehr gewinnen.

Die kommunikative Kraft eines Politikers hängt entscheidend von seiner Glaubwürdigkeit ab. Reputation spielt deshalb eine so große Rolle, weil der Politiker den Menschen seine Entscheidungen nur dann verständlich machen kann, wenn er glaubwürdig ist. Auch für andere wirtschaftspolitische Entscheidungsträger wie die Europäische Zentralbank ist Glaubwürdigkeit von ausschlaggebender Bedeutung. Bleibt der Politiker allzu sehr im Kurzfristigen und wird über kurz oder lang die Inkonsistenz seiner Politik deutlich, so geht die Glaubwürdigkeit verloren.

Gefragt, was den Unterschied zwischen einem Politiker und einem Staatsmann ausmache, antwortete Churchill: »A politician always thinks of the next election, a statesman considers the next generation.« Und dem kurzfristig orientierten Keynes muss man Luther gegenüber stellen: »Wenn ich wüsste, dass morgen der jüngste Tag wäre, würde ich heute noch ein Apfelbäumchen pflanzen.« Der Politiker sollte seine kommunikative Kraft einsetzen, um die notwendigen Veränderungen zu Wege zu bringen.

Wahlen lassen sich auch dann gewinnen, wenn man reinen Wein einschenkt. Jedenfalls beinhaltet die Verantwortlichkeit der Politiker, die Auswirkungen der zweiten Runde, die Folgekosten, zu bedenken. Der Bürger darf und muss vom Politiker verlangen, dass er nicht nur ein Aktionsprogramm für eine Legislaturperiode vorlegt, bei dem im ersten Halbjahr die Versprechen eingelöst werden, mit denen die Wahl gewonnen wurde, und nach dem zweiten Jahr die Wirtschaftspolitik bereits wieder auf die nächste Wahl ausgerichtet wird, so dass in der zweiten Hälfte der Legislaturperiode keine langfristigen Entscheidungen mehr getroffen werden. Der Bürger darf mit Recht erwarten, dass die Parteien eine Konzeption vorlegen, die über zwei oder drei Legislaturperioden trägt und die für die verschiedenen Politikbereiche schlüssig ist, so dass in dem einen Politikbereich nicht etwas unternommen wird, das im anderen Bereich schadet, also inkonsistent ist. Ein solches Programm muss der Kompass sein, an dem sich die Politik langfristig ausrichtet. Selbst wenn sie glaubt, kurzfristig davon abweichen zu sollen, so muss sie zu diesem langfristigen Programm wieder zurückkehren. Die Bürger müssen den Parteien, auch den Oppositionsparteien, eine solche konsistente und langfristige Konzeption verstärkt abverlangen.

Die nächste Rezession kommt bestimmt

Der Politiker kann auf Dauer keine Politik gegen die Marktkräfte machen. Denn in der langen Frist setzen sich die Marktkräfte immer durch. Dabei mahlen die Mühlen des Marktes langsam, denn es braucht Zeit, bis sich beispielsweise herausstellt, dass bei der Produktion ein Verlust erwirtschaftet wird, wenn die Nachfrage nach einem Produkt rückläufig ist. Und es dauert, bis Substitutionsprozesse wirken, etwa die relativ teurer gewordene einfache Arbeit durch qualifizierte Arbeit, durch Kapital oder Verlagerung der Produktion ins Ausland ersetzt wird, und es verstreicht Zeit, bis sich die Produktionsfaktoren in denjenigen Wirtschaftszweig begeben haben, für dessen Produkte die Nachfrage zugenommen hat.

Der Politiker kann auf Dauer auch keine Politik gegen ökonomische Gesetzmäßigkeiten betreiben. Zwar kann er den institutionellen Rahmen des Marktes definieren, und es braucht Zeit, ehe die allokationsmäßigen Auswirkungen institutioneller Regelungen und ihrer Änderungen sichtbar werden. Aber langfristig stellen sich die Opportunitätskosten doch heraus. Irgendwann verlangen missachtete Restriktionen ihr Recht. Das Kapitel über die wirtschaftspolitischen Irrwege bietet dazu genügend Belege.

Kurzfristig mag die Politik gesamtwirtschaftliche Restriktionen außer Acht lassen können, aber langfristig machen sich die wirtschaftlichen Zwänge bemerkbar. Wie das Beispiel der Preisbildung für Agrarprodukte in Polen in der Nachkriegszeit zeigt, kann man durchaus für einige Zeit von Knappheitspreisen abweichen, indem man Subventionen aus dem Staatshaushalt zahlt, aber irgendwann müssen die Preise für Agrarprodukte erhöht werden, da die Alimentierung der Preise aus dem staatlichen Budget nicht mehr finanzierbar ist. Dann aber werden wie 1970 abrupte Preiserhöhungen erforderlich. Die Industriearbeiter von Danzig traten in den Streik, und der Parteichef Gomulka musste gehen. Ein anderes Beispiel ist eine Wirtschaftspolitik, die eine defizitäre Zahlungsbilanz zur Folge hat; dann melden sich die Devisenmärkte mit einem Abwertungsdruck. In diesen wie in anderen Fällen zeigen sich die Kosten einfach später, doch die Politik entkommt ihnen nicht.

Viel wäre schon gewonnen, wenn sich der Wirtschaftspolitiker von dem Gedanken leiten ließe, dass die nächste Rezession bestimmt kommt und die Volkswirtschaft, für die er verantwortlich zeichnet, eine solche Rezession überstehen können muss. Die Strukturen und die Mechanismen müssen so gestaltet sein, dass eine Volkswirtschaft dafür vital genug ist. Es handelt sich nicht nur darum, mit einem konjunkturellen Einbruch fertig zu werden. Immer wieder kommt es zu Problemen, die teilweise hausgemacht sind, teilweise aber auch unkontrollierbar und überraschend als exogene Störungen auftreten. Hausgemacht sind Probleme, bei denen beispielsweise die Lohnpolitik dazu führt, dass Arbeitsplätze abgebaut werden, oder die Subventionierung der Bauwirtschaft in Ostdeutschland später zu einer Bereinigungskrise führt. Exogen sind Angebotsschocks wie die beiden Erdölschocks der siebziger Jahre, exogen wäre aber auch das Auftreten von internationalen Wettbewerbern, die dadurch unsere relative Position verschlechtern, dass sie besser werden, ohne dass wir nachgelassen haben. Exogen wären aber auch Präferenzverschiebungen zu Ungunsten der Exportgüter, die wir erstellen. Auch Nachfrageverschiebungen, die Güter der vorrangig heimischen Produktion betreffen, sind hier zu nennen, wie die abrupt geringere Wertschätzung von Rindfleisch anlässlich der BSE-Krise.

Institutionelle Schranken: Odysseus am Mast der Ökonomie

Mit einem Appell an die Verantwortlichkeit der Politik alleine ist es nicht getan. Geht man von der These aus, dass dem politischen Entscheidungsprozess eine kurzfristige Orientierung inhärent ist, so müssen institutionelle Schranken dafür sorgen, dass die Berücksichtigung langfristiger Folgewirkungen stärker in den wirtschaftspolitischen Entscheidungen verankert wird. Diskretionäre Einzelentscheidungen der Politik müssen durch Regeln ersetzt werden. Wie Odysseus vor den Sirenen muss die Politik durch institutionelle Rahmenordnungen vor der eigenen Versuchung, zu kurzsichtig zu agieren, durch Bindungen geschützt werden. In einigen Feldern ist dies erfolgreich geschehen, in anderen stehen geeignete institutionelle Vorkehrungen aus.

Eine gelungene institutionelle Vorkehrung, die kurzfristige Aspekte bei gesamtwirtschaftlichen Entscheidungen zurückdrängt, ist die Unabhängigkeit der Notenbank. Zwar besteht das Problem heutzutage nicht mehr wie zur Zeit der Kipper und Wipper im 17. Jahrhundert darin, dass Fürsten den Metallwert der von ihnen geprägten Münzen abzwackten. Auch werden Staatsdefizite derzeit nicht mehr über die Notenpresse finanziert. Aber die Notenbank könnte, wenn sie dem politischen Bereich untergeordnet wäre, in ihrer Zinspolitik instrumentalisiert werden, um rechtzeitig vor einer Wahl eine günstige gesamtwirtschaftliche Entwicklung herbeizuführen; sie könnte etwa durch Politik und Tarifparteien zu einer übermäßigen Geldmengenexpansion gedrängt werden, um die Arbeitslosigkeit zu reduzieren, selbst wenn langfristig der Geldwert darunter leiden würde. Durch die Unabhängigkeit der Notenbank wird die Geldversorgung der Politik aus der Hand genommen; die Geldversorgung wird entpolitisiert. Man muss darauf setzen, dass dies in Europa von den nationalen politischen Willensbildungsprozessen respektiert wird.

Ein anderes gelungenes Beispiel für eine Selbstbindung der Politik sind die Regeln der Welthandelsordnung. In diesem Regelwerk haben sich die Staaten gebunden, an einem am Freihandel orientierten System der internationalen Arbeitsteilung teilzunehmen; dabei sind Mechanismen wie die Meistbegünstigung geschaffen worden, die den Abbau von Handelsschranken multilateralisieren, so dass das Regelwerk gestärkt wird. Zudem schränkt die Welthandelsordnung die nationalen protektionistischen Kräfte in ihrem Einfluss ein, so dass Partikularinteressen in Schach gehalten werden.

Zu den grundsätzlich erfolgreichen institutionellen Regelungen unserer Wirtschaftsordnung gehört auch – trotz aller Desiderata – der Ordnungsrahmen, der in einer Marktwirtschaft den Spielraum für die Entscheidungen der Privaten – der Haushalte und der Unternehmen, der Sparer und der Investoren, der Anbieter und der Nachfrager auf dem Arbeitsmarkt – definiert. Verlässlichkeit und Kontinuität in der Rahmenordnung muss den Privaten Sicherheit darüber geben, welche Regeln der private Sektor bei seinem Verhalten zu beachten hat. Beispiele für einen solchen Ordnungsrahmen sind die Rechtsnormen, die Rechtssicherheit und die Wettbewerbspolitik.

Ein offener Punkt sind jedoch die institutionellen Schranken für den Staat, die wir in Kapitel 14 erörtert haben. Bisher sind keine

Grenzen für die Staatstätigkeit, etwa die Staatsquote, festgelegt, durch die für die staatliche Inanspruchnahme des gesamtwirtschaftlichen Produktionsergebnisses eine kritische Schranke definiert wird. Schwierig sind auch Regeln, die den Einzelnen gegen einen zu starken Zugriff bei der Besteuerung schützen. Was die Staatsverschuldung betrifft, so ist sie kontinuierlich angestiegen, von 18,6 Prozent in Relation zum Bruttoinlandsprodukt im Jahr 1970 auf etwa 60 von Hundert im Jahr 2000. Regelmäßig in Rezessionszeiten wurde die Staatstätigkeit ausgedehnt und auf Kredit finanziert. In den guten Konjunkturjahren aber wurde die Verschuldung nicht zurückgeführt. Dann sind die Kassen gefüllt, und vor allem die Sozialpolitiker aller Parteien werden unruhig. Denn »Kasse macht sinnlich«, wie ein alter Spruch der Finanzwissenschaft das Ausgabengebaren der Politik umschreibt. Ein wirksames Rezept gegen das parlamentarische Ausgabenfieber in den fetten Jahren ist bisher nicht entdeckt. Das Parlament, verfassungsgeschichtlich als Kontrollorgan für das Ausgabengebaren der Krone entstanden, bedarf selbst institutioneller Schranken.

Inzwischen ist eine Obergrenze durch die Maastricht-Kriterien eingeführt worden. Demnach dürfen die Staatsverschuldung 60 Prozent in Relation zum Bruttoinlandsprodukt und das Budgetdefizit den Wert von drei Prozent pro Jahr nicht überschreiten. Allerdings können Obergrenzen schnell die Rolle von Normgrößen einnehmen. Man muss hoffen, dass diese Restriktion die nationale Verschuldungspolitik bindet, und zwar schon deshalb, weil dies erforderlich ist, um ein angemessenes Umfeld für die Geldpolitik der Europäischen Zentralbank sicherzustellen.

In der Vergangenheit haben sich institutionelle Schranken für die Staatsverschuldung kaum als wirksam erwiesen. Dies gilt für die Regelung des Artikel 115 Grundgesetz, nach dem die Aufnahme von Krediten nur für Investitionen zugelassen ist. Trotz dieser Regelung ist die Staatsschuld kräftig angestiegen, auch weil die Ausnahmeregelung der Störung des gesamtwirtschaftlichen Gleichgewichts einfach in Anspruch genommen werden konnte. Ein Problem ist auch der Investitionsbegriff. Ein pragmatischer Ansatz könnte darin bestehen, den Investitionsbegriff zu präzisieren. Dabei muss auf solche öffentlichen Investitionen abgestellt werden, die einen nennenswerten Produktivitätseffekt haben. Beispielsweise könnte der Investitionsbegriff alleine auf die Bauinvestitionen des Staates bezogen werden. Dann dürfte im Wesentlichen nur die wirtschaftsnahe Infrastruktur kreditfinanziert werden.

Das Zuordnungsproblem der Verantwortlichkeiten

Wir haben bisher vom Politiker gesprochen und müssen dies etwas differenzieren; denn es gibt noch andere wirtschaftspolitische Entscheidungsträger. Einer ist die Notenbank, bei uns die Europäische Zentralbank, der die Instrumente der Geldpolitik zugewiesen sind. Ein anderer Entscheidungsträger sind die Tarifparteien, denen das Recht eingeräumt wurde, die »Tarife« – gemeint sind die Lohntarife – zu setzen. Der jeweiligen Regierung sind unter Beachtung des Parlaments die Instrumente der Finanzpolitik (Besteuerung und Haushalt) und der Rahmensetzung für die gesamte Volkswirtschaft zugeordnet.

Im Modell lässt sich zeigen, dass die verschiedenen Entscheidungsträger mehr für die Ziele der Wirtschaftspolitik erreichen, wenn sie sich in ihren Politiken kooperativ verhalten, wenn sie sie also aufeinander abstimmen, den richtigen Policy Mix finden. Doch führt eine solche Forderung nach dem optimalen Policy Mix leicht dazu, dass die Verantwortlichkeiten der verschiedenen Entscheidungsträger verwischt werden. Der eine schiebt dem anderen den schwarzen Peter für Politikversagen, ja auch für eigenes Versagen zu: die Arbeitgeber den Gewerkschaften und umgekehrt, die Gewerkschaften der Politik und der Notenbank, die Politik ebenfalls der Notenbank. Daher darf man von einem kooperativen Ansatz nicht viel erwarten.

Vielmehr müssen bei diesen Zuweisungen die Verantwortlichkeiten klar abgegrenzt werden. Wer als wirtschaftspolitischer Entscheidungsträger wirtschaftspolitische Instrumente in die Hand bekommen hat, dem ist auch die Verantwortung für seinen Bereich zugeordnet worden. Die Geldpolitik kümmert sich um die Geldwertstabilität, die Lohnpolitik sorgt für Vollbeschäftigung, der Finanzpolitik obliegt die Breitstellung öffentlicher Güter, die Stimulierung des Wachstums und – in Grenzen – die Verteilung, der Wirtschaftspolitik allgemein obliegt die Rahmensetzung. Diese Verantwortlichkeiten dürfen nicht verwischt werden. Sorgt die Lohnpolitik beispielsweise für eine gute Beschäftigungssituation, so dass das Produktionspotential ausgeschöpft wird und damit auch stärker wächst, so kann die Geldpolitik mehr Leine lassen. Dies gilt auch, wenn die Finanzpolitik die Bedingungen für einen höheren Wachstumspfad stellt. Wenn jeder Entscheidungsträger seine ureigenen Schulaufgaben macht, kommt insgesamt ein besseres Ergebnis zustande.

16 Die Marktwirtschaft – ein offenes System

Unter dem Gesichtspunkt der Freiheit
dürfte die Marktwirtschaft auch dann noch vorzuziehen sein,
wenn ihre ökonomischen Leistungen geringer wären
als die der Wirtschaftslenkung.
ALFRED MÜLLER-ARMACK

Der Marktwirtschaft ist zu ihrer Legitimation ihr Gegenpol, der real existierende Sozialismus, abhanden gekommen – mit Ausnahme der Überbleibsel Nordkorea und Kuba. Wie leicht ist es, die Überlegenheit des eigenen marktwirtschaftlichen Systems zu erklären, wenn anderswo das viel zu knappe Brot von demjenigen, der sich glücklich schätzen darf, per Zufall mehr davon zu erhalten, als er braucht, an die Hühner verfüttert wird, wie in den achtziger Jahren in den kommunistischen Planwirtschaften. (»There is nothing so annoying as a good example«, meinte einst Mark Twain.) Inzwischen gerät dieser Gegenpol langsam in Vergessenheit. Deshalb muss sich die Marktwirtschaft aus sich selbst heraus begründen.

Die Moral der Marktwirtschaft

Die Marktwirtschaft ist eine Organisationsform der Volkswirtschaft. Deshalb muss sie sich danach beurteilen lassen, ob es mit ihr gelingt, die Ziele der Wirtschaftspolitik zu erreichen. Sie stellt zunächst einmal einen Koordinierungsmechanismus dar, der die Entscheidungen der etwa 38 Millionen Haushalte und der etwa drei Millionen Unternehmen in Deutschland, aber auch der Haushalte und der Unternehmen in Europa und letztlich auf der gesamten Welt aufeinander abstimmt. Dabei geht es um die Konsumentscheidungen der Haushalte, ihre Bereitschaft zu sparen, ihr Arbeitsangebot, ihre Ausbildung, ihren Übergang in den Ruhestand, die Frage, wo sie leben und wohnen wollen, ob sie auswandern wollen und auch wo sie Urlaub zu machen gedenken. Die Unternehmen haben zu entscheiden, welche Güter sie herstellen werden, welche neue Produktlinie sie verfolgen wollen, welche neuen Produktionstechnologien sie entwickeln und einsetzen wollen, wo in der Welt sie produzieren und wie sie ihre Investitionen gestalten wollen. Dies ist ein immens komplexes Entscheidungsgeflecht, und die besten Planer mit den besten Computern wären auch in der Zukunft nicht phantasievoll genug, dieses massive Koordinierungsproblem so spontan und so schnell wie die Märkte zu lösen. Die Märkte tun dies über die Preise, die in diesem System die wichtige Funktion ausüben, Güter zu bewerten, indem Preise sowohl die Zahlungsbereitschaft der Nachfrager als auch die Produktionskosten der Anbieter zum Ausdruck bringen und sie damit Informationssignale für alle Marktteilnehmer bereitstellen. Sie geben Anreize für die Anbieter, mehr zu produzieren, auch nach neuen Produkten zu suchen, und zugleich setzen sie Anreize für die Nachfrager, auf andere Produkte auszuweichen, wenn ein Gut knapp wird. Wir haben keinen besseren Koordinierungsmechanismus als die Marktwirtschaft. Sie ist in der Tat die geeignete Organisationsform für eine arbeitsteilige Volkswirtschaft.

Zentral für die Marktwirtschaft ist, dass die Kosten wirtschaftlicher Entscheidungen zum Ausdruck gebracht werden: Der Wert eines Gutes bestimmt sich dadurch, auf welche Menge eines anderen Gutes die Volkswirtschaft zu verzichten hat, indem man nicht dieses andere Gut herstellt, also die Produktionsfaktoren nicht für das andere Gut einsetzt. Dies sind die Alternativkosten, die zum Ausdruck bringen, auf welche Alternative man verzichtet. Sie gehen darauf zurück, dass die verschiedenen Güter bei ihrer Erstellung um die Produktionsfaktoren konkurrieren.

Das Konzept der Alternativkosten bei der Bereitstellung von Gütern und das Konzept der Verwendungskonkurrenz bei den Produktionsfaktoren beschreiben den beschränkten Produktionsmöglichkeitsraum einer Gesellschaft. Das zentrale Problem einer Volkswirtschaft ist demnach immer noch die Knappheit. Die Gesellschaft sieht sich einem Wahlproblem gegenüber. Sie kann nicht alles haben: nicht gleichzeitig öffentliche Güter und private Güter, nicht gleichzeitig bessere Umweltqualität und mehr Industrieprodukte, nicht gleichzeitig mehr Freizeit und höheres Einkommen. Knappheit impliziert einen *trade off* in Produktion und Güterversorgung. Die Arbeitsteilung verlangt, dass die Ressource zum besten Wirt geht, dass jeder Produktionsfaktor in derjenigen Verwendung eingesetzt wird, wo er den besten Beitrag zur gesamtwirtschaftlichen Produktion erbringt. Das Ziel ist, möglichst nahe an die Grenze der Produktionsmöglichkeiten heranzukommen.

Eine Volkswirtschaft muss sich zudem zügig an geänderte Bedingungen entlang der Produktionsmöglichkeitsgrenze anpassen. Verschieben sich die Präferenzen zugunsten eines Gutes, so sollte dieses Gut verstärkt produziert werden. Der Anreiz zu seiner Produktion muss steigen. In der Tat haben die Marktwirtschaften in den letzten fünfzig Jahren einen beachtlichen Strukturwandel zuwege gebracht. Neue Sektoren sind entstanden, alte wie die Landwirtschaft und der Bergbau sind geschrumpft. Alte Wirtschaftszweige, die nicht mehr wettbewerbsfähig sind, haben Produktionsfaktoren freigegeben, die in den neuen Sektoren eingesetzt wurden. Die Volkswirtschaften in Europa, Nordamerika und Japan haben sich von der Industriegesellschaft zur Dienstleistungsgesellschaft und zur Informationsgesellschaft entwickelt. Aber auch anderweitig passt sich die arbeitsteilige Volkswirtschaft an. Will die Gesellschaft mehr Umweltschutz, so muss sie die schadstoffintensiv produzierten Güter zurückdrängen. Wird ein Entwicklungsland in der internationalen Arbeitsteilung konkurrenzfähig, so sollen sich die Industrieländer nicht durch Protektion abschirmen, sondern die komparativen Preisvorteile des Entwicklungslandes voll zur Geltung kommen lassen. Das Paradigma der arbeitsteiligen Gesellschaft ist offen für Änderungen in den Knappheitsrelationen und für solche Orientierungsmuster, die neue Knappheiten signalisieren, wie etwa das Konzept des Raumschiffs Erde.

Bei der Allokation kommt es auch darauf an, die durch die Produktionsmöglichkeitsgrenze beschriebene Restriktion der Knappheit zu überwinden. Dies kann einmal dadurch geschehen, dass man die Grenzen des nationalen Produktionsmöglichkeitsraums durch Handel überspringt und sich damit einen größeren Konsumraum eröffnet, als er in Autarkie möglich wäre. Zum anderen kann durch technischen Fortschritt, durch Kapitalbildung und durch zusätzliches Arbeitsangebot, darunter auch eine bessere Qualifizierung, die Produktionsgrenze nach außen verschoben werden.

Zum Verständnis der Marktwirtschaft gehört, dass jede freiwillige Transaktion Vorteile für beide Seiten mit sich bringt, sonst würde sie nicht zustande kommen. Wer ein Gut nachfragt, hat oft eine höhere Zahlungsbereitschaft für dieses Gut als der Durchschnitt der anderen. Er bekommt es zu dem durchschnittlichen Preis, der sich am Markt bildet und den alle zahlen. Wir nennen diesen Zusatznutzen aus der Transaktion für die Nachfrager, die Differenz zwischen Zahlungsbereitschaft und Marktpreis, Konsumentenrente oder Nachfragerrente. Gleichzeitig wären eine Reihe von Unternehmen bereit, ein Gut auch zu einem niedrigeren Preis anzubieten, als er auf dem Markt erzielt wird. Ihr Gewinn ist die Produzentenrente oder Anbieterrente. Alle Seiten ziehen Vorteile aus der Transaktion, mit Ausnahme desjenigen Nachfragers, dessen Zahlungsbereitschaft gerade dem Marktpreis entspricht, und mit Ausnahme desjenigen Anbieters, dessen Produktionskosten gerade dem Marktpreis gleich sind. Diese Vorteile darf der Staat nicht wegsteuern. Man muss den Leuten den Vorteil aus der Transaktion lassen.

Die Marktwirtschaft versorgt die Menschen mit Gütern, sie lässt nicht darben. Sie setzt Anreize zur Produktion und zur Kapitalbildung, und sie mehrt den Wohlstand. Deutschland hat in den letzten fünfzig Jahren, auch durch die europäische Integration und die internationale Arbeitsteilung, eine beachtliche Zunahme im Einkommen pro Kopf erfahren. Dieses System räumt dem Einzelnen Entscheidungsoptionen ein, seine Präferenzen zählen. Fragt man nach dem Zusammenhang zwischen Marktwirtschaft und Moral, so ist es verantwortungsethisch, ein solches Wirtschaftssystem zu wählen und nicht ein anderes. Wer ein Gegenmodell will, muss beweisen, dass dies für die Menschen besser ist, und nicht nur für eine Gruppe von Heilsbeglückern und nicht nur in einer abstrakten Theorie.

Die Akzeptanz stärken

Marktwirtschaft heißt aber auch zu akzeptieren, dass Leistung honoriert wird, dass derjenige, der die Volkswirtschaft insgesamt voranbringt, dafür eine Kompensation erhält. Es müssen also die richtigen Anreize gesetzt sein: Wer sich mit Erfolg anstrengt, muss seinen Lohn dafür bekommen. Wer auf Konsum verzichtet und spart, braucht als Ansporn dafür den Zins. Wer investiert, darf eine Rendite beanspruchen. Wer Risiken übernimmt, muss dafür mit einer Risikoprämie entschädigt werden. Wer unternehmerisch tätig ist, wer Marktchancen erschließt und neue Faktorkombinationen durchsetzt, dem steht auch der Gewinn zu. Wer für sein Humankapital sorgt, dem gebührt eine Prämie für seine Anstrengungen. Wer Hilfe von der Gemeinschaft erhält, soll mit eigener Anstrengung dafür sorgen, dass er später dieser Hilfe nicht mehr bedarf, es sei denn, dies ist ihm aus gesundheitlichen Gründen oder im Alter nicht möglich. Und: Der Staat darf die Antriebskräfte des Systems nicht lähmen. Er darf dem, der leistet, nicht so viel nehmen, um es einem anderen zu geben, dass der Leistungsbereite das Interesse an der Leistung verliert.

Aber alle diese an den Verstand appellierenden Argumente können die Marktwirtschaft letzten Endes nicht in die Herzen der Menschen bringen. Die Marktwirtschaft hat nur dann auf Dauer eine hinreichende gesellschaftliche Basis, wenn es der überwiegenden Mehrheit der Bevölkerung klar ist, dass es sich aus dem Interesse eines jeden Einzelnen heraus lohnt, auf die Marktprozesse zu setzen. Das erfordert, das Eigeninteresse an der Marktwirtschaft zu stärken: Die Aufstiegschancen, die über vertikale Mobilität mit der

Zeit zu erreichen sind, müssen sichtbar, die Einkommensverbesserungen, die durch Bildung von Humankapital möglich sind, spürbar sein, vor allem aber müssen die positiven wirtschaftlichen Perspektiven, die mit Eigentum an Sachkapital, mit Sparkapital, mit Aktien- und Wertpapierbesitz verbunden sind, erfahrbar sein. Die Erwartung einer zukünftigen guten Einkommensposition und die persönliche Absicherung durch eigenes Vermögen für die breite Mehrheit der Bevölkerung müssen die Vertrauensbasis für die soziale Marktwirtschaft bilden.

Dafür ist die Vermögensbildung in Arbeitnehmerhand, angefangen von dem eigenen Haus bis zur in Zukunft eigenen privaten Alterssicherung, ein ganz zentraler Baustein. In den Unternehmen geht es bei der Erfolgsbeteiligung aus einzelwirtschaftlicher Sicht um eine bessere Motivation des Einzelnen und um eine Fundierung des Interesses am Erfolg des Unternehmens. Aus gesamtwirtschaftlicher Sicht geht es um das Interesse am System der Marktwirtschaft. Neben dem Vermögen ist das eigene Humankapital eine weitere wichtige Basis unserer Wirtschaftsordnung. Der Median-Wähler, in einer Demokratie das Zünglein an der Waage – sozusagen die Mitte der Mitte –, muss dadurch gekennzeichnet sein, dass er ein Eigeninteresse an einer Wirtschaftspolitik entwickelt, die seiner eigenen Position förderlich ist, sie jedenfalls nicht schmälert. Daraus ergibt sich gewissermaßen ein Lawinenschutz gegen eine Wirtschaftspolitik, die die Einzelnen in ihrer Mehrheit negativ betrifft und die durch eine breitere Staatsquote, höhere Steuern, eine dichtere Regulierung und kollektive Lösungen von der Marktwirtschaft weiter weg führt.

Ohne institutionellen Rahmen geht es nicht

Selbstverständlich benötigt jede Wirtschaftsordnung, wie auch jede Gesellschaft, eine ethische Grundlage. Auch die Marktwirtschaft bedarf einer sittlichen Fundierung der Individuen. Es ist kein Zufall, dass am Anfang der Nationalökonomie nicht nur der Klassiker *The Wealth of Nations* von Adam Smith steht, sondern gleichberechtigt sein Werk *The Theory of Moral Sentiments*. Dort heißt es: »... jene allgemeinen Regeln [werden] von uns aus Erfahrungen gebildet, die wir darüber gesammelt haben, was für Wirkungen die verschiedenartigen Handlungen auf uns ausüben.«[29]

Ohne ethische Normen würden die Vorzüge einer Verkehrswirtschaft, in der alle Beteiligten aus den Transaktionen über die Märkte und damit aus der Arbeitsteilung Vorteile ziehen, schnell zusammenschmelzen. Transaktionen wären mit zu hohen Kosten, mit Effizienzverlusten – also mit Vergeudung – verbunden. Wo letztlich die Basis der ethischen Normen liegt, muss hier offen bleiben. Aus ökonomischer Sicht ist es jedoch nicht unrealistisch, dass der Strom der menschlichen Erfahrung – wie es bei Adam Smith anklingt – im Verlaufe der Jahrtausende und Jahrhunderte die Normsteine geformt hat; dass sich Normen pragmatisch in einem evolutionären Prozess herausgebildet haben, dass sie das Resultat eines nicht bewusst angelegten Lernprozesses sind und dazu dienen, Negativwirkungen auf andere – negative externe Effekte – zurückzudrängen und gleichzeitig Positivwirkungen – also positive externe Effekte – hervorzubringen, beispielsweise als Altruismus. Die eine oder andere ethische Norm lässt sich auch unter dem profanen ökonomischen Begriff »Senkung der Transaktionskosten« verstehen.

Ethische Normen – sozusagen ein innerer Kompass, nach Adam Smith der Spiegel, in dem man sein eigenes Verhalten erkennen kann – sind allerdings nur eine *conditio sine qua non* der Verkehrswirtschaft. Unsere Gesellschaften sind inzwischen so komplex, dass sie alleine mit ethischen Normen nicht funktionieren. Hinzu kommen muss ein System von institutionellen Regeln, in denen festgehalten ist, wie Dinge in einer Volkswirtschaft gemacht werden müssen. Diese institutionellen Regeln, etwa die Nutzungsrechte und die Risikozuweisungen, haben sich mit zunehmender Verknappung – Beispiel Umwelt – und mit zunehmender Komplexität – Beispiel Aktiengesellschaft im Industrialisierungsprozess – herausgebildet. Es sind Regelwerke, die selbsttätig sind, also mehr oder weniger automatisch und damit dezentral funktionieren. Solche Regelmechanismen sind unverzichtbar. Sie bilden den Rahmen, in dem sich die

Entscheidungen der dezentralen Einheiten und die Marktprozesse vollziehen können.

Im Verlauf der Entwicklung der Menschheit werden ethische Normen der Individuen infolge größerer Komplexität durch institutionelle Regelungen substituiert. Bei den Ureinwohnern Australiens ließ sich vielleicht die Nutzung der Natur ethisch steuern, in der komplexen Industriegesellschaft reicht »moral suasion« allein nicht mehr. Aber institutionelle Regelungen basieren ihrerseits wieder auf ethischen Normen. Daher lässt sich von einer Ethik der institutionellen Regel, von einer Ethik des Marktes und auch von einer Ethik der Marktwirtschaft sprechen.

Eine entscheidende Frage ist, ob die Regelwerke, die wir entwickelt haben, richtig steuern oder ob sie fehl lenken. Regelwerke müssen beispielsweise so beschaffen sein, dass sie gegenüber den dezentralen Einheiten die gesamtwirtschaftlichen Restriktionen zum Ausdruck bringen. Man kann sich eine Volkswirtschaft als von einem Netz von Restriktionen überzogen vorstellen: Gesamtwirtschaftliche Restriktionen gelten für das gesamte System einer Volkswirtschaft, so etwa die Restriktion einer Zahlungsbilanz; andere Restriktionen sind nur von Subsystemen, den einzelnen Haushalten und Unternehmen, zu beachten, etwa dass ein Unternehmen nicht mit Verlust wirtschaften kann. Wieder andere Restriktionen sind global, gelten also für die Welt insgesamt, beispielsweise dass nicht mehr Erdöl in einem Jahr (und in der Zeit insgesamt) verwendet werden kann, als gefördert werden kann, oder dass CO_2 das Klima erwärmt. Zu diesen wirtschaftlichen Zwängen zählen neben der Produktionsmöglichkeitsgrenze, einer ausgeglichenen Zahlungsbilanz und der Verlustrestriktion der Unternehmen beispielsweise die Notwendigkeit eines ausgeglichenen staatlichen Budgets, die Beachtung einer Regenerationsfunktion erneuerbarer natürlicher Ressourcen, etwa der Wälder oder von Fischpopulationen, und das Gebot einer niedrigen Inflationsrate. Das Konzept der arbeitsteiligen Gesellschaft und der Marktwirtschaft sucht eine Antwort auf die Frage, wie die – für die Gesamtgesellschaft geltenden – Zwänge den einzelnen Einheiten – den Subsystemen – zu signalisieren sind. Wie können geeignete institutionelle Regelungen gefunden werden, um den Subsystemen Knappheiten richtig mitzuteilen? Welche Abhängigkeiten bestehen in der Hierarchie der Restriktionen?

So müssen Verantwortlichkeiten klar definiert und externe Effekte ausgewiesen werden. Dies ist dann der Fall, wenn der einzelnen organisatorischen Einheit die volkswirtschaftlichen Erlöse zugeordnet und die volkswirtschaftlichen Kosten eindeutig angelastet werden, wenn also das Verursacherprinzip umgesetzt wird. Die Regelwerke dürfen nicht kurzsichtig steuern und müssen langfristige Folgewirkungen, etwa die Belastung zukünftiger Generationen, angemessen berücksichtigen. Auch bei der Delegation von nichtmarktlichen Entscheidungen müssen klare Verantwortlichkeiten festgelegt sein. Ob dies bei der Delegation der Lohnfindung an die Tarifparteien gelungen ist, erscheint als eine offene Frage; denn volkswirtschaftlich muss die Tarifautonomie mit der Bedingung einhergehen, dass die Tarifparteien für Vollbeschäftigung sorgen. Ein entsprechender Mechanismus, der für die Erfüllung dieser Bedingung sorgt, fehlt jedoch.

Der Wettbewerb als Problemlöser

Die Marktwirtschaft hat gegenüber anderen wirtschaftspolitischen Ansätzen den erheblichen Vorteil, dass sie ein offenes System ist, und zwar in dreifacher Hinsicht. Erstens ist sie ein offenes System für die Menschen. Sie bietet Chancen, nicht zuletzt wirtschaftliche Chancen. Es ist deshalb kein Zufall, dass sich die Marktwirtschaft etwa in den USA durchgesetzt hat; denn gerade für die vielen Minderheiten der sich neu bildenden Gesellschaft hielt und hält sie Chancen bereit. Sie ermöglichte die Integration der Einwanderer, wenn auch die Afro-Amerikaner lange Zeit davon ausgeschlossen waren. Für unsere Gegebenheiten in Deutschland ist wichtig, dass die Marktwirtschaft nicht per se honoriert, in welchen Status jemand hineingeboren wird. Sie entspricht damit nicht einer stationären Gesellschaft, die den alten, ererbten gesellschaftlichen Status immer wieder reproduziert. Die vertikale Mobilität der Menschen ist ein zentrales Charakteristikum der Marktwirtschaft. Was dabei für den Einzelnen Chancen sind, bedeutet gesamtwirtschaftlich, dass neue schöpferische und vitale Kräfte für die Volkswirtschaft insgesamt aufgetan werden.

Zweitens ist sie ein offenes System der Freiheit. Entscheidungen werden dezentralisiert, also den Subsystemen überlassen. Es wird nicht von oben bestimmt, wie Dinge zu geschehen haben. Die Marktwirtschaft räumt als Koordinationsform den Einzelnen auch politisch Freiräume ein; sie ist damit ein freiheitliches System.

Drittens ist sie ein offenes System, das neue Fragestellungen selbsttätig aufgreifen kann. Dies gilt zum einen deshalb, weil das System geeignet ist, sich auf neue, sich dezentral bildende Präferenzen der Menschen einzustellen, auch auf neue politische Präferenzen, und zum anderen, weil es geeignet ist, mit neuen Knappheiten fertig zu werden. Der Wettbewerb ist ein Entdeckungsverfahren, das durch die Konkurrenz neue wirtschaftliche und technische Lösungen auffindet, also neues gesellschaftliches und technisches Wissen generiert. Befehls- und Steuerungszentralen sind an diesem Informationsproblem gescheitert, der Staat kann nicht die gleiche Phantasie entfalten, die eine Vielzahl von Individuen haben. Der Wettbewerb zwingt die Subsysteme, Kosten zu senken und aktiv nach neuen Lösungen zu suchen. Wenn man einen Beleg für diese These haben will, so braucht man sich nur anzusehen, wie der Telekommunikationsbereich in Deutschland, der in den achtziger Jahren mit der Begründung der so genannten Daseinsvorsorge hoheitlich organisiert war, durch den Wettbewerb aufgeblüht ist.

Aus all dem lässt sich nur das Fazit ziehen, dass wir auf den Wettbewerb setzen müssen, wenn wir in Zukunft Lösungskapazität auch für neue, bisher noch nicht bekannte Aufgaben haben wollen. Man darf optimistisch sein, dass die gebotenen Lösungen gefunden werden. In dem Sinn gilt nicht nur die Aussage Karl Poppers »Optimismus ist Pflicht. Man muss sich auf die Dinge konzentrieren, die gemacht werden sollen und für die man verantwortlich ist«. Optimismus ist auch begründet. Die Politik muss die richtigen Rahmenbedingungen für den Wettbewerb setzen. Karl Schiller hat diese

Aufgabe[30] in seinem Buch *Der schwierige Weg in die offene Gesellschaft* so beschrieben: »... das Ziel muss dabei sein, die Kräfte des marktwirtschaftlichen Prozesses zur vollen Entfaltung zu bringen. Dies ist keineswegs ein Programm, wie manche behaupten mögen, ›für morgen, mit den Methoden von gestern‹. Sondern es stellt die historisch gerechtfertigte Weiterentwicklung jener freiheitlichen und strengen Prinzipien für Recht und Wirtschaft dar, die uns beim Aufbau unserer Ordnung nach dem letzten Krieg im Westen unseres Vaterlandes so entscheidend geholfen haben.«

Anmerkungen

1 J. Hasek, Die Abenteuer des braven Soldaten Schwejk, Suhrkamp 2000, S. 187.

2 Hamburg, Rowohlt, 1958, S. 143.

3 »Alter Narr – Was nun?«, Berlin 1972, S. 62.

4 In Reimform in O.V. Trebeis, Nationalökonomologie, 7. hochgradig revidierte Auflage, Tübingen 1994, S. 259.

5 Vgl. dazu Siebert, Außenwirtschaft, 7. Auflage, Stuttgart 2000, S. 160.

6 Friedrich List, Der internationale Handel, die Handelspolitik und der deutsche Zollverein, Stuttgart 1941.

7 Hier spielt auch eine Rolle, dass Norwegen noch nicht lange autonom ist.

8 Siehe Sachverständigenrat, Jahresgutachten 2000, Ziffer 257.

9 Vgl. das Jahresgutachten 1996/97 »Reformen voranbringen«.

10 Ich verdanke diesen Hinweis Bert Rürup.

11 Siehe Abbildung 28 in H. Siebert, Arbeitslos ohne Ende. Strategien für mehr Beschäftigung, Wiesbaden 1998, Gabler.

12 Vgl. Gern, K.-J., Auswirkungen verschiedener Varianten einer negativen Einkommensteuer in Deutschland: Eine Simulationsstudie. Kieler Studie 294, Tübingen 1999: Mohr Siebeck.

13 Vgl. Jahresgutachten 2000/2001 des Sachverständigenrats.

14 Zu einem Kreislaufschema vgl. Schaubild 41 im Jahresgutachten 2000/2001 des Sachverständigenrats.

15 Zu einer ausführlichen Darstellung vgl. Sachverständigenrat, Jahresgutachten 2000/2001, S. 226.

16 Hillman, A., »The Political Economy of Migration Policy«. In: Siebert, H. (Hrsg.), Migration: A Challenge for Europe, J.C.B. Mohr (Paul Siebeck), Tübingen 1994, S. 270.

17 Eine ausführlichere Konzeption hat der Sachverständigenrat zur Begutachtung der gesamtwirtschaftlichen Entwicklung in seinem Jahresgutachten 1998/99, S. 267 ff. vorgelegt.

18 World Economic Trends, April 2001, S. 19.

19 D. Ricardo, The Principles of Political Economy and Taxation, London 1817; zitiert nach der deutschen Ausgabe: Grundsätze der Volkswirtschaft und Besteuerung, Jena 1905, S. 1.

20 W. Eucken, Grundsätze der Wirtschaftspolitik, Tübingen/Zürich 1952, S. 1.

21 W. Eucken, a.a.O. S. 2.

22 Siehe Tabelle A1 Jahresgutachten 2000/01 des Sachverständigenrats zur Begutachtung der gesamtwirtschaftlichen Entwicklung, S. 278.

23 Alfred Schüller, Auf dem dritten (Schleich-)Weg, NZZ, 27.5.2000.

24 Im Bereich 0 bis 50 vH relativ zum Mittel (Median), es wurden sieben Bereiche gebildet; der oberste ist >200 relativ zum Median; Nettoeinkommen (Tabelle 68 Jahresgutachten des Sachverständigenrates 2000/2001).

25 K.R. Popper, The Open Society and Its Enemies, London 1945; zitiert nach der deutschen Ausgabe: Die offene Gesellschaft und ihre Feinde, 7. Aufl. Tübingen 1992, S. 207.

26 K.R. Popper, a.a.O., S. 206.

27 K.R. Popper, a.a.O., S. 3.

28 Die Theorie des Zweitbesten besagt, dass wenn eine der für ein erstbestes Optimum notwendigen Bedingungen nicht gegeben ist, dann ein zweitbestes Optimum nicht zwingend dadurch erreicht wird, dass alle anderen Voraussetzungen für das erstbeste Optimum erfüllt werden. Die Beseitigung einer Restriktion (bei Vorhandensein vieler) kann die Effizienz verbessern, aber auch verschlechtern (oder konstant halten).

29 Smith, Adam, Theory of Moral Sentiments. London 1759, zitiert nach der deutschen Ausgabe Adam Smith: Theorie der ethischen Gefühle, Hamburg 1994, Meiner, S. 240.

30 Berlin, Siedler, 1994, S. 194.